THE LOUVAIN FACULTY OF THEOLOGY
IN THE NINETEENTH CENTURY

THE LOUVAIN FACULTY OF THEOLOGY IN THE NINETEENTH CENTURY

A BIBLIOGRAPHY OF THE PROFESSORS
IN THEOLOGY AND CANON LAW

WITH BIOGRAPHICAL NOTES

BY

LEO KENIS

LEUVEN
UNIVERSITY PRESS

UITGEVERIJ PEETERS
LEUVEN

1994

ANNUA NUNTIA LOVANIENSIA
XXXIV

CIP KONINKLIJKE BIBLIOTHEEK ALBERT I, BRUSSEL

ISBN 90 6186 589 1 (Leuven University Press)
D/1994/1869/8
ISBN 90 6831 583 8 (Uitgeverij Peeters)
D/1994/0602/35

*No part of this book may be reproduced in any form,
by print, photoprint, microfilm or any other means without written
permission from the publisher*

© Leuven University Press / Presses Universitaires de Louvain
Universitaire Pers Leuven
Krakenstraat 3, B-3000 Leuven-Louvain (Belgium)

Uitgeverij Peeters, Bondgenotenlaan 153, B-3000 Leuven (Belgium)

PREFACE

This book, which may be regarded as a companion volume to my previous study on the history of the Theological Faculty of the Catholic University at Louvain in the nineteenth century[1], provides an exhaustive bibliography of all the professors in theology and canon law. Whereas the earlier historical account concluded in 1889, this bibliography covers the entire nineteenth century, including professors who were appointed during the last decade of the century. For each professor, the bibliography is complemented with a biographical sketch and details of the important literature on his life and works.

I am particularly grateful to Professor Frans Neirynck, who generously invited me to publish this bibliography in the *Annua Nuntia Lovaniensia*. One can scarcely imagine a series in which this book would be more appropriate. Professor Neirynck not only supported the publication of this work, he also made many valuable suggestions regarding the content and final structure of the text.

I also wish to thank Licentiate in Theology Ann Beddeleem, for the information she provided concerning professors who were active in the Faculty at the turn of the century. I thank the archivists and librarians who were helpful in collecting the lithographs and photographs included in the text: Dr. Chris Coppens and Drs. Marc Derez of the Central Library, and Mr. Etienne D'hondt of the Library of the Faculty of Theology, at the Katholieke Universiteit te Leuven; Prof. Albert d'Haenens and Ms. Véronique Houart of the Centre d'Histoire de l'Université de Louvain at Louvain-la-Neuve; Prof. Constant Van de Wiel of the Archdiocesan Archives at Malines; Dr. Ludo Collin of the Diocesan Archives at Ghent. Finally, I acknowledge with gratitude the Faculty of Theology and the Commission for Publications of the Katholieke Universiteit Leuven for making the publication of this work possible.

L.K.

---

1. *De Theologische Faculteit te Leuven in de negentiende eeuw 1834-1889. With a Summary in English* (Verhandelingen van de Koninklijke Academie voor Wetenschappen, Letteren en Schone Kunsten van België. Klasse der Letteren, 54/143). Brussels, Koninklijke Academie, 1992.

CONTENTS

Preface	7
Introduction	11
General Bibliography	17
Annocqué, Jean Baptiste	21
Beelen, Jan Theodoor	23
Cauchie, Alfred	30
De Baets, Maurice	38
De Becker, Jules	43
De Ram, Pierre François Xavier	49
D'Hollander, Jean François	72
Dignant, Oscar	75
Dupont, Antoine	79
Feye, Henri	84
Forget, Jacques	91
Haine, Antoine	97
Hebbelynck, Adolphe	100
Jungmann, Bernard	107
Ladeuze, Paulin	114
Lambrecht, Henri	130
Lamy, Thomas	134
Ledoux, Ferdinand	146
Lefebve, Jean Baptiste	149
Malou, Jean Baptiste	154
Mercier, Désiré	163
Moulart, Ferdinand	173
Reusens, Edmond	177
Roelants, Louis	188
Thiels, Jean Mathieu	190
Tits, Arnold	191
Van den Berghe, Henri	195
Van den Broeck, Philibert	199
Van den Steen, Jean Marie	202
Van der Moeren, Adolphe	203
Van Hoonacker, Albin	207
Verhoeven, Anton	217
Verhoeven, Marianus	219
Verkest, Jean Baptiste	223
Wouters, Henri	224
Abbreviations	228
Illustrations	230
Doctoral Dissertations	231

H. Coppieters – N. Balthasar – L. Noël – J. Laminne – R. Maere – A. Van Hove – J. Bittremieux – A. Monin
O. Dignant – A. Van Hoonacker – J. Forget – P. Ladeuze – Rector A. Hebbelynck – A. De Jongh – J. De Becker – A. Cauchie – L. Becker
1908

INTRODUCTION

The history of the Louvain Faculty of Theology in the nineteenth century begins in 1834, at Malines. After the suppression of the University of Louvain by the French administration in 1797, theological instruction at an academic level had become non-existent in the Southern Netherlands. In 1814-15, when the region was integrated into the United Kingdom of the Netherlands, the Church hierarchy and some former Louvain professors tried unsuccessfully to restore their *Alma Mater*. In 1816 King Willem I established a State University in Louvain. Because of Catholic opposition to the King's education policy, the creation of a Theological Faculty was delayed. After Belgian independence (1830) the bishops seized the opportunity provided by the newly attained freedom of education to found a Catholic University, which included a Faculty of Theology. The University opened on 4 November 1834 at Malines. One year later, when the State University of Louvain was closed, the Catholic University moved to Louvain.

The new Faculty of Theology provided instruction in theology as well as in canon law. Candidates were only admitted after three or four years of theological studies in a seminary or other ecclesiastical institution. At the Faculty, they could obtain the degrees of baccalaureate, licentiate and doctorate in theology or canon law[1].

Initially, the program consisted of five basic courses: Sacred Scripture, dogmatic theology, moral theology, canon law, and church history. In addition, from 1836, J.T. Beelen, the new professor of Scripture, taught the biblical languages and various oriental languages. In the course of the century, this basic program was enlarged with the creation of other courses. In 1838 dogmatics was divided into general and special; this signified, in fact, the creation of a new chair, devoted to questions of fundamental theology. In 1863 a new chair in the canon law section was introduced, treating the relationship between Church and State. In 1864 a chair of Christian antiquity and archaeology was established. Both new courses were only mandatory for students in canon law. In 1879 the professor of church history was requested to devote a part of his course to questions in Patristics; this formed the origin of a new chair in Patrology. In 1882, at the insistence of Pope Leo XIII, a special chair of Thomistic philosophy was

---

1. The new degree of "magister" was created in 1920. The new Faculty regulations re-evaluated the former degrees: all Louvain licentiates and doctors received *ipso facto* the titles of doctor and magister respectively.

created. From 1882 to 1887 this chair was incorporated into the Faculty of Theology; later it developed into the *Institut Supérieur de Philosophie* (1889). Instruction in Sacred Scripture was enlarged in 1889 with the creation of a chair in Old Testament, entitled "Introduction à l'histoire critique de l'Ancien Testament". Finally, the range of courses in oriental languages was gradually diversified. Whereas during the first decades the professor of Scripture taught various languages (Hebrew, Aramaic, Syrian, Arabic), later the languages were distributed over courses taught by different professors. Towards the end of the century, there was a definite option of two Hebrew courses, a course in Syrian, and a course in Arabic. In the 1890's this offer was enlarged with courses in Assyrian (1890), Egyptian (1891), and Coptic (1892).

Apart from this specialized program, a number of elementary theology courses were introduced in 1853, intended as a *Schola minor* for students whose theological background was insufficient for commencing the degree programs. Initially the rather limited number of elementary courses were given by professors who held a position in the so-called *Schola maior*. In the 1860's the program was gradually enlarged and some professors were appointed who were only active in this section. By 1866, the program consisted of two introductory courses of Scripture, two courses of moral theology, and a liturgy course. In 1873 one moral theology course was changed into a dogma course, and in 1875 a course of church history and one of canon law were added to the program. In 1877 the *Schola minor* was suppressed. It was restored at the end of the century, in 1898.

The program of courses included:

Sacred Scripture (*L'Écriture sainte*)
    1834-1836 J.B. Annocqué
    1836-1875 J.T. Beelen
    1875-1900 T.J. Lamy
    1900-1909 P. Ladeuze (N.T.)

Old Testament (*Introduction à l'histoire critique de l'Ancien Testament*)
    1889-1927 A. Van Hoonacker

General Dogmatic Theology (*La théologie dogmatique générale*)
    1834-1836 J.M. Thiels
    1838-1840 A.J. Verhoeven
    1840-1851 A. Tits
    1851-1862 P. Van den Broeck
    1862-1891 F.J. Ledoux
    1891-1892 J. Forget
    1892-1894 A. Hebbelynck
    1894-1895 J. Forget

    1895-1896 J. Forget & A. Hebbelynck
    1896-1897 A. Hebbelynck
    1897-1921 J. Forget

Special Dogmatic Theology (*La théologie dogmatique spéciale*)
    1836-1837 J.M. Thiels
    1837-1849 J.B. Malou
    1850-1873 J.B. Lefebve
    1873-1898 A.H.H. Dupont
    1898-1906 M. De Baets

Moral Theology (*La théologie morale*)
    1834-1840 J.B. Verkest
    1840-1872 J.F. D'Hollander
    1872-1881 L.G. Roelants
    1881-1898 A.B. Van der Moeren
    1898-1909 O. Dignant

Canon Law (*Le droit canonique*)

  Le droit ecclésiastique public et privé
    1834-1865 P.F.X. De Ram
    1838-1840 A.J. Verhoeven

  Les institutions canoniques et les décrétales
    (from 1885: *Le droit canon*; from 1889: *Jus ecclesiasticum*)
    1835-1850 M. Verhoeven
    1850-1885 H.J. Feye
    1885-1889 H. Van den Berghe
    1889-1924 J. De Becker (1898-1900: subst. A. Bondroit)

  Le droit ecclésiastique dans ses rapports avec le droit civil
    (from 1871: *Le droit civil ecclésiastique*)
    1863-1904 F.J. Moulart

Church History (*L'histoire ecclésiastique*)
    1834-1871 H.G. Wouters
    1871-1895 B. Jungmann
    1895-1920 A. Cauchie

  La Patrologie
    1879-1890 B. Jungmann
    1890-1898 A. Hebbelynck
    1898-1909 P. Ladeuze

Les antiquités chrétiennes et l'archéologie
    1864-1900 E.H.J. Reusens

Thomistic Philosophy (*Cours de haute philosophie de saint Thomas*)
    1882-1887 D.J. Mercier

Oriental Languages (*Les langues orientales*; from 1876: *Les langues sémitiques*)

    Hebrew
    1836-1875 J.T. Beelen
    1875-1900 T.J. Lamy
    1900-1921 A. Van Hoonacker

    Elementary Hebrew
    1858-1875 T.J. Lamy
    1876-1877 H. Lambrecht
    1889-1903 A. Van Hoonacker

    Arabic
    1836-1858 J.T. Beelen
    1863-1875 J.T. Beelen
    1885-1932 J. Forget

    Assyrian
    1890-1927 A. Van Hoonacker

    Aramaic
    1837-1858 J.T. Beelen
    1862-1875 J.T. Beelen
    1901-1906 A. Hebbelynck

    Egyptian
    1891-1898 A. Hebbelynck
    1898-1901 P. Ladeuze

    Syriac
    1837-1858 J.T. Beelen
    1858-1900 T.J. Lamy
    1900-1932 J. Forget

    Coptic
    1892-1898 A. Hebbelynck
    1898-1909 P. Ladeuze

SCHOLA MINOR

    Scripture
    1853-1855 J.F. D'Hollander
    1855-1856 J.T. Beelen
    1856-1857 H.J. Feye
    1857-1866 J.F. D'Hollander
    1866-1875 T.J. Lamy
    1875-1877 H. Lambrecht

    Scripture 2
    1859-1875 T.J. Lamy
    1875-1877 H. Lambrecht

    General Moral Theology (*Le cours élémentaire de théologie*)
    1853-1854 H.J. Feye
    1854-1862 P. Van den Broeck
              (1861-62: subst. J.M. Van den Steen)
    1862-1877 J.M. Van den Steen

Special Moral Theology (*La théologie morale*)
1853-1854   M. Pitsaer (subst.)
1854-1855   J.B. Lefebve
1855-1857   J.F. D'Hollander
1857-1858   H.G. Wouters
1858-1862   J.B. Lefebve
                    (1861-62: subst. F.J. Moulart & A.B. Van der Moeren)
1862-1864   E.H.J. Reusens
1864-1873   A. Haine

Moral Theology and Canon Law (*Les cours élémentaires de théologie et de droit canon*; from 1873: *La théologie morale*)
1862-1877   F.J. Moulart

Liturgy (*Les institutions liturgiques*)
1866-1877   J.M. Van den Steen

Dogmatic Theology (*Les principes de la théologie dogmatique*)
1873-1877   A. Haine

Canon Law (*Les éléments du droit canon*)
1875-1876   H. Lambrecht

Church History (*Les éléments de l'histoire ecclésiastique*)
1875-1876   H. Lambrecht
1876-1877   E.H.J. Reusens

All the professors of the Faculty of Theology were diocesan priests. Especially in the first period a number of professors came from the Netherlands. Among the Belgian professors, the Archdiocese of Malines and the Flemish dioceses of Ghent and Bruges were best represented. Unlike their Dutch colleagues, however, Flemish professors very rarely published in Dutch. The vast majority of the faculty publications were written in Latin or French.

Our survey includes, in alphabetical order, all the professors who were appointed in the *Schola maior* during the nineteenth century, and the professors appointed in the *Schola minor* prior to the restoration of this program in 1898. After the biographical introduction there follows an indication of the *Courses* taught by the professor in the Theological Faculty and the academic years in which he held the chair (as indicated in the University's yearbook).

The main part of each article consists of a complete list of the professor's *Works*, including books and articles in periodicals, encyclopedias, dictionaries, etc. The principal source for this list is the Academic Bibliography that was published by the University from 1900 onwards[2]. This Academic Bibliography was based primarily on information given by the professors themselves, which proved important for the inclusion of numerous otherwise anonymous publications. It has presently been checked, corrected, and supplemented with additional titles for almost every professor. Completeness is pursued except for two items: only a limited number of book reviews is retained and offprints of articles are mentioned only in exceptional cases (e.g., when they were published under a modified title or in an slightly adapted version)[3]. Under the heading *Course Texts in Autograph* we record the 'authorized' handwritten texts of tractates that were multiplied for use in classes. These are particularly valuable for those professors who did not publish their courses through printing. Most of these texts are preserved in the university libraries at Leuven (Louvain) and Louvain-la-Neuve[4].

The scholarly and academic activities of each professor can be traced from information provided under the headings *Direction* (including the doctoral dissertations made under their supervision) and *Collaboration* (indicating, e.g., periodicals in which a professor published book reviews, bulletins, etc.).

Finally, under *Literature*, we mention, in chronological order, studies on the life and works of each professor, frequently starting with a notice on the occasion of his death, and entries from the principal theological encyclopedias and biographical dictionaries.

---

2. *Université catholique de Louvain. Bibliographie 1834-1900.* Louvain, 1900 (with supplements in later years). This was a revised and enlarged edition of a first draft, published in *Université catholique de Louvain. Liber memorialis 1834-1884. I. Fêtes jubilaires de 1884. II. Bibliographie académique.* Louvain, 1887 (CLXI-298 pp.). In the literature added to the bibliography of each professor, we refer to this quasi-official bibliography and its supplements.

3. Particularly for professors of the first generation, on whom bibliographical information is often rather vague and incomplete, it appeared useful to add previously unknown (or at least unmentioned) anonymous book reviews, which we uncovered during this research.

4. A number of student notes for some of the later professors are preserved in the Central University Library in Leuven. These notes are not added in our bibliography.

GENERAL BIBLIOGRAPHY

The Belgian Church

Algemene Geschiedenis der Nederlanden. Vols. 11-13: *Nieuwste tijd.* Weesp, 1983, Haarlem, 1977-1978.

ART, J., Documents concernant la situation de l'Église catholique en Belgique en vue du Concile de Vatican I (1869-1870). — *BIHBR* 48-49 (1978-79) 353-563.

ART, J., Les Réunions des évêques de Belgique (1884-1900) vues à travers les archives de la Nonciature de Bruxelles. — *BIHBR* 51 (1981) 197-349.

AUBERT, R., *150 ans de Vie des Églises.* Brussels, 1980.

BECQUÉ, M., *Le Cardinal Dechamps.* 2 vols., Louvain, 1956.

DE MOREAU, É., Histoire de l'Église catholique en Belgique. — *Histoire de la Belgique contemporaine 1830-1914*, Brussels, 1929, vol. 2, 473-596.

HAAG, H., *Les origines du catholicisme libéral en Belgique (1789-1839)* (RTHP, 3rd ser., 36). Louvain, 1950.

JÜRGENSEN, K., *Lamennais und die Gestaltung des belgischen Staates. Der liberale Katholizismus in der Verfassungsbewegung des 19. Jahrhunderts* (Veröffentlichungen des Instituts fur Europäische Geschichte Mainz. Abteilung Universalgeschichte, 29). Wiesbaden, 1963.

LAMBERTS, E., *Kerk en liberalisme in het bisdom Gent (1821-1857). Bijdrage tot de studie van het liberaal-katolicisme en het ultramontanisme* (Universiteit te Leuven. Werken op het gebied van de geschiedenis en de filologie, 5th ser., 8). Louvain, 1972.

LAMBERTS, E. (ed.), *De Kruistocht tegen het Liberalisme. Facetten van het ultramontanisme in België in de 19e eeuw* (Kadoc jaarboek 1983). Louvain, 1984.

SIMON, A., *Le Cardinal Sterckx et son temps (1792-1867).* 2 vols., Wetteren, 1950.

SIMON, A., *Correspondance du nonce Fornari (1838-1843)* (Analecta Vaticano-Belgica, 2nd ser. C: Nonciature de Bruxelles, 1). Brussels - Rome, 1956.

SIMON, A., *L'hypothèse libérale en Belgique. Documents inédits 1839-1907.* Wetteren, 1956.

SIMON, A., *Instructions aux nonces de Bruxelles (1835-1889)* (Analecta Vaticano-Belgica, 2nd ser. C: Nonciature de Bruxelles, 4). Brussels - Rome, 1961.

SIMON, A., Lettres de Fornari (1838-1842). — *BIHBR* 29 (1955) 33-68.

SIMON, A., *Lettres de Pecci (1843-1846)* (Analecta Vaticano-Belgica, 2nd ser. C: Nonciature de Bruxelles, 3). Brussels - Rome, 1959.

SIMON, A., *Rencontres Mennaisiennes en Belgique* (MAB.L, 2nd ser., 56/3). Brussels, 1963.

SIMON, A., *Réunions des évêques de Belgique 1830-1867. Procès-verbaux* (Centre Interuniversitaire d'Histoire Contemporaine. Cahiers, 10). Louvain - Paris, 1960.

SIMON, A., *Réunions des évêques de Belgique 1868-1883. Procès-verbaux* (Centre Interuniversitaire d'Histoire Contemporaine. Cahiers, 17). Louvain - Paris, 1961.

The University of Louvain

[DE RAM, P.F.X.], *Documents relatifs à l'érection et à l'organisation de l'Université catholique de Louvain. 1833-1843*. Brussels, 1844.

D'HAENENS, A. (ed.), *L'Université catholique de Louvain. Vie et mémoire d'une institution*. Brussels, 1992.

LAMBERTS, E., De Leuvense universiteit op een belangrijk keerpunt tijdens het rektoraat van A.J. Namèche en C. Pieraerts (1872-1887). — G. BRAIVE & J. LORY (eds.), *L'Église et l'État à l'époque contemporaine. Mélanges dédiés à la mémoire de Mgr Aloïs Simon*, Brussels, 1975, 337-369.

Leuven University 1425-1985. Louvain, 1991; based on the new Dutch edition, *De Universiteit te Leuven 1425-1985*. Louvain, 1988.

MATHES, R., *Löwen und Rom. Zur Gründung der Katholischen Universität Löwen unter besonderer Berücksichtigung der Kirchen- und Bildungspolitik Papst Gregors XVI*. (Beiträge zur neueren Geschichte der katholischen Theologie, 18). Essen, 1975.

ROEGIERS, J., De bijdrage van de Leuvense Universiteit tot de kerkgeschiedenis der Nederlanden. — M. MONTEIRO, G. ROOIAKKERS, J. ROSENDAAL (eds.), *De dynamiek van religie en cultuur. Geschiedenis van het Nederlands katholicisme*, Kampen, 1993, 321-330.

VAN EIJL, E.J.M., Löwen (Leuven, Louvain), Universität. — *Theologische Realenzyklopädie* 21 (1991) 419-423.

The Faculty of Theology

AUBERT, R., La Faculté de Théologie de Louvain du XVe siècle à Vatican II. — M. CAUDRON (ed.), *Faith and Society. Foi et société. Geloof en maatschappij. Acta Congressus Internationalis Theologici Lovaniensis 1976* (BETL, 47), Gembloux, 1978, 17-37.

AUBERT, R., Le grand tournant de la Faculté de Théologie de Louvain à la veille de 1900. — *Mélanges offerts à M.-D. Chenu, maître en théologie* (Bibliothèque thomiste, 37), Paris, 1967, 73-109; abridged English transl.: The Turn of the Century: A Turning Point for the Faculty of Theology. — *Louvain Studies* 5 (1974-75) 264-279.

Le cinquième centenaire de la Faculté de théologie de l'Université de Louvain (1432-1932). Bruges - Louvain, 1932; esp. pp. 21-117: L'enseignement de la théologie à l'Université de Louvain depuis sa restauration en 1834; = *ETL* 9 (1932) 589-704.

COPPENS, J., Nederlandse hoogleraren in de theologie bij de heropgerichte Leuvense Universiteit. — *Wetenschappelijke Tijdingen* 30 (1971) 1-12; published separately in the series *Folia Lovaniensia*, 14, Langemark, 1971.

KENIS, L., The Louvain Faculty of Theology and Its Professors: 1834-1889. — *ETL* 67 (1991) 398-414.

KENIS, L., *De Theologische Faculteit te Leuven in de negentiende eeuw 1834-1889* (Verhandelingen van de Koninklijke Academie voor Wetenschappen, Letteren en Schone Kunsten van België. Klasse der Letteren, 54/143). Brussels, 1992.

NEIRYNCK, F. (ed.), *De Theologische Faculteit 1919-1969* (ANL, 17). Louvain, 1970.

RYCKMANS, G., Centenaire de Jean-Baptiste Chabot S.Th.D. et M. (1860-1960). Souvenirs de ses années de jeunesse. — *ANL* 16 (1963) 111-153.

VAN DE WIEL, C., *Jansenistica te Mechelen. Het archief van het Aartsbisdom* (ANL, 28), Louvain, 15-24 ("De studie van het jansenisme aan de theologische faculteit te Leuven").

Catholic Theology and Philosophy

CORETH, E., NEIDL, W.M., PFLIGERSDORFFER, G. (eds.), *Christliche Philosophie im katholischen Denken des 19. und 20. Jahrhunderts*. Band 1: *Neue Ansätze im 19. Jahrhundert*. Band 2: *Rückgriff auf scholastisches Erbe*. Graz - Vienna - Cologne, 1987-1988.
DE MEULEMEESTER, M., Introduction de la morale de S. Alphonse de Liguori en Belgique. — *ETL* 16 (1939) 468-484.
DE WULF, M., *Histoire de la philosophie en Belgique*. Brussels - Paris, 1910.
FOUCHER, L., *La philosophie catholique en France au XIXe siècle avant la renaissance thomiste et dans son rapport avec elle (1800-1880)* (Bibliothèque de la société d'histoire ecclésiastique de la France). Paris, 1955.
FRANCO, A., *Geschiedenis van het Traditionalisme aan de Universiteit te Leuven (1835-1867)* (unpublished doctoral dissertation). 2 vols., Louvain, 1956.
HENRY, J., Le Traditionalisme et l'Ontologisme à l'Université de Louvain. — *Annales de l'Institut Supérieur de Philosophie* 5 (1924) 41-150.
HOCEDEZ, E., *Histoire de la théologie au XIXe siècle* (Museum Lessianum. Section théologique, 43-45). 3 vols., Brussels - Paris, 1947-1952.
HÖTZEL, N., *Die Uroffenbarung im französischen Traditionalismus* (Münchener Theologische Studien. II: Systematische Abteilung, 24). Munich, 1962.
LENNERZ, H., *Natürliche Gotteserkenntnis. Stellungnahme der Kirche in den letzten hundert Jahren*. Freiburg i. Br., 1926.
MCCOOL, G.A., *Catholic Theology in the Nineteenth Century: The Quest for a Unitary Method*. New York, 1977.
REARDON, B., *Liberalism and Tradition: Aspects of Catholic Thought in Nineteenth-Century France*. Cambridge, 1975.
STRUYKER BOUDIER, C.E.M., *Wijsgerig leven in Nederland en België 1880-1980*. V-VI: *De filosofie van Leuven*. 2 vols., Louvain - Baarn, 1989.
THIBAULT, P., *Savoir et pouvoir. Philosophie thomiste et politique cléricale au XIXe siècle*. Préface d'É. POULAT (Histoire et sociologie de la culture, 2). Québec, 1972.
VAN GRUNSVEN, H.A.C.M., *Gerard Casimir Ubaghs*. Heerlen, 1933.
VAN ROEY, E., Les sciences théologiques. — *Le mouvement scientifique en Belgique 1830-1905*, Brussels, 1908, vol. 2, 483-523.

A.J. Haine – E.H.J. Reusens – T.J. Lamy – F.J. Moulart – J.M. Van den Steen
F.J. Ledoux – J.F. D'Hollander – J.T. Beelen – Rector N.J. Laforet – H.G. Wouters – H.J. Feye – J.B. Lefebve
1871

Jean Baptiste ANNOCQUÉ

Ghent, 14 December 1796 – Oordegem, 9 December 1862

Jean Baptiste Annocqué was ordained a priest at Malines on 21 December 1819. He began teaching (1821) and was later Rector (1824) at Saint Michael's College in Courtrai. In 1834 he was appointed as a full professor of Sacred Scripture at the newly established Catholic University in Malines. In 1836 he was dismissed and replaced by J.T. Beelen. Subsequently he served as a pastor in Vinderhaute (1837), Ninove (1838), and Oordegem (1842).

Courses

1834-1836   Scripture

Works

1. *Damon. Ecloga in obitum reverendi domini Petri Joannis De Simpel, nuper superioris collegii Roulariensis; mortui pastoris Iseghemiensis, 19 maii 1813.* Ghent, J. Beghyn, n.d., 8 pp.
2. *Albinus, of het voorbeeld der kinderen. Eerste leesboek, ten gebruyke der catholyke scholen.* Ghent, Snoeck-Ducaju, 1830.
   – Reprints: Courtrai, Beyaert-Feys, 1843, 52 pp.; Roeselare, D. Vanhee, 1846, 24 pp.
3. *Jesus in zyne kindscheyd en verborgen leven. Het voorbeeld der jonge lieden. Tweeden leesboek, ten gebruyke der catholyke scholen.* Ghent, J.-J. Rousseau-Warrie, 1831, 84 pp.
   – Reprints: Ghent, A.-I. Van der Schelden, 1839, 90 pp.; Ghent, J.-B.-D. Hemelsoet, 1842; Courtrai, Beyaert-Feys, 1843.
4. *Overdenkingen op de voornaemste waerheden en geheymnissen van den godsdienst, uit den H. Alph. de Liguori.* Courtrai, Beyaert-Feys, 1831, XXIV-248 pp.
5. *Den leydsman der jonge lieden in hunne jongen jaren. Vertaald uyt het Fransch van A.M.D.G.* Courtrai, Blanchet, 1839.
   – Reprint: Courtrai, Beyaert-Feys, 1843, 208 pp.
6. *Geschenk aen de jeugd op den dag van hare Eerste Communie.* n.p., n.d.
7. *Christelyke gedachten voor elken dag van de maend.* n.p., n.d.
8. *Kort begryp der Heylige Geschiedenis, gevolgd door een kort verhael uit het leven van O.H. Jesus-Christus. Uyt het Fransch van A.M.D.G. Eerste leesboek, ten gebruyke der catholyke scholen.* Ghent, A.-I. Vander Schelden, n.d.
   – Reprint: Courtrai, Beyaert-Feys, 1834, 116 pp.
9. *Kort begryp der Heylige Geschiedenis, gevolgd door een kort verhael uit het leven van O.H. Jesus-Christus. Met vragen en antwoorden. Uyt het Fransch*

van A.M.D.G. Overzien en gecorrigeerd. Tweeden leesboek. Ghent, A.-I. Vander Schelden, 1834, 120 pp.
10. *Eerste spelboek, ten gebruike der catholyke scholen.* Ghent, n.d.
11. *Tweede spelboek, ten gebruike der catholyke scholen.* Ghent, n.d.
12. *Kort begryp der algemeene geschiedenis, van het begin der wereld tot onze dagen. Naer het Fransch van A.M.D.G. Eerste leesboek.* Courtrai, Beyaert-Feys, 1842, 68 pp.
13. *Kort begryp der kerkelyke geschiedenis, van Christus' geboorte tot op onze dagen. Naer het Fransch van A.M.D.G. Derde leesboek, ten gebruyke der catholyke scholen.* Ghent, A. Van der Meersch, 1848, 128 pp.
    – Reprint: Ghent, I. Van der Poorten, 1879, 100 pp.
14. *Devotie ter eere van de zeven vreugden en de zeven smerten van den Heyligen Joseph.* Ghent, Wᵉ J. Poelman-de Pape, 1856, 12 pp.

Literature

Bibliography: *BiblNat* 1 (1886) 39, 4 (1910) 397; DE POTTER, pp. 19, 41, 75, 572, 575, 627.

KENIS, L., *De Theologische Faculteit te Leuven in de negentiende eeuw* (cf. p. 18), esp. pp. 104-105.

Joannes Theodorus BEELEN

Amsterdam, 12 January 1807 – Louvain, 31 March 1884

Jan Theodoor Beelen was educated at the minor seminary of Hageveld (the Netherlands) under Cornelis van Bommel, later Bishop of Liège. In 1825, when the seminary was closed, he studied Hebrew with a Jew in Amsterdam. In 1828 he journeyed to Rome where he studied philosophy and theology at the *Collegium Romanum* and the *Sapienza*, specializing in oriental languages. In September 1832 he was granted the doctoral degree in theology and ordained to the priesthood. He stayed in Rome until May 1833 and then returned to the Netherlands. In the same year, he accepted Bishop van Bommel's invitation to become professor of Sacred Scripture in the seminary at Liège.

On 5 September 1836 Beelen succeeded J.B. Annocqué to the chair of Sacred Scripture at the Louvain Faculty of Theology. Apart from exegesis, he taught various oriental languages and thus resumed the tradition of oriental scholarship at the University of Louvain. He compiled several textbooks, including a *Chrestomathia Rabbinica et Chaldaica* (no. 2) and a *Grammatica Graecitatis Novi Testamenti* (no. 15), a revised translation of Georg Winer's *Grammatik* (^{5}1844). In the field of oriental philology, he published the Syriac version of two letters on virginity, ascribed to Clement of Rome (no. 14). Among his exegetical works, the commentary on Paul's Letter to the Romans is considered his main work (no. 13). His exegetical method was characterized by a combination of detailed philological investigation with a synthetic interpretation of the text. Beelen gained prominence with his Dutch translation of the New Testament which he published in the years 1859-1866 (no. 17). In the 1870's he published Dutch translations of Old Testament Wisdom literature (nos. 20-24). In 1875, after an academic career of nearly forty years, he retired and was succeeded by his student T.J. Lamy.

Beelen was named honorary canon of the Liège Cathedral in 1838, honorary chamberlain of the Pope in 1856, and consultor to the Congregation of the Index in 1859. In 1878 he was made knight of the Order of Leopold and consecrated a domestic prelate to the Pope.

Courses

1836-1875	Scripture
1836-1875	Oriental Languages
1855-1856	*Schola minor*: Scripture

Works

1. [Hebrew verses with Latin translation]. — *Carmina dicata eximio viro Augusto Kempeneers.* Louvain, Vanlinthout et Vandenzande, 1841.
2. אבני חפץ. *Chrestomathia Rabbinica et Chaldaica cum notis grammaticis, historicis, theologicis, glossario et lexico abbreviaturarum, quae in Hebraeorum scriptis passim occurrunt.* Louvain, Vanlinthout et Vandenzande, 1841-1843, 3 vols., VI-322-170, 326-201, [VI]-112-343 pp. [cf. p. 29].
3. La Vie de Jésus par Strauss et les Églises protestantes. — *RBrux* n. ser. 1 (1842) 81-95 [anon.].
4. *Bezoeken bij Jesus Christus in het allerheiligste Sakrament des Altaars, door den Heiligen Alphonsus Maria de Liguori. Uit het Italiaansch vertaald.* Louvain, Ickx en Geets, 1843, VIII-264 pp.
   - *Tweede Druk. Nagezien en verbeterd.* 1845, VI-249 pp.
   - *Nieuwe Vlaemsche uitgave.* Louvain, K. Fonteyn, 1882, VIII-156 pp.
   - *Nieuwe Uitgave.* Roeselare, De Meester, 1905, VIII-200 p.
   - Various reprints. Amsterdam, C.J. van Langenhuysen.
5. *Liber Sapientiae Graece secundum exemplar Vaticanum Romae editum. In usum suorum auditorum, addita selecta varietate lectionis codicis Alexandrini atque editionum Complutensis et Aldinae, recudendum curavit.* Louvain, Vanlinthout et Vandenzande, 1844, 16 pp.
6. *Dissertatio theologica, qua sententiam vulgo receptam, esse Sacrae Scripturae multiplicem interdum sensum litteralem, nullo fundamento satis firmo niti demonstrare conatur.* Louvain, Vanlinthout et Vandenzande, 1845, VIII-143 pp.
7. Review: J.B. MALOU, *La lecture de la Sainte Bible en langue vulgaire.* — *RCath* 4 (1846-47) 349-350, 383-389 [see J.B. Malou, no. 24].
8. Review: J. PERRONE, *Praelectiones Theologicae in compendium redactae.* — *RCath* 4 (1846-47) 417-425, 546-554; 5 (1847-48) 30-35, 349-355.
9. *Interpretatio Epistolae S. Pauli ad Philippenses.* Louvain, Ickx et Geets, 1849, IV-136 pp.
   - *Editio secunda, auctior et correctior: Commentarius in Epistolam S. Pauli ad Philippenses. Accedunt textus Graecus atque Latinus, et continua totius Epistolae paraphrasis.* Louvain, C.J. Fonteyn, 1852, IV-142 pp.
10. [Letter to the editor, reacting to critical remarks on his commentary on Philippians]. — *JHL* 16 (1849-50) 148-150 [the anonymous review was published in *JHL* 16 (1849-50) 30-32].
11. *Commentarius in Acta Apostolorum. Cui integri adduntur contextus Graecus et Latinus.* Louvain, C.J. Fonteyn, 1850-1851, 2 vols., XII-272, 265 pp. [+ map].
    - *Editio altera* [without the Greek and Latin texts]. 1864, 606 pp. [+ map].
12. *De revolutie te Rome of schets der voornaamste gebeurtenissen in Italië in de jaren 1846, 1847, 1848, 1849 en 1850. Naar het Fransch van A. Balleydier.* Amsterdam, J.F.A. Beukman, 1851, 168 pp.
13. *Commentarius in epistolam S. Pauli ad Romanos. Accedunt textus Graecus atque Latinus, et continua totius epistolae paraphrasis.* Louvain, C.J. Fonteyn – Vanlinthout et soc., 1854, XIX-517 pp.
14. *Sancti Patris nostri Clementis Romani epistolae binae de Virginitate, Syriace, quas ad fidem codicis manuscripti Amstelodamensis, additis notis criticis, philologicis, theologicis, et nova interpretatione Latina, edidit [...]. Accedunt*

fragmenta nonnulla exegetici argumenti ex eodem codice nunc primum edita et Latine reddita. Louvain, C.J. Fonteyn et Vanlinthout et soc., 1856, XCVII-327 pp. [also ed. in-8].

15. *Grammatica Graecitatis Novi Testamenti, quam ad Georgii Wineri ejusdem argumenti librum, Germanico idiomate conscriptum, in usum suorum auditorum composuit.* Louvain, C.J. Fonteyn - Vanlinthout et soc., 1857, VIII-584 pp.

16. *Grondregels voor het vervaerdigen eener Nederduitsche vertaling van het Nieuwe Testament ten gebruike der Katholieken.* Louvain, Vanlinthout en C[ie] – C.J. Fonteyn; Amsterdam, C.L. van Langenhuyzen; 's-Hertogenbosch, P. Verhoeven, 1858, VII-142 pp.

17. *Het Nieuwe Testament Onzes Heeren Jesus Christus, volgens den Latynschen tekst der Vulgaat in het Nederduitsch vertaeld en in doorloopende aenteekeningen uitgelegd.* Louvain, C.J. Fonteyn; Amsterdam, Wed. C.L. van Langenhuyzen; 's-Hertogenbosch, P. Verhoeven, 1859-1866, 3 vols., XI-678, 690, 439 pp.
    – Reprint: Bruges, K. Beyaert-Storie, 1891-1892, 3 vols., XI-678, 690, 439 pp.
    – *Nieuwe uitgaaf bezorgd door A. Vander Heeren* (Het Oude en het Nieuwe Testament. Nieuw Testament, I-III). Bruges, K. Beyaert, 1926-1933, 3 vols., 141-71-124-128, 142-278, 123-84-82 pp.
    – Partial reprint: *De Vier Evangeliën in 't Nederlandsch vertaald [...]. Heruitgegeven en verklaard door Dr. F.C. Ceulemans.* Malines, H. Dessain, 1905, 498 pp. [*Tweede uitgave.* 1907, 506 pp.].

18. *De Epistels en Evangelien op alle de Zondagen en op de voornaamste Feestdagen van het Kerkelijk Jaar, naar den Latijnschen tekst van het Romeinsche Missaal, op nieuw in het Nederduitsch vertaald en in doorloopende aanteekeningen uitgelegd.* Louvain, C.-J. Fonteyn, 1870, XLVI-332 pp.

19. *De Lessen en Evangelien op alle de dagen van den heiligen tijd van den Vaste, naar den Latijnschen tekst van het Romeinsche Missaal, op nieuw in het Nederduitsch vertaald en in doorloopende aanteekeningen uitgelegd.* Louvain, C.-J. Fonteyn, 1871, XIV-266 pp.

20. *Het Boek der Psalmen naar den Latijnschen tekst der Vulgaat in het Nederduitsch vertaald en in doorloopende aanteekeningen uitgelegd.* Louvain, K. Fonteyn; Amsterdam, C.-L. van Langenhuyzen, 1878, 2 vols., XII-357, 321 pp. [cf. no. 25].

21. *De Spreuken van Salomo naar den Latijnschen tekst der Vulgaat in het Nederlandsch vertaald en in doorloopende aanteekeningen uitgelegd.* Louvain, K. Fonteyn; Amsterdam, C.-L. van Langenhuyzen, 1879, VII-235 pp. [cf. no. 25].

22. *Het Boek genaamd de Prediker naar den Latijnschen tekst der Vulgaat in het Nederlandsch vertaald en in doorloopende aanteekeningen uitgelegd.* Louvain, K. Fonteyn; Amsterdam, C.-L. van Langenhuyzen, 1880, VI-74 pp. [cf. no. 25].

23. *Het Boek der Wijsheid naar den Latijnschen tekst der Vulgaat in het Nederlandsch vertaald en in doorloopende aanteekeningen uitgelegd.* Louvain, K. Fonteyn; Amsterdam, C.-L. van Langenhuyzen, 1881, VIII-133 pp. [cf. no. 25].

24. *Het Boek genaamd Ecclesiasticus naar den Latijnschen tekst der Vulgaat in het Nederlandsch vertaald en in doorloopende aanteekeningen uitgelegd.*

Louvain, K. Fonteyn; Amsterdam, C.-L. van Langenhuyzen, 1883, VIII-360 pp. [cf. no. 25].

25. *Het Oude Testament in 't Vlaamsch vertaald en uitgeleid door J.Th. Beelen, V.J. Coornaert, J. Corluy, O.E. Dignant, Pl. Haghebaert, A.G. Vandeputte.* Vierde deel. *De Psalmen, Spreuken, Prediker, Wijsheid en Ecclesiasticus in 't Vlaamsch vertaald en uitgeleid door J.Th. Beelen. Het Hooglied door O.E. Dignant.* Bruges, K. Beyaert, 1896, 331-120-42-24-72-195 pp. [Beelen's contributions are reprints from nos. 20-24].
Reprints of Beelen's contributions:
– *Het Boek der Psalmen, vertaald en uitgelegd door J.Th. Beelen. Nieuwe uitgaaf bezorgd door A. Vander Heeren* (Het Oude en het Nieuwe Testament. Oud Testament, IV, 1). 1941, 305 pp.
– *Het Boek der Spreuken, vertaald en uitgelegd door J.Th. Beelen. Nieuwe uitgaaf bezorgd door A. Vander Heeren* (Het Oude en het Nieuwe Testament. Oud Testament, IV, 2). 1935, 104 pp.
– *Wijsheid. Aangeteekend door A. Vander Heeren* (Het Oude en het Nieuwe Testament. Oud Testament, IV, 5). 1937, 75 pp.

Course texts in autograph

26. *Chrestomathia biblica cum notis et glossario. In usum suorum auditorum scripsit.* Louvain, Pasteyns et Robyns, 1850, 96 pp. [with printed title].
27. [*Grammatica hebraica*]. Louvain, 1852-53, 216 pp. [no title; incomplete].
28. *Breves in Evangelium S. Matthaei adnotationes.* Louvain, 1856, pp. 1-192 [incomplete].
29. [*Grammatica syriaca*]. n.p., n.d., pp. 1-104 [no title; incomplete].

T.J. Lamy, *AUCL* 49 (1885), p. CLIV, further mentions some texts "en manuscrit", which we were not able to identify: *Archeologia biblica* (courses 1840-41); *Scholia in quatuor Evangelia, in Epistolas ad Corinthios, in Hebraeos, in psalmos, in librum Sapientiae, in Isaiam*; *Version française du Nouveau Testament avec les remarques critiques sur les versions de Sacy, de Carrières et de plusieurs autres*.

Direction

Doctoral dissertations:
P. VAN DEN BROECK, *De theophaniis sub Veteri Testamento* (Dissertationes, 1st ser., 6).
  Louvain, Vanlinthout et socii, 1851, 131 pp. [cf. p. 199].
F.J. JADOT, *Patrum antenicaenorum de Verbi consubstantialitate doctrina* (Dissertationes, 1st ser., 8).
  Louvain, Vanlinthout et socii, 1857, IX-150 pp.
T.J. LAMY, *De Syrorum fide et disciplina in re Eucharistica* (Dissertationes, 1st ser., 9).
  Louvain, Vanlinthout et socii, 1859, XVI-273 pp. [cf. p. 136].
J.F. DEMARET, *De origene Evangeliorum deque eorum historica auctoritate* (Dissertationes, 1st ser., 18).
  Louvain, Vanlinthout fratres, 1865, XVI-319 pp. [co-promotor: T.J. Lamy].
A.J. LIAGRE, *Interpretatio epistolae catholicae S. Iacobi* (Dissertationes, 1st ser., 10).
  Louvain, Vanlinthout et socii, 1860, VIII-291 pp. [co-promotor: T.J. Lamy].

J.B. ABBELOOS, *De vita et scriptis sancti Iacobi, Batnarum Sarugi in Mesopotamia episcopi* (Dissertationes, 1st ser., 19).
Louvain, Vanlinthout fratres, 1867, XX-344 pp. [co-promotor: T.J. Lamy].

Collaboration

Revue catholique.

Literature

Bibliography: *UCLB*, pp. 53-55; *BiblNat* 1 (1896) 75-76; DE POTTER, 5-6, 22, 40, 134, 619.

NÈVE, F., Travaux et publications de M. l'abbé Jean Théodore Beelen, professeur d'Écriture Sainte et de langues orientales à la Faculté de théologie de l'Université catholique de Louvain. — *Annales de philosophie chrétienne* 45 (1852) 449-467.

LAMY, T.J., Notice sur la vie et les travaux de Mgr Beelen. — *AUCL* 49 (1885) CVI-CLIV.

BR[OYDÉ], I., Beelen, Theodore Johann. — *The Jewish Encyclopedia* 2 (1902) 629.

VAN DRUTEN, H., *Geschiedenis van de Nederlandsche Bijbelvertaling*, vol. 3, Leiden, 1905, pp. 624-632.

BECHTEL, F., Beelen, Ian Theodor. — *CE* 1 (1907) 388.

REY, O., Beelen, Jan Théodore. — *DB* 1/2 (1912) 1542-1543.

MARKON, I., Beelen, Theodore Johann. — *Encyclopaedia Judaica* 3 (1929) 1223.

COPPENS, J., L'Écriture sainte. — *Le cinquième centenaire de la Faculté de théologie* (cf. p. 18), 21-47, pp. 22-24; = *ETL* 9 (1932) 608-634, pp. 609-611.

RYCKMANS, G., Les langues orientales. — *Ibid.*, 101-117, pp. 101-103; = *ETL* 9 (1932) 688-704, pp. 688-690.

PAQUAY, J., *Het klooster van St-Truiden en Mgr van Bommel*, Lummen, 1933, pp. 13-31.

COPPENS, J., Beelen (Jean-Théodore). — *DHGE* 7 (1934) 416-418.

COPPENS, J., *L'orientalisme en Belgique*, Brussels, 1938, pp. 10-11.

RYCKMANS, G., L'orientalisme en Belgique. — *RGBelge* 4 (1947) 724-738, pp. 726-727.

KLEINHANS, A., Beelen, Johann Theodor. — *EC* 2 (1949) 1140.

COPPENS, J., Beelen (Monseigneur Jean-Théodore). — *DTC Tables* 1 (1951) 392.

COPPENS, J., Beelen (Jean-Théodore). — *BN* 29 (1957) 215-222.

DE LANGHE, R., Les recherches bibliques à l'Université de Louvain. — J. COPPENS, A. DESCAMPS, É. MASSAUX (eds.), *Sacra Pagina. Miscellanea Biblica Congressus Internationalis Catholici de re biblica* (BETL, 12), Gembloux, 1959, vol. 1, 28-40, pp. 34-35.

LEFORT, L.T., Les recherches orientalistes à l'Université de Louvain. — *Ibid.*, 41-49, p. 43.

RYCKMANS, G., L'orientalisme à Louvain avant 1936. — *Trentième anniversaire de l'Institut orientaliste*, Louvain, 1966, 9-29, pp. 17-18; = *Le Muséon* 79 (1966) 13-33, pp. 17-19.

MCGARRAGY, M.C., Beelen, Jan Theodoor. — *NCE* 2 (1967) 221.

COPPENS, J., Nederlandse hoogleraren in de theologie (cf. p. 18), cc. 5-6.

TROMP, N., De ontvouwing van uw Woord verlicht. Driehonderdvijftig jaar rooms-katholieke bijbelvertaling in Nederland en Vlaanderen. — A.W.G. JAAKKE &

E.W. TUINSTRA (eds.), *Om een verstaanbare bijbel. Nederlandse bijbelvertalingen na de Statenbijbel*, Haarlem - Brussels, 1990, 107-136, pp. 120-124.

KENIS, L., The Louvain Faculty of Theology and Its Professors (cf. p. 18), pp. 399-400.

KENIS, L., *De Theologische Faculteit te Leuven in de negentiende eeuw* (cf. p. 18), esp. pp. 182-183, 251-254, 294-295, 421-431.

אבני חפץ

CHRESTOMATHIA
RABBINICA ET CHALDAICA

CUM

NOTIS GRAMMATICIS, HISTORICIS, THEOLOGICIS,

GLOSSARIO

ET

LEXICO ABBREVIATURARUM,

QUÆ IN HEBRÆORUM SCRIPTIS PASSIM OCCURRUNT,

AUCTORE

JOANNE THEODORO BEELEN,

CAN. HON. ECCL. CATHEDR. LEOD., S. TH. DOCT., IN UNIV. CATH. LOVAN.
S. SCRIPT. ET LINGG. ORIENTALL. PROF. ORD.

VOL. I,
SELECTA RABBINICA ET CHALDAICA COMPLECTENS.

PARS PRIOR,

SELECTA RABBINICA.

LOVANII
TYPIS VANLINTHOUT ET VANDENZANDE,
UNIVERSITATIS TYPOGRAPHORUM.

1841.

Alfred Henry Joseph CAUCHIE

Haulchin, 26 October 1860 – Rome, 10 February 1922

Upon completion of his secondary education and his philosophy studies at the minor seminary *Bonne-Espérance* at Tournai, Alfred Cauchie studied theology at the major seminary of Tournai. Soon after his ordination to the priesthood (25 October 1885) he was sent to Louvain to study history. In 1888 he earned the licentiate degree in moral and historical sciences. Subsequently he journeyed to Rome where he worked for two years at the Vatican Archives in preparation for his doctorate. In June 1890 he successfully defended a dissertation on the Investiture controversies in the dioceses of Liège and Cambrai (no. 1). In October of that same year he was assigned as an assistant to his promotor, Charles Moeller, who entrusted him with the direction of the history seminar in the Arts Faculty. In 1892 Cauchie replaced Moeller to lecture on the modern period in the history course. In Mercier's *Institut Supérieur de Philosophie* he taught heuristics, historical criticism, history of ideas in the Middle Ages, and church history. In 1893 he became extraordinary professor and was appointed to the chair of medieval institutions and, one year later, to the course on historical criticism in the Faculty of Arts.

In 1895 Cauchie was promoted to full professor and made successor of B. Jungmann to the chair of church history in the Faculty of Theology, which included the direction of the church history seminar, initiated by Jungmann in 1890. Cauchie integrated his seminars into one *Séminaire historique*, which soon earned an international reputation for the quality of its research. In 1900 he founded, with P. Ladeuze, the *Revue d'histoire ecclésiastique*, for which he was the chief editor until his death. He was also the initiator of the series *Recueil des Travaux par les membres des Conférences d'histoire et de philologie* in the Faculty of Arts.

Through these initiatives Cauchie introduced modern historical criticism at Louvain and offered a large group of young historians the opportunity to publish the results of their research. With a similar intention in mind, he encouraged the creation of a Belgian Historical Institute in Rome, which would contribute to the historiography of the Belgian nation by providing the facilities to study and publish the numerous sources available in the Roman and Italian archives. The Institute was founded in 1902. In 1919, when he was appointed its Director, Cauchie offered his resignation at Louvain and moved to Rome. He was killed in an accident in February 1922.

Cauchie was an honorary canon of the Cathedral of Tournai (1919), a member of the Royal Historical Commission (1895) and of the Royal Academy of Belgium (1919). He was a member of various foreign historical societies, such as the *Institut de France*.

Courses

1895-1920   Church History

Works

1. *La querelle des investitures dans les diocèses de Liège et de Cambrai* (RTCHP, 2, 4). Louvain, C. Peeters, 1890-1891, 2 vols., xcii-124, 218 pp. [dir.: C. Moeller].
2. Les archives farnésiennes à Naples. – Travaux à y accomplir. — *CRCH* 4th ser. 17 (1890) 81-111.
3. Documents communiqués par M. Alfred Cauchie, docteur en sciences morales et historiques [concerning the Netherlands under Charles V]. — *AHEB* 22 (1890) 353-368.
4. Les desseins politiques de Léon X, à son avènement, et la mission de Laurentio Campeggi en Flandre, en 1513. — *CRCH* 5th ser. 1 (1891) 20-40.
5. Deux épisodes de la lutte de François Ier avec Charles-Quint, en 1543. — *CRCH* 5th ser. 1 (1891) 41-56.
6. *La grande procession de Tournai. Notice historique publiée à l'occasion du huitième centenaire de la procession.* Louvain, C. Peeters, 1892, 127 pp.
7. Notes sur quelques sources manuscrites de l'histoire belge à Rome. — *CRCH* 5th ser. 2 (1892) 139-184.
8. Mission aux Archives vaticanes. Rapport à M. le Ministre de l'Intérieur et de l'Instruction publique. — *CRCH* 5th ser. 2 (1892) 185-192, 313-483.
   – Published separately: (RTCHP, 1). Brussels, F. Hayez, 1892, 181 pp.
9. Épisodes de l'histoire religieuse de la ville d'Anvers durant le second semestre de l'année 1566. Correspondance de Daniel di Bomalès avec François di Marchi. — *AHEB* 23 (1892) 20-60.
10. Nicole Serrurier, hérétique du XVe siècle. — *AHEB* 24 (1893) 241-336.
11. La Constitution de Louvain au moyen âge. — *Le Muséon* 12 (1893) 272-281.
12. Note sur les papiers d'État du maréchal Antoniotto, marquis de Botta-Adorno, conservés à la Bibliothèque ambrosienne, à Milan. — *CRCH* 5th ser. 4 (1894) 294-303.
13. Le maréchal Antoniotto de Botta-Adorno et ses papiers d'État. — *Compte rendu du troisième Congrès scientifique international des Catholiques à Bruxelles*, Brussels, Polleunis, 1895, 396-423.
14. [Letter of 31 March 1895, on work accomplished during a study trip to Italy]. — *CRCH* 5th ser. 5 (1895) 257-261.
15. De la création d'une École belge à Rome. — *Congrès archéologique et historique de Tournai, 5-8 août 1895*, Tournai, H. et L. Casterman, 1896, appendice, 739-802.
16. Proposition concernant la publication du manuscrit Vatican latin 3881. — *CRCH* 5th ser. 7 (1897) 84-89.

17. Proposition concernant la publication des instructions générales aux premiers nonces de Bruxelles (1596-1635). — *CRCH* 5th ser. 8 (1898) 392-395.
18. Études sur l'histoire religieuse de Bruges. — *AHEB* 27 (1898) 236-256.
19. La Paix de Clément IX (1668-1669). Préliminaires. État de la question et bibliographie. — *Revue d'histoire et de littérature religieuses* 3 (1898) 481-501.
20. [Report on the *Chroniques du Brabant*]. — *CRCH* 69 (1900) XXXVII-XCIII.
21. Les études d'histoire ecclésiastique. — *RHE* 1 (1900) 5-25.
22. La Chronique de Saint-Hubert dite *Cantatorium*, le Livre second des *Miracula Sancti Huberti* et la *Vita Theoderici abbatis Andaginensis*. (Observations sur l'attribution de ces trois œuvres à Lambert le Jeune, moine de Saint-Hubert). — *CRCH* 70 (1901) 61-144.
23. *Les universités d'autrefois. Paris et Bologne aux premiers temps de leur existence* (Séminaire de Bonne-Espérance. Association des anciens étudiants. Réunion annuelle du 19 septembre 1901). Louvain, Polleunis & Ceuterick, 1902, 23 pp.
    – Reprint: *RGen* 75 (1902) 886-905.
24. Le Gallicanisme en Sorbonne d'après la correspondance de Bargellini, nonce de France (1668-1671). — *RHE* 3 (1902) 972-985; 4 (1903) 39-54, 448-469.
25. Bulletin historique. — *Bulletin bibliographique et pédagogique du Musée belge* 6 (1902) 125-129, 312-319 [with A. Van Hove].
26. L'extension de la juridiction du nonce de Bruxelles aux duchés de Limbourg et de Luxembourg en 1781. — *CRCH* 72 (1903) 1-17.
27. L'opposition à la juridiction du nonce de Cologne dans les Pays-Bas catholiques (1616-1783). Analyses et extraits de documents. — *AHEB* 30 (1903) 309-347.
28. À propos du concile de Trente. August von Druffel et Angelo Massarelli. — *Bulletin bibliographique et pédagogique du Musée belge* 7 (1903) 261-264.
29. Review: J. de la Servière, *La correspondance de Bentivoglio et les controverses de Jacques 1er, roi d'Angleterre avec le cardinal Bellarmin.* — *Bulletin bibliographique et pédagogique du Musée belge* 7 (1903) 429-433.
30. *Recueil des instructions générales aux nonces de Flandre (1596-1635)* (Commission Royale d'Histoire). Brussels, Kiessling et Cie, P. Imbreghts; Hayez, 1904, XLIV-283 pp. [with R. Maere].
31. Lettres de Bentivoglio (1615) et de Stravius (1642) à la fin de leur mission aux Pays-Bas catholiques. Notes sur le protocole à l'arrivée et au départ des nonces de Flandre. — *Mélanges Paul Fredericq. Hommage de la Société pour le progrès des études philologiques et historiques 10 juillet 1904*, Brussels, H. Lamertin, 1904, 319-327.
32. Rapport sur l'organisation de missions scientifiques en vue de répertorier à l'étranger les documents diplomatiques relatifs à l'histoire de la Belgique. — *CRCH* 73 (1904) XVI-XXXVIII.
33. Les instructions générales aux nonces des Pays-Bas espagnols (1596-1635). Étude sur leur nature diplomatique et leur valeur historique. — *RHE* 5 (1904) 16-46 [with R. Maere].
34. Review: A. Solmi, *Stato e Chiesa secondo gli scritti politici da Carlomagno fino al Concordato di Worms (800-1122).* — *RHE* 5 (1904) 573-598.
35. *Le Séminaire historique. Université catholique de Louvain* (Publications de l'Association des anciens membres du Séminaire historique de l'Université de Louvain). Louvain, C. Peeters, 1905, 68 pp.

36. L'expansion économique mondiale et la formation universitaire des professeurs d'histoire de l'enseignement moyen du degré supérieur. — *Congrès international d'expansion économique mondiale tenu à Mons du 24 au 28 décembre 1905 sous le haut patronage de Sa Majesté le roi Léopold II et du gouvernement belge. Rapports. Section I – Enseignement (Volume III)*, Brussels, Hayez, 1905, 20 pp.
37. In *BN* 18 (1905): Poppon (Saint), 43-53.
38. Review: *Concilium Tridentinum. Diariorum, actorum, epistolarum, tractatuum nova collectio.* Vol. I, ed. S. MERKLE; Vol. IV, ed. S. EHSES. — *RHE* 6 (1905) 857-883.
39. Relations générales des nonces de Flandre Ottavio Mirto Frangipani et Fabio della Lionessa en 1605 et 1634. — *AHEB* 32 (1906) 241-265.
40. Mgr J.-B. Abbeloos. — *RHE* 7 (1906) 406-409 [anon.].
41. L'enseignement supérieur libre. — *Demain politique, social* 1 (1906) no. 51, 4-5.
42. Inventaires des archives de Marguerite de Parme, dressés après la mort de cette princesse, précédés d'une liste d'anciens inventaires d'archives et de joyaux conservés aux archives farnésiennes à Naples. — *CRCH* 76 (1907) 61-135.
43. Une nouvelle lettre de Daniel di Bomalès à Francesco di Marchi concernant les troubles des Pays-Bas (1567). — *AHEB* 33 (1907) 222-226.
44. The Teaching of History at the University of Louvain, 1834-1907. — *The Catholic University Bulletin* 13 (1907) 515-561.
45. Les archives farnésiennes de Naples au point de vue des Pays-Bas. — *Fédération archéologique et historique de Belgique. Annales du XXe Congrès*, vol. 2, Ghent, A. Siffer, 1907, 486-507 [with L. VAN DER ESSEN].
46. In *BN* 19 (1907): Richard de Saint-Vannes, 251-267.
47. *Documents sur la principauté de Liége (1230-1532) spécialement au début du XVIe siècle. Extraits des papiers du cardinal Jérôme Aléandre (Manuscrit Vatican latin 3881 et manuscrit de l'Université de Bologne, 954, t. III)* (Commission Royale d'Histoire). Tome premier. Brussels, M. Weissenbruch, 1908, VI-488 pp.; Tome II, Brussels, Kiessling et Cie, P. Imbreghts, 1920, XXXV-407 pp. [with A. VAN HOVE].
48. Relation d'un Père Jésuite réfugié en Flandre sur la situation de la France au début de 1595. — *Mélanges Godefroid Kurth. Recueil de mémoires relatifs à l'histoire, à la philologie, et à l'archéologie publié par la Faculté de Philosophie et Lettres de l'Université de Liège. I. Mémoires historiques*, Liège, Vaillant-Carmanne; Paris, H. Champion, 1908, 279-293.
49. Rapport sur la correspondance d'Ottavio Mirto Frangipani, premier nonce de Flandre (1596-1606), conservée à la Bibliothèque nationale de Naples. — *CRCH* 77 (1908) XLIII-LX.
50. Témoignages d'estime rendus en Belgique au cardinal Baronius, spécialement à l'occasion du conflit de Paul V avec Venise. — *AHEB* 34 (1908) 76-82.
    – Reprint: *Per Cesare Baronio. Scritti vari nel terzo centenario della sua morte*, Rome, Athenaeum, Società Editrice Romana, 1911, 17-25.
51. Les Assemblées du Clergé de France sous l'Ancien Régime. Matériaux et origines. — *RSPT* 2 (1908) 74-95.
52. Les sources de l'histoire nationale conservées à l'étranger dans les archives privées. — *CRCH* 78 (1909) 45-102 [with L. VAN DER ESSEN].
53. Lettre de Frédéric, archevêque de Cologne, à Albéron Ier, évêque de Liège, concernant l'établissement des prémontrés (1125). — *AHEB* 35 (1909) 285-288.

54. In *BN* 20 (1908-10): Rupert de Saint-Laurent ou de Deutz, 426-458.
55. Les archives particulières de l'étranger et leur importance pour l'histoire des anciens Pays-Bas. — *Fédération archéologique et historique de Belgique. Annales du XXIe Congrès. Rapports et mémoires*, vol. 2, no. 1, Liège, 1910, 535-541 [with L. VAN DER ESSEN].
56. Inventaire sommaire des archives de l'État en Belgique. — *AHEB* 36 (1910) 458-462.
57. *Inventaire des archives farnésiennes de Naples au point de vue de l'histoire des Pays-Bas catholiques* (Commission Royale d'Histoire). Brussels, Kiessling et Cie, P. Imbreghts, 1911, CCXXVI-557 pp. [with L. VAN DER ESSEN].
58. Le R. P. Charles De Smedt, S.J., Président de la Société des Bollandistes (1833-1911). — *RHE* 12 (1911) 347-358.
59. Bellarmin et l'Université de Louvain d'après un livre récent. — *AHEB* 37 (1911) 384-401.
60. Le comte L.C.M. de Barbiano di Belgiojoso et ses papiers d'État conservés à Milan. Contribution à l'histoire des réformes de Joseph II en Belgique. — *CRCH* 81 (1912) 147-332.
61. Mort du R. P. A. Poncelet. — *RHE* 13 (1912) 400-405 [anon.].
62. In *Kirchliches Handlexikon* 2 (1912): Löwen (Lovanium), 710-711.
63. Mission de M. Cauchie à Naples. — *CRCH* 82 (1913) XXVI-XXIX.
64. Aperçu sur l'histoire du jansénisme en Belgique. — *Fédération archéologique et historique de Belgique. Annales du XXIIIe Congrès (Gand, 1913)*, vol. 2, Ghent, W. Siffer, 1914, 250-255.
65. Un demi-siècle d'enseignement historique à l'Université de Louvain. — *Mélanges d'histoire offerts à Charles Moeller à l'occasion de son jubilé de 50 années de professorat à l'Université de Louvain 1863-1913* (RTCHP, 40), Louvain, Bureaux du Recueil, Van Linthout; Paris, A. Picard et fils, 1914, vol. 1, IX-XXXVI.
66. Hommage à Godefroid Kurth. — *Revue latine* 4 (1921) 881-888.
67. *Godefroid Kurth (1847-1916). Le patriote, le chrétien, l'historien.* Brussels, La Lecture au Foyer, 1922, VIII-142 pp.
68. *Le Cardinal Newman. Préface par Léon Van der Essen.* Brussels, La Lecture au Foyer, 1923, 16 pp. [posthumous].
69. *Un grand historien belge. Godefroid Kurth, son action et ses meilleurs pages.* Paris, Éditions Giraudou-Peigius; Brussels, A. Dewit, 1930, 142 pp. [posthumous].

Course texts in autograph

70. *Introduction à l'histoire ecclésiastique. Partie générale.* Louvain, 1904, 134 pp.
    – 2nd ed. 1908, 505 pp.
71. *Introduction générale aux institutions du moyen âge.* Louvain, 1905, 111 pp.

Direction

Recueil des travaux publiés par les membres des Conférences d'histoire et de philologie.
Analectes pour servir à l'histoire ecclésiastique de la Belgique; *Revue d'histoire ecclésiastique*.

Reports on the activities of the Historical Seminar were published in *AUCL* and in *Bulletin de l'Association des anciens membres du Séminaire historique de l'Université catholique de Louvain* (1901-1913). 83 students published studies on various historical subjects as the result of their work in the Seminar. A complete list of these publications, which appeared for the greater part in periodicals such as *RHE* and *AHEB*, can be found in *UCLB*, Sup. 4, pp. 204-207; Sup. 5, pp. 55-56; Sup. 6, pp. 47-48; *BA*, p. 77 (see also *Association des Anciens membres du Séminaire historique de Louvain. Bibliographie*. Malines, 1911). The most important among these publications where the doctoral dissertations, submitted under Cauchie's direction in the Faculty of Arts and in the Theological Faculty. A list of the doctoral dissertations related to church history that were submitted in the Arts Faculty, is given by A. DE MEYER, L'histoire ecclésiastique (cf. p. 37), p. 97, n. 25.

The doctoral dissertations in theology were:

A. VAN HOVE, *De jurisdictionis litibus in dioecesi Leodiensi Erardo a Marcka episcopo (1506-1538)* (Dissertationes, 1st ser., 51).
Louvain, J. Van Linthout, 1900, XXV-173 pp.

G. VOISIN, *L'apollinarisme. Étude historique, littéraire et dogmatique sur le début des controverses christologiques au IVe siècle* (Dissertationes, 1st ser., 52).
Louvain, J. Van Linthout; Paris, A. Fontemoing, 1901, 420 pp.

T. VAN OPPENRAAIJ, *La doctrine de la prédestination dans l'Église réformée des Pays-Bas, depuis l'origine jusqu'au synode national de Dordrecht en 1618 et 1619. Étude historique* (Dissertationes, 2nd ser., 2).
Louvain, J. Van Linthout, 1906, XIV-16-272 pp.

E. BROECKX, *Le catharisme. Étude sur les doctrines, la vie religieuse et morale, l'activité littéraire et les vicissitudes de la secte cathare avant la croisade* (Dissertationes, 2nd ser., 5).
Hoogstraten, J. Haseldonckx, 1916, XXIV-308 pp.

A. DE MEYER, *Les premières controverses jansénistes en France (1640-1649)* (Dissertationes, 2nd ser., 9).
Louvain, J. Van Linthout, 1919, XXIII-574 pp.

Collaboration

Analectes pour servir à l'histoire ecclésiastique de la Belgique; *Dietsche Warande*; *Bulletin bibliographique et pédagogique du Musée belge*; *Le Muséon*; *Revue de l'Instruction publique en Belgique*; *Revue des sciences philosophiques et théologiques*; *Revue bibliographique belge*; *Bulletin de la Commission Royale d'Histoire*.

Literature

Bibliography: *UCLB*, pp. 263-265; Sup. 1, pp. 41-42; Sup. 2, pp. 46-47; Sup. 3, pp. 48-49; Sup. 4, pp. 202-207; Sup. 5, pp. 55-56; Sup. 6, pp. 46-48; *BA*, pp. 76-77.

BAIX, F., Alfred Cauchie (1860-1922). — *La Terre Wallonne* 6 (1922) 73-101.

BERLIÈRE, U., Discours prononcé lors de la cérémonie célébrée à la salle académique de l'Université de Louvain, le 28 février 1922, au nom de la Commission Royale d'Histoire. — *BCRH* 86 (1922) 6-11.

BERLIÈRE, U., Nécrologie. G. Kurth – Ch. Moeller – A. Cauchie. — *BIHBR* 2 (1922) 161-177.
TERLINDEN, C., Le chanoine Cauchie. — *RGen* 60 (1922) 331-338.
VAN DER ESSEN, L., Alfred Cauchie (1860-1922). L'initiateur – le savant – l'homme. — *RHE* 18 (1922) 213-239.
VAN DER ESSEN, L., Éloge funèbre de M. le professeur Alfred Cauchie, prononcé en la grande salle de l'Institut de Spoelbergh, le 28 février 1922. — *AUCL* 80 (1920-26) CX-CXXXVI.
VAN DER ESSEN, L., Alfred Cauchie. — *RBPH* 1 (1922) 400-409.
VAN DER ESSEN, L., Hommage à la mémoire de M. le chanoine Cauchie. — *Bulletin de l'Académie royale d'archéologie de Belgique* (1922) 48-56.
VAN DER ESSEN, L., In Memoriam Alfred Cauchie. — *Bulletin bibliographique et pédagogique du Musée belge* 26 (1922) 109-112.
BERLIÈRE, U., Notice sur la vie et les travaux du chanoine Alfred Cauchie. — *AASB* 91 (1925) 199-251.
DE MEYER, A., L'histoire ecclésiastique. — *Le cinquième centenaire de la Faculté de théologie* (cf. p. 18), 90-100, pp. 95-98; = *ETL* 9 (1932) 677-687, pp. 682-685.
VAN DER ESSEN, L., Alfred Cauchie 1860-1922. — *La Commission Royale d'Histoire 1834-1934*, Brussels, 1934, 257-264.
DE MEYER, A., Cauchie (Alfred). — *DHGE* 12 (1953) 3-4.
MOHLBERG, L., Cauchie, Alfred-Henry-Joseph. — *LTK* 2 (1958) 981.
AUBERT, R., Le grand tournant de la Faculté de Théologie de Louvain (cf. p. 18), pp. 94-99.
DAOUST, J., Cauchie, Alfred Henri Joseph. — *NCE* 3 (1967) 341.
LAVALLEYE, J., Cauchie (Alfred-Henri-Joseph). — *BN* 38 (1973-74) 67-77.
DUMOULIN, M., La genèse de l'Institut Historique Belge de Rome (1889-1904). — *BIHBR* 46-47 (1976-77) XV-XLI.
TOLLEBEEK, J., "L'Église n'a pas besoin de mensonges". A. Cauchie en de Revue d'histoire ecclésiastique (1900-1920). — *Liber amicorum Dr. J. Scheerder*, Louvain, 1987, 357-371. French transl.: "L'Église n'a pas besoin de mensonges". A. Cauchie et la Revue d'histoire ecclésiastique (1900-1920). — *BIHBR* 57 (1987) 199-219.
KENIS, L., *De Theologische Faculteit te Leuven in de negentiende eeuw* (cf. p. 18), esp. pp. 128, 475.

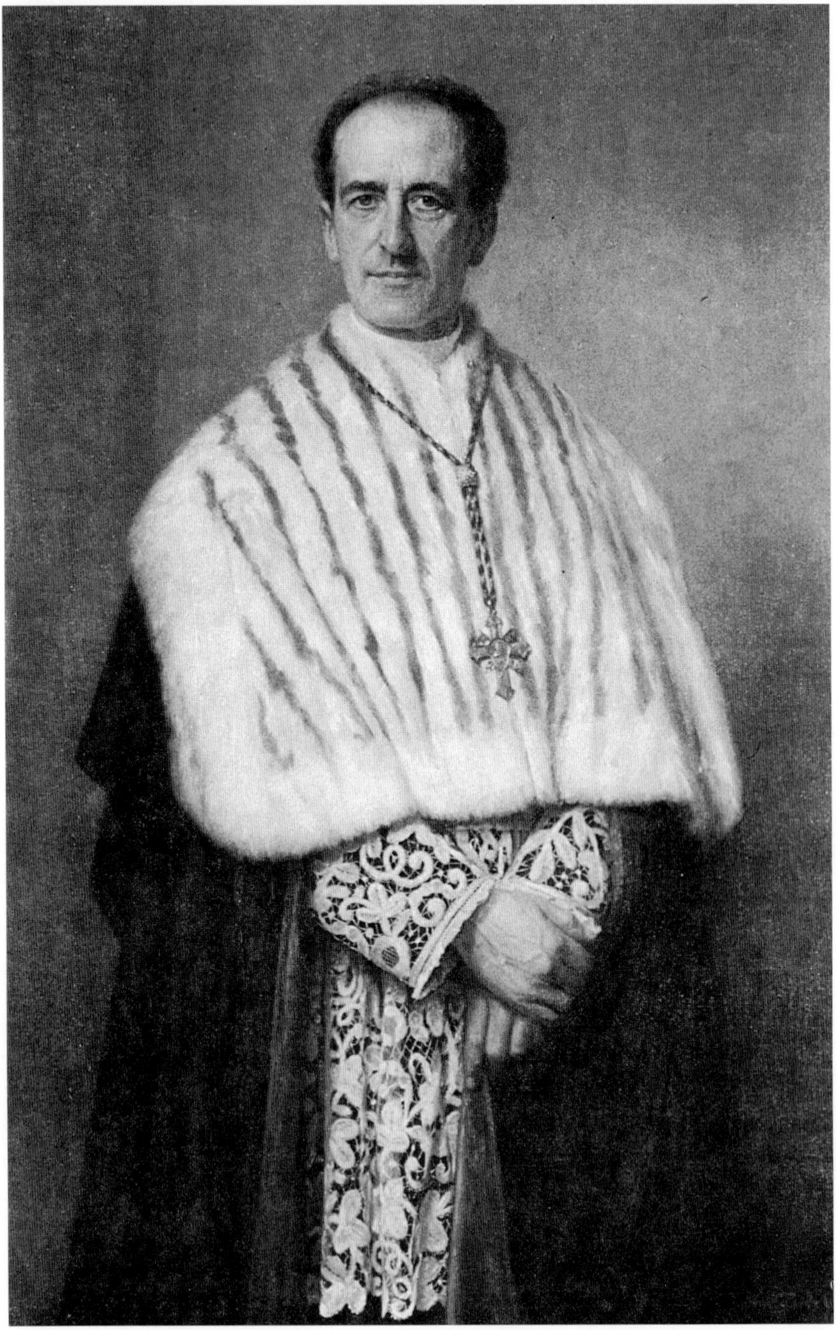

Maurice Marie DE BAETS

Ghent, 17 April 1863 – Ghent, 19 September 1931

After completing his secondary education at the Jesuit college in Ghent and the Episcopal college in Eeklo, Maurice De Baets entered the major seminary at Ghent. He was sent to Rome where he studied at the Gregorian University and obtained the doctoral degrees in philosophy (1883) and theology (1887). He remained in Rome for another three years, assisting Msgr. de T'Serclaes in the direction of the Belgian College. In September 1890 he was named professor of philosophy at the minor seminary of Sint-Niklaas and two months later he became secretary to the Bishop of Ghent.

In 1896 De Baets was appointed a professor to the *Institut Supérieur de Philosophie* at Louvain, where he was assigned to teach courses in ontology and theodicy. From the very beginning he disagreed with organizational aspects of the Institute and disapproved of the teaching of some of his colleagues. In 1897, when it was revealed that he had addressed a critical report on these issues to the Belgian bishops and to Rome, he was appointed President of the Justus Lipsius College. One year later, he resigned as professor at the Philosophy Institute and joined the Faculty of Theology. While declining the offer to succeed A.B. Van der Moeren to the chair of moral theology, he accepted the appointment to the chair of special dogmatic theology, as successor of A.H.H. Dupont. He also taught a course in general metaphysics in the Arts Faculty. In 1901 he resigned as President of the Justus Lipsius College. In 1903 he published his principal theological tractate, *Quaestiones de operationibus divinis quae respiciunt creaturas* (no. 18).

In 1906 De Baets was named titular canon of Saint Bavon Cathedral and President of the major seminary at Ghent, where he also taught courses in theology. In 1909 he was promoted to vicar-general and became, in addition to being President of the seminary, Archpriest of the Chapter and Dean of the City of Ghent. In May 1931, four months before his death, he was made a domestic prelate by Pope Pius XI.

Courses

1898-1906   Special Dogmatic Theology

Works

1. À propos d'un livre. — *Le Magasin littéraire* 8/1 (1891) 259-265.
2. Le crime et la peine. — *Le Magasin littéraire* 8/2 (1891) 421-432.

3. *Les bases de la morale et du droit.* Paris, F. Alcan; Ghent, A. Siffer; Fribourg, B. Herder; Rome, A. Befani, 1892, XXIII-385 pp.
   – Spanish transl.: *Las bases de la moral y del derecho. Versión castellana, prologo y notas de D. Genaro González Carreño.* Madrid, Sáenz de Jubera, 1906, XXV-437 pp.
4. *Les localisations cérébrales et le siège de la sensation dans la philosophie scolastique.* Paris, F. Alcan; Ghent, A. Siffer, 1892, 29 pp.
5. À propos du Congrès d'anthropologie criminelle. — *RQS* 32 (1892) 467-480.
6. *L'École d'anthropologie criminelle. Lecture faite à la Conférence du Jeune Barreau de Bruxelles* (Conférence du Jeune Barreau de Bruxelles). Ghent, P. Van Fleteren, 1893, 56 pp.
   – English transl.: *The Monthly Summary* (Febr. 1894).
7. *De Christelijke Geest in man en kunstenaar. Redevoering uitgesproken bij de plechtige Prijsuitreiking in de Sint-Lucasschool te Gent, den 30 Juli 1893.* Ghent, A. Siffer, 1893, 15 pp.
8. Le Second Congrès de la Ligue démocratique belge. II. Un vœu du Congrès. — *Le Magasin littéraire* 10/2 (1893) 302-313.
9. L'hypnotisme en justice. — *Le Magasin littéraire* 11/1 (1894) 5-28.
10. *Les influences de la misère sur la criminalité. Conférence faite aux Matinées littéraires à Bruxelles, le 21 février 1895.* Ghent, P. Van Fleteren, 1895, 48 pp.
11. L'homme de génie selon Lombroso. — *RQS* 37 (1895) 182-213.
12. *Mgr Seghers, l'apôtre de l'Alaska.* Ghent, A. Siffer; Paris - Poitiers, H. Oudin, 1896, XCII-238 pp. [+ portraits and maps].
    – Dutch transl.: *Mgr Seghers, de Apostel van Alaska.* Ghent, H. Vander Schelden, 1897, 283 pp. [+ portrait].
13. Le IVe Congrès d'anthropologie criminelle. — *RQS* 40 (1896) 529-548.
14. Une question touchant le droit de punir. — *RNS* 4 (1897) 44-55.
15. *De ratione ac natura peccati originalis. Schema lectionum et notulae ad usum auditorum conscripta.* Louvain, J.-B. Istas, 1899, 102 pp.
16. *Quaestiones de gratia.* Louvain, J.-B. Istas, 1900, 235 pp.
17. *De la virginité chrétienne.* Louvain, J.-B. Istas, 1902, 28 pp.
18. *Quaestiones de operationibus divinis quae respiciunt creaturas.* Louvain, J.-B. Istas, 1903, XVI-268 pp.
19. *Éloge funèbre de Monseigneur F.J. Moulart, prononcé à la salle des promotions, le 12 novembre 1904.* Louvain, J. Van Linthout, 1904, 20 pp.
    – Reprint: *AUCL* 69 (1905) LIII-LXV.
20. *De libera Christi obedientia.* Louvain, J.-B. Istas, 1905, 47 pp.
21. The Apostle of Alaska. — *ACB* 3 (1905) 101-108, 133-144; 4 (1906) 17-22.
22. Quelle question le Concile de Trente a entendu trancher touchant l'institution des sacrements par le Christ. — *Revue thomiste* 14 (1906) 31-47.
23. *De sacramentis in genere. Schema lectionum ad usum auditorum conscriptum.* Ghent, A. Huyshauwer & L. Scheerder, 1907, VIII-89 pp.
24. *Weten en Gelooven. Voordracht* (Kring van Godsdienstleer – Leuven). Louvain, Vlaamsche Drukkerij, 1907, 13 pp.
25. *De bovennatuurlijke bestemming van den mensch. Voordracht in de Katholieke Vlaamsche Hoogeschooluitbreiding.* Ghent, A. Huyshauwer & L. Scheerder, 1908, 38 pp.
    – Also in the series: Verhandelingen van de Algemeene Katholieke Vlaamsche Hoogeschooluitbreiding, 111. Antwerp, De Nederlandsche Boekhandel, 1908, 21 pp.

26. *Aanspraak op de plechtige aanstelling van de Eerw. Heer Behiels als eerste pastoor der nieuwe parochie H. Theresia (Muide, Gent) op zondag 17 October 1909.* [Ghent], Muyshondt, 1909, 6 pp.
27. *De gratia Christi. Schema lectionum ad usum alumnorum seminarii conscriptum.* Ghent, A. Huyshauwer & L. Scheerder, 1910, IV-166 pp.
    – *Editio altera.* Ghent, L. Scheerder, 1914, III-166 pp.
28. *De christelijke leering.* Ghent, W. Siffer, 1917, 38 pp.
    – French transl.: *La doctrine chrétienne.* Ghent, Desclée, De Brouwer & Cie, n.d., 39 pp.
29. *'t Lied des Levens.* Ghent, W. Siffer, 1919, 179 pp.
    – 2nd ed. 1920, 165 pp.
    – French transl.: *L'Hymne de la vie.* Paris, Beauchesne, 1922, 127 pp.
    – German transl.: *Das Lied des Lebens. Übersetzt von Max Kassiepe.* Paderborn, F. Schöningh, 1923, 168 pp.
    – English transl.: *The Hymn of Life. Translated by Alan G. McDougall.* London, Burns, Oates & Washbourne, 1924; New York, Benziger Brothers, 1925, 141 pp.
30. Sa Grandeur Mgr Stillemans, évêque de Gand. — *AUCL* 79 (1915-19) 334-337.
31. *Mijn geloof.* Ghent, Erasmus, 1920, 128 pp.
    – *Tweede uitgave.* 1925, 128 pp.
    – *Derde druk bezorgd door L. Van Hulle. Met een voorrede van J. Coppens.* Antwerp, 't Groeit, 1945, 109 pp. [posthumous].
32. *Discours prononcé [...] au Congrès catholique flamand à St.-Nicolas le 19 septembre 1920.* Ghent, Erasmus, 1920, 11 pp.
33. Toast de Monsieur le chanoine M. De Baets. — *Manifestation organisée en l'honneur de Monsieur le chanoine Jacques Forget, Monseigneur Jules de Becker, Monsieur le chanoine Albin Van Hoonacker, professeurs à la Faculté de théologie de l'Université catholique de Louvain, le 1 juillet 1928*, [Louvain], 1928, 69-71.
34. Sa G. Monseigneur Émile-Jean Seghers, Évêque de Gand. — *AUCL* 81 (1927-29) XXVIII-XXXI.

Course texts in autograph

35. *De gratia.* n.p., n.d.

Direction

Doctoral dissertation:
C. VAN CROMBRUGGHE, *De soteriologiae christianae primis fontibus* (Dissertationes, 2nd ser., 1).
Louvain, J. Van Linthout, 1905, XIV-236 pp.

Collaboration

Actes du Congrès d'anthropologie criminelle, Brussels, Hayez, 1892, pp. 209, 261, 456.
Actes du Congrès d'anthropologie criminelle, Geneva, Georg, 1896, pp. 293, 310, 318, 319.

Literature

Bibliography: *UCLB*, pp. 86-87, Sup. 1, p. 10; Sup. 2, p. 15; Sup. 3, p. 13; Sup. 4, pp. 74-75.
BITTREMIEUX, J., La théologie dogmatique. — *Le cinquième centenaire de la Faculté de théologie* (cf. p. 18), 48-58, pp. 50-51; = *ETL* 9 (1932) 635-645, pp. 637-638.
CLAEYS-BOÚÚAERT, F., M. le chanoine Maurice De Baets, professeur honoraire de la Faculté de théologie. — *AUCL* 82 (1930-33) CXII-CXX.
COPPENS, J., In Memoriam Mgr De Baets. — *Pastor Bonus* 16 (1935) 134-152; published separately, Brussels - Antwerp, 1935.
DE RAEYMAEKER, L., *Le Cardinal Mercier et l'Institut Supérieur de Philosophie de Louvain*, Louvain, 1952, pp. 114-149.
DE BAETS Maurizio. — *DE* 1 (1953) 818.
AUBERT, R., Le grand tournant de la Faculté de Théologie de Louvain (cf. p. 18), pp. 104-105.
BOUDENS, R., Le Saint-Siège et la crise de l'Institut Supérieur de Philosophie à Louvain 1895-1900. — *Archivum Historiae Pontificiae* 8 (1970) 301-322.
RUBBENS, A., Een Vlaams standpunt. Onuitgegeven brieven van mgr. De Baets. — *CBG* 16 (1970) 406-419.
COPPENS, J., Un maître de la vie intérieure: Monseigneur Maurice De Baets. — *Miscellanea Amato Pietro Frutaz*, Rome, 1978, 487-502.
COLLIN, L., Maurice De Baets en het Hoger Instituut voor Filosofie te Leuven. — *Collationes* 16 (1986) 429-467. French transl.: Maurice De Baets et l'Institut Supérieur de Philosophie de Louvain. — *BIHBR* 55-56 (1985-86) 253-285; commented by F. VAN STEENBERGHEN, Une contribution à l'histoire de l'Institut Supérieur de Philosophie. — *RPL* 86 (1988) 563-569.
COLLIN, L., Een bisschopsbenoeming voor Gent in volle Wereldoorlog I: Mgr. Emilius Seghers. — *Godsdienstige Week van het Bisdom Gent* 59 (1986) 249-251.
STRUYKER BOUDIER, C.E.M., *Wijsgerig leven in Nederland en België* (cf. p. 19), vol. 5, pp. 104-105.
COLLIN, L., Baets, Maurice de. — *NBW* 14 (1992) 19-23.

Jules A.M.G.E. DE BECKER

Louvain, 7 December 1857 – Louvain, 19 September 1936

Jules De Becker was born into a family of lawyers and magistrates. After completing his secondary education at Louvain's Trinity College, he studied law at the University of Louvain where, in 1878, he received the doctorate in law. Subsequently he entered the seminary and was sent by his diocesan superiors to Rome where he obtained the licentiate degree in theology and a doctorate in canon law. On 16 April 1881 he was ordained to the priesthood. During the final year of his stay in Rome, he participated in the activities of the *Studium* of the Congregation of the Council.

In 1885 De Becker returned to Louvain and was appointed a professor of canon law and liturgy at the American College. In 1889 he succeeded H. Van den Berghe to the chair of canon law in the Faculty of Theology. In 1897 he was the principal promotor of the restoration of the *Schola minor* in the Faculty of Theology. One year later the *Schola minor* was re-opened with the explicit purpose of providing a formation in theology for the students of the American College. Also in 1898 De Becker was appointed Rector of the American College, a position he held for thirty-three years. During his time as Rector he made five trips to the United States, extended the accomodation, and commenced a philosophy course in the College. In 1903 he established the *American College Bulletin*. In 1908 he left part of his course in the *Schola maior* to A. Monin, while continuing to teach the course *De sponsalibus et matrimonio* until 1924, when he resigned as a professor of the Faculty. In 1930 he chose Peter De Strycker as Assistant Rector of the American College. One year later, De Strycker assumed full responsibility as Rector.

De Becker published various studies on questions concerning canonical law of marriage. His tractate, *De sponsalibus et matrimonio* (no. 7) was his principal work. In 1931 it was republished in an edited version for the students of the *Schola minor* (no. 78). During the preparation of the Code of Canon Law, De Becker was appointed consultor to the commission of cardinals *pro Ecclesiae legibus in unum redigendis*. In 1931 he became a member of the board of *Ephemerides Theologicae Lovanienses*. He was an honorary canon of the metropolitan Cathedral of Malines (1891), domestic prelate to the Pope (1907), protonotary apostolic *ad instar participantium* (1925), and commander of the Order of Leopold.

Courses

1889-1924   Canon Law
1898-1899   *Schola minor*: Canon Law

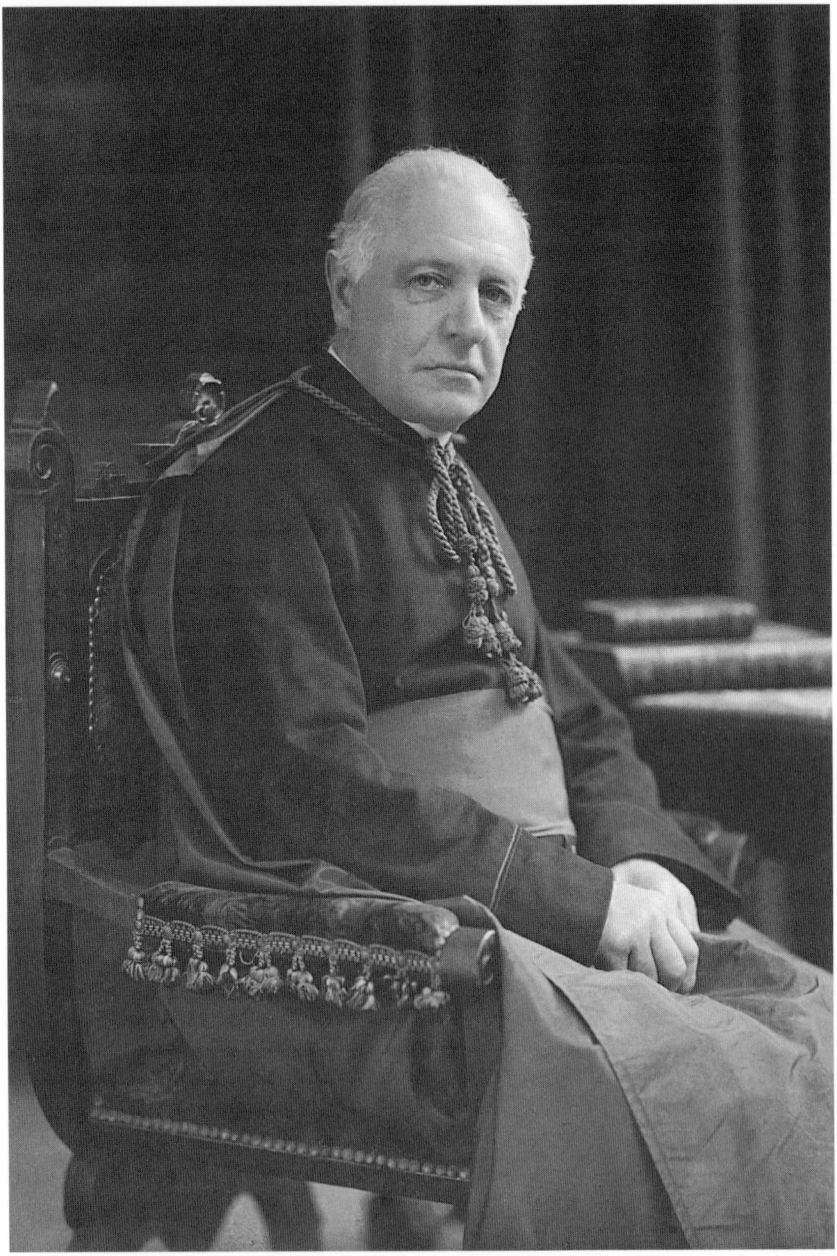

Works

1. La propriété ecclésiastique et l'œuvre de la Constituante en 1789. — *RGen* 49 (1889) 33-81, 226-265.
2. Droits de la nation [Letter to the editor, 8 August 1889]. — *La Belgique judiciaire* 47 (1889) 1025-1042.
3. La mercuriale du 1er octobre 1890 à la cour de cassation. — *RGen* 53 (1891) 89-115.
4. Une nouvelle mercuriale à la cour de cassation. — *RGen* 54 (1891) 876-896.
5. Rapport sur l'importance des principes du droit naturel et de la saine philosophie pour la solution des problèmes économiques. — *Congrès des œuvres sociales réuni à Malines*, Malines, P. Ryckmans, 1891.
6. Notice sur la vie et les travaux de Mgr Feye. — *AUCL* 59 (1895) XLIX-LXVI.
7. *De sponsalibus et matrimonio. Praelectiones canonicae*. Brussels, Société belge de librairie, 1896, 548 pp.
   – *Editio secunda aucta et emendata*. Louvain, Polleunis et Ceuterick; New York, W.H. Young et C°, 1903, XII-552 pp.
   In 1908 this edition was republished jointly with no. 22: *Editio secunda cum appendice commentarius in legem novam de forma sponsalium et matrimonii*. Louvain, F. et R. Ceuterick, 1903-1908, XII-552 + 48 pp.
8. *Oraison funèbre de Mgr Jean De Nève, Prélat domestique de S. S. Léon XIII, ancien Président du Séminaire Américain de Louvain, ancien Vicaire-Général de Détroit (Michigan), prononcée à l'église abbatiale de Parc-Héverlé le 11 avril 1898*. Louvain, C. Peeters, 1898, 16 pp.
   – Dutch transl.: *Lijkrede van Mgr. Jan de Nève, Huisprelaat van Z. H. Leo XIII, oud-Voorzitter van het Amerikaansch Seminarie van Leuven, Oud-Vicaris-Generaal van Detroit (Michigan), uitgesproken in de kerk van de Abdij van Parc-Heverle den 11 April 1898. Vrij naar het Fransch vertaald*. Ghent, J.B.D. Hemelsoet, 1898, 16 pp.
9. The Admission (Incardinatio) of Secular Priests into a Diocese in the United States (A Practical Case). — *American Ecclesiastical Review* 18 (1898) 135-59.
10. The Question of Incardination According to the Council of Baltimore. Reply. — *American Ecclesiastical Review* 18 (1898) 419-422.
11. *L'Église aux États-Unis. Le Collège Américain de Louvain*. Louvain, Polleunis & Ceuterick, 1901, 23 pp.
12. To the Louvain Alumni. — *ACB* 1 (1903) 2-7.
13. Facultates Apostolicae Rectoris Collegii Americani. — *ACB* 1 (1903) 92-96.
14. To the Friends of Louvain and Readers of the Bulletin. — *ACB* 2 (1904) 53-55.
15. The Holy Father's Blessing. — *ACB* 2 (1904) 103-105.
16. Le Collège Américain de Louvain et son action au point de vue de l'expansion économique. — *Congrès international d'expansion économique mondiale tenu à Mons du 24 au 28 décembre 1905 sous le haut patronage de Sa Majesté le roi Léopold II et du gouvernement belge. Rapports. Section I – Enseignement (Volume III)*, Brussels, Hayez, 1905, 4 pp.
17. The College Rules Definitively Approved by the Holy See. — *ACB* 5 (1907) 1-7.
18. De Facultatibus Episcoporum Americanorum quoad sanationem in radice matrimoniorum. — *ACB* 5 (1907) 43-48.
19. The Rt. Rev. Bishop William Stang. — *ACB* 5 (1907) 48-56.
20. The Golden Jubilee. — *ACB* 5 (1907) 146-149.
21. In *CE* 1 (1907): American College, The, at Louvain, 424-425.

22. *Legislatio nova. De forma substantiali quoad sponsalia et matrimonium catholicorum commentarii.* Louvain, F. et R. Ceuterick, 1908, 49 pp. [cf. no. 7].
    – Also in *ACB* 6 (1908) 45-92.
    – *Editio tertia aucta et emendata.* Louvain, F. Ceuterick, 1913, 67 pp.
23. Notice sur la vie et les travaux de S. G. Mgr Stang, Évêque de Fall River (États-Unis d'Amérique). — *AUCL* 72 (1908) CLX-CLXII.
24. The American College To-morrow. — *ACB* 6 (1908) 1-7.
25. His Grace Most Rev. Peter Bourgade, Archbishop of Sante Fe, N.M. — *ACB* 6 (1908) 97-103.
26. The New Academic Year. — *ACB* 6 (1908) 103-104.
27. Introduction to the Reader. — J. VAN DER HEYDEN, *The Louvain American College. 1857-1907*, Louvain, F. & R. Ceuterick, 1909, V-X.
28. The Rt. Rev. Bishop M. Tierney. — *ACB* 7 (1909) 1-6.
29. Reverend Joseph Van der Heyden. — *ACB* 7 (1909) 26-28.
30. Casus matrimonialis. — *ACB* 7 (1909) 59-62.
31. The Late V. M. Van den Branden de Reeth, Archbishop of Tyre and Dean of the Metropolitan Chapter of the Malines Cathedral. — *ACB* 7 (1909) 72-74.
32. The Episcopal Jubilee of the Rt. Rev. Bishop of Covington. — *ACB* 8 (1910) 3-6.
33. Review: A. DESMET, *De sponsalibus et matrimonio*. — *ACB* 8 (1910) 38-41.
34. The Casus "De Liceitate Vasectomiae". — *The Ecclesiastical Review* 42 (1910) 474-475.
35. Mea responsio RR. PP. Donovan et Labouré quoad Quaestionem motam de Liceitate Vasectomiae. — *The Ecclesiastical Review* 43 (1910) 356-358.
36. De canonica norma removendi parochos et rectores ecclesiarum in hodierno jure. — *ACB* 9 (1911) 1-15.
37. Nova Decreta Apostolica circa dies festos in Ecclesia universali celebrandos. — *ACB* 9 (1911) 109-120.
38. The Right Reverend Augustine Van de Vyver, Bishop of Richmond. — *ACB* 10 (1912) 1-6.
39. Review: A. VERMEERSCH, *La tolérance*. — *ACB* 10 (1912) 77-80.
40. Review: A. MONIN, *De Curia Romana*. — *ACB* 10 (1912) 129-130.
41. Aux Amis du Collège Américain. — *ACB* 11 (1913) 49-51.
42. John Lancaster Spalding. 1862-1913. — *ACB* 12 (1914) 1-6.
43. The American College and the Great War. — *ACB* 13 (1920) 3-18; 14 (1921) 49-66.
44. Our Honor Role. — *ACB* 13 (1920) 23-26.
45. The Rector's Trip to the United States March-June 1919. — *ACB* 13 (1920) 33-40.
46. Our Professors. — *ACB* 13 (1920) 40-43.
47. Monsignor John Willemsen Fifty Years at the Altar. 1870-1920. — *ACB* 14 (1921) 69-71.
48. Some Recent Publications. — *ACB* 14 (1921) 71-74.
49. The Past Year. — *ACB* 15 (1922) 2-11.
50. The Rt. [Rev.] Matthew Harkins, D.D. — *ACB* 15 (1922) 30-32.
51. The Rt. Rev. Henry Gabriels, D.D. — *ACB* 15 (1922) 32-34.
52. Matrimonial Case. — *ACB* 15 (1922) 35-39.
53. Once More to the United States. — *ACB* 16 (1923) 1-4.
54. The Past Year. — *ACB* 16 (1923) 4-7.
55. The Rt. Rev. Msgr Daniel Riordan. — *ACB* 16 (1923) 9-10.

56. Rev. Marcel Van den Bussche. — *ACB* 16 (1923) 13-14.
57. Review: A. VERMEERSCH, *Theologiae Moralis principia, responsa, concilia I*. — *ACB* 16 (1923) 28-29.
58. Review: A. DE MEESTER, *Juris Canonici et Juris Canonico-Civilis Compendium I*. — *ACB* 16 (1923) 29-31.
59. De procedura adhibenda quoties infidelis vel haereticus matrimonium cum parte catholica inire vult et simul praetendit praecedens matrimonium cum infideli vel haeretico contractum fuisse nullum et irritum. — *ETL* 1 (1924) 36-42.
60. My Recent Journey to the United States. — *ACB* 17 (1924) 3-6.
61. De recta methodo interpretandi Codicem. Animadversiones quaedam circa rectam methodum interpretandi leges ecclesiasticas, et notanter Codicem, praesertim pro scriptore canonista. — *ETL* 2 (1925) 244-247.
62. To the Alumni and Friends of the College. — *ACB* 18 (1925) 1-3 [unsigned].
63. Dissertatio de influxu dubii baptismi quoad matrimonium et quoad dissolubilitatem vinculi matrimonialis (post conversionem) sive vi Privilegii Paulini sive ex dispensatione pontificia. — *ACB* 18 (1925) 24-29.
64. Review: A. VERMEERSCH, *Theologiae Moralis principia, responsa, concilia II-IV*. — *ACB* 18 (1925) 30-31.
65. To Our Alumni and Friends. — *ACB* 19 (1926) 3-5 [unsigned].
66. His Grace Ernest J. Van Roey, Archbishop of Mechlin. — *ACB* 19 (1926) 16-18.
67. The Right Reverend Monsignor Peter Masson 1867-1926. — *ACB* 19 (1926) 18-29.
68. *Disette de prêtres. Avec une note sur le Nouveau Mexique par Pierre Charles* (Les brochures de l'Aucam, 1). Louvain, Association de l'Université catholique pour l'aide aux missions, 1927, 15 pp.
69. Rector's Letter. — *ACB* 20 (1927) 1-3.
70. Review: *De sponsalibus et matrimonio, Tractatus theologicus et canonicus*. — *ACB* 20 (1927) 74-76.
71. Réponse de Monseigneur J. de Becker. — *Manifestation organisée en l'honneur de Monsieur le chanoine Jacques Forget, Monseigneur Jules de Becker, Monsieur le chanoine Albin Van Hoonacker, professeurs à la Faculté de théologie de l'Université catholique de Louvain, le 1 juillet 1928*, [Louvain], 1928, 45-47.
72. De legislatione Concilii Tridentini circa formam substantialem in celebratione matrimonii et utilitate eam, hodie adhuc, cognoscendi. — *CMech* 2 (1928) 441-452.
73. The American College Bulletin Silver Jubilee 1903-1928. — *ACB* 21 (1928) 1-8.
74. Monsignor's Letter. — *ACB* 21 (1928) 78-79.
75. Monsignor's Letter. — *ACB* 22 (1929) 2-3.
76. Monsignor's Letter. — *ACB* 23 (1930) 2-3.
77. The Right Reverend Bishop Edmund M. Dunne, Bishop of Peoria. — *ACB* 23 (1930) 8-11.
78. *De matrimonio. Praelectiones canonicae quas in usum discipulorum suorum conscripsit. Editio nova ad tramites Codicis Iuris Canonici accomodata*. Louvain, F. Ceuterick, 1931, 340 pp. [cf. no. 7].
79. The Alumni of the American College of Louvain. — *ACB* 24 (1931) 2-4.
80. De recta canonis 1098 Codicis Iuris Canonici interpretatione. — *ETL* 9 (1932) 284-291.
81. De cautionibus in mixtis nuptiis praestandis. Sensus et ambitus decreti S.C.S. Officii, 14 ianuarii 1932. — *ETL* 10 (1933) 654-657.

Direction

The American College Bulletin.

Doctoral dissertations:
C. SCHEYS, *De jure Ecclesiae acquerendi et possidendi bona temporalia* (Dissertationes, 1st ser., 45).
Louvain, J. Vanlinthout, 1892. XII-192 pp.
F. CLAEYS BOÚÚAERT, *De canonica cleri saecularis obedientia. Tomus prior* (Dissertationes, 1st ser., 55).
Louvain, J. Van Linthout, 1904, XXIV-359-13 pp.

Collaboration

The American College Bulletin; *Ephemerides Theologicae Lovanienses.*

Literature

Bibliography: *UCLB*, p. 84; Sup. 2, p. 14; Sup. 3, p. 12; Sup. 4, pp. 71-72; Sup. 5, p. 15; *BA* 6, pp. 50-51; *BA* 7, p. 401.
VAN DER HEYDEN, J., *The Louvain American College. 1857-1907*, Louvain, 1909, pp. 228-259.
Manifestation J. Forget, J. De Becker, A. Van Hoonacker, [Louvain], 1928, 39-44 (F. CLAEYS BOÚÚAERT), 84-86 (bibliography).
SMET, L.J., Monsignor De Becker's Golden Jubilee. — *ACB* 24 (1931) 67-71.
ISHERWOOD, B. & CHAMPOUX, T.J., History of the Louvain American College. — *American College Jubilee Number 1857-1932*, Louvain, 1932, 17-56.
VAN HOVE, A., Le droit canonique. — *Le cinquième centenaire de la Faculté de théologie* (cf. p. 18), 76-89, pp. 84-86; = *ETL* 9 (1932) 663-676, pp. 671-673.
[VAN HOVE, A.], Monseigneur Jules de Becker in memoriam. — *ETL* 13 (1936) 649-652.
DE STRYCKER, P., In Memoriam Mgr Jules De Becker. — *ACB* 30 (1937) 5-11.
SMET, L.J., Mgr De Becker and the American College. — *Ibid.*, 12-18.
VAN HOVE, A., Mgr De Becker, the Canonist. — *Ibid.*, 23-28.
VAN HOVE, A., Iulius de Becker. — *ANL* 2 (1937) 36-39.
VAN HOVE, A., Monseigneur Jules de Becker, professeur à la Faculté de droit canon. Éloge académique prononcé à la salle des promotions, le 17 novembre 1936. — *AUCL* 84/2 (1936-39) XXVI-XXXV.
AUBERT, R., Le Collège américain de Louvain (1857-1957). — *ETL* 33 (1957) 713-729; reprinted in *Le Centenaire du Collège américain* (ANL, 14), Louvain, 1958, 20-35.
SAUTER, J.D., *The American College of Louvain (1857-1898)* (RTHP, 4th ser., 19). Louvain, 1959.

Pierre François Xavier DE RAM

Louvain, 2 September 1804 – Louvain, 14 May 1865

Pierre De Ram was orphaned in his early childhood and raised by his grandfather in Lier. In 1817 he went to the minor seminary at Malines. On 2 February 1822 he entered the major seminary and continued his studies in theology. One year later, at the age of nineteen, he was assigned as a teacher in the minor seminary. After the suppression of the seminary in 1825, he served as archivist and secretary of the Archdiocese of Malines. On 19 March 1827, he was ordained a priest by Archbishop de Méan. With Cornelis van Bommel and Engelbert Sterckx he was active in the opposition against the religious and educational policies of King Willem I. As an ideological contribution to this action he republished various ultramontanist writings from the eighteenth century (see esp. nos. 4-7, 13, 16). In the early 1830's, during the period of Belgian independence, De Ram contributed to the circulation of liberal Catholic ideas of authors such as Lamennais, particularly as editor of the *Nouveau Conservateur Belge* (1830-1835). In 1830, at the reopening of the Malines minor seminary, he resumed his position as a teacher of philosophy and Greek. One year later he was made responsible for the courses in canon law and church history in the major seminary. He also acted as synodal examiner for the archdiocese.

In 1834, De Ram was chosen by the Belgian bishops as the first Rector of the newly established Catholic University at Malines (which moved to Louvain in 1835). He also held the chair of canon law in the Faculty of Theology, but as early as 1839 ceased lecturing because of his busy activities as Rector. On 23 June 1835, Pope Gregory XVI had conferred on him the honorary degrees of doctorate in theology and canon law.

By the end of the 1830's, De Ram had established a complete University modelled on the modern, especially German universities, while preserving the finest traditions of the ancient *Alma Mater*. Following this initial rapid expansion of the University, De Ram was confronted with growing problems. In 1841 he failed to obtain corporate status for the University, which was necessary for extending the financial basis of the institution. Political opposition from the liberal party grew, as did internal criticism from the ultramontanist faction in the Belgian Church which accused the University of being too supportive of liberal Catholic ideas. During the 1850's the University had to contend with the creation of a rival philosophy curriculum established by the Jesuits in Namur. The philosophical controversy over traditionalism continued to disturb university life until the end of De Ram's period as Rector. In defending his policy of the University, De Ram was unconditionally supported by Archbishop Sterckx, who reacted against the anti-traditionalist members of the Belgian episcopate. Notwithstanding these problems, De Ram bequeathed his successor, Nicolas Laforet, an internationally renowned University, which served as a model for other Catholic institutions throughout Europe.

In 1860 De Ram was involved, as Rector of the University, in the preparation of the *Syllabus errorum*. At the request of the Vatican, he prepared a list of modern errors and sent it to Rome on behalf of the University of Louvain. The document consisted of a theological, philosophical and economic part. The texts were written, under De Ram's supervision, by professors J.B. Lefebve, N.J. Laforet and C. Périn. Though not taken as a basis for the final text, De Ram's report, together with similar texts by Bishop Pie of Poitiers and Dom Guéranger, played an indirect role in the final edition of the *Syllabus*, notably in the opening sections concerning the philosophical errors of modern times.

During his career De Ram always found the time to devote to the study of history. He published numerous studies and text editions on the history of Brabant, the University of Louvain, and the Belgian Church. His most prestigious publication was an edition of the chronicles of Edmond Van Dynter, secretary to the Dukes of Brabant in the fifteenth century (no. 164). His interest in the history of Louvain's Faculty of Theology was expressed in a number of academic speeches and studies written for Belgium's Royal Academy (see nos. 75-77, 135), as well as in his publication of the *Historia Lovaniensium*, written by Joannes Molanus, a Louvain theology professor from the sixteenth century (no. 210). In order to promote historical research on the University of Louvain, De Ram added an appendix to the *Annuaire de l'Université catholique de Louvain* (the University's yearbook), which was entitled *Analectes pour servir à l'histoire de l'Université de Louvain* and contained numerous short studies and text editions relating to the history of the ancient University of Louvain. Among his publications on Belgian church history, his *Synodicon Belgicum* is best known (nos. 25, 56, 189). In 1864 he set up, with E. Reusens, the *Analectes pour servir à l'histoire ecclésiastique de Belgique*, which was primarily intended for publishing documents relating to the history of the Belgian Church. De Ram was also active in the field of hagiography. In 1837 he supported the restoration of the Society of the Bollandists.

De Ram was a member of several historical associations, particularly the Royal Historical Commission (1834) and the Royal Academy of Belgium (1837), for which he acted as President in 1857. He was a member of numerous foreign academic institutions, such as the *Institut historique de France*, the Bavarian Academy, the German Historical Society, and, in Rome, the Theological Academy, the Academy of Catholic Religion and the Academy of Archaeology. He was protonotary apostolic *ad instar participantium*, consultor to the Congregation of the Index, honorary canon of the metropolitan churches of Malines and Paris, holder of the title of officer of the Order of King Leopold, and many other honorary titles.

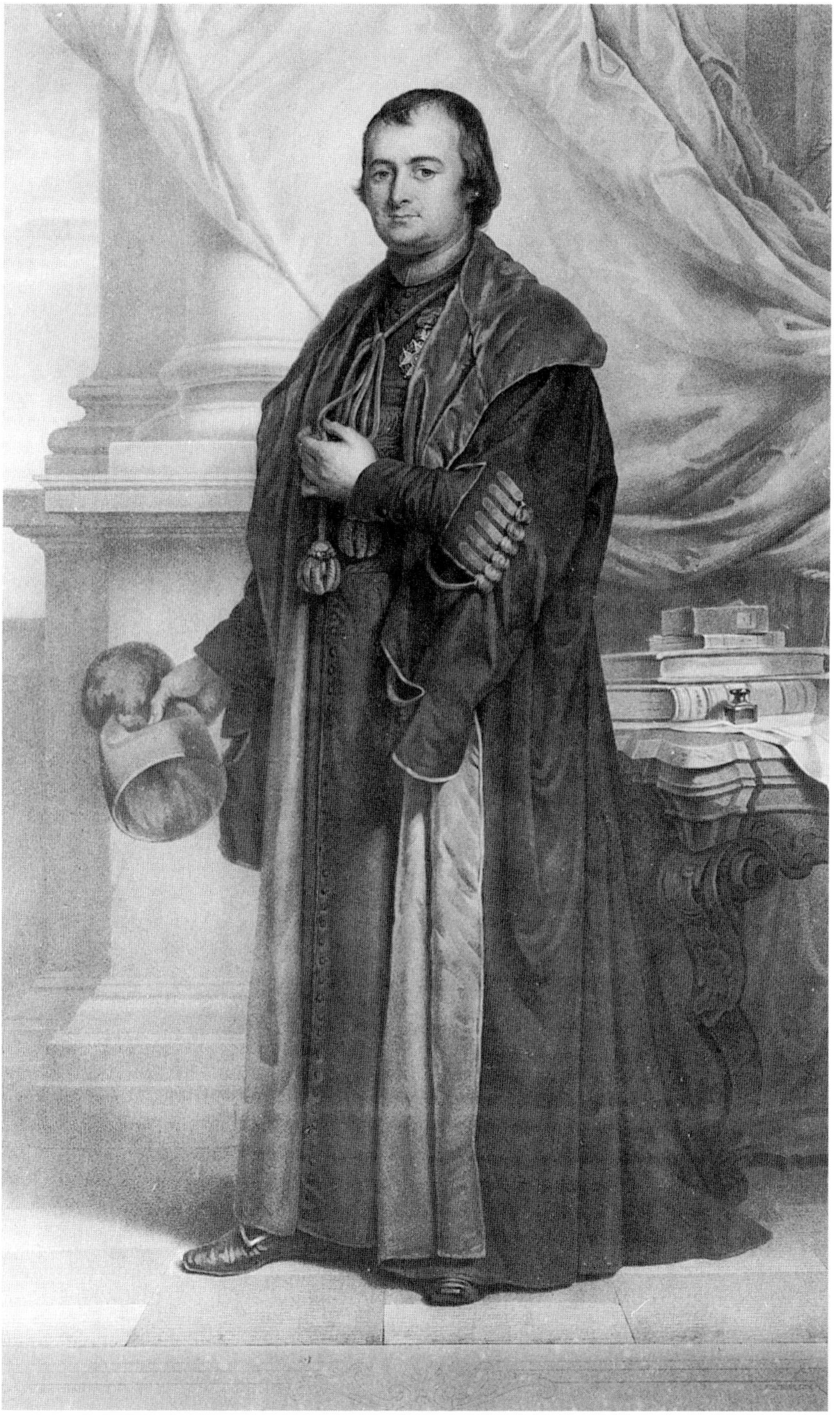

Courses

1834-1862   Canon Law

Works

1. *Carmen dicatum reverendo domino Joanni-Baptistae Van Hemel, poëseos professori in collegio archiepiscopali Mechliniae, primam incruentam Hostiam Omnipotenti offerenti 18^a martii 1821; quod communi marte elaborarunt J.F. D'Hollander et P.F.X. de Ram, rhetorices alumni*. Malines, P.-J. Hanicq, [1821], 8 pp.
2. *Reverendo domino Vincentio Roberto Adamson, primam incruentam Hostiam Omnipotenti offerenti, in conventu FF. Praed. angl. Bornhemii 2^a junii MDCCCXXII*. Malines, P.-J. Hanicq, [1822], 7 pp.
3. *Catalogus omnium primorum in generali et solemni philosophiae et artium promotione ab origine celeberrimae Universitatis Lovaniensis, scilicet ab anno 1429 ad annum 1797 inclusive. Cui etiam subjicitur compendium vitae eximii domini J.F. Van de Velde, S.T.D.* Malines, P.-J. Hanicq, 1824, 126 pp. [with J.L. BAX].
4. *Opuscules théologico-philosophiques de M. l'abbé F.X. De Feller*. Malines, P.-J. Hanicq, 1824, VIII-352 pp. [anon. ed.].
5. *Scriptura Sacra contra incredulos propugnata. Auctore Laurentio Veith, [...]. Editio emendatior et correctior*. Malines, P.-J. Hanicq, 1824, 5 vols., XII-520, 358, 372, 368, 283 pp. [anon. ed.].
6. *De Primatu et Infallibilitate Romani Pontificis. Auctore Laurentio Veith, [...]. Editio nova, emendatior et correctior. Accessit Selectorum Monumentorum collectio ad Rom. Pontificis Auctoritatem spectantium*. Malines, P.-J. Hanicq, 1824, XVI-336 pp. [anon. ed.].
7. *Edmundi Richerii doctoris Parisini Systema de Ecclesiastica et Politica Potestate singulari dissertatione confutatum. Auctore Laurentio Veith, [...]. Nova editio, emendatior et correctior. Accessit discursus praeliminaris De vita et scriptis M.A. De Dominis, Archiepiscopi Spalatensis*. Malines, P.-J. Hanicq, 1825, XXXI-360 pp. [anon. ed.].
8. *In quatuor articulos Declarationis anno MDCLXXXII in Conventu cleri gallicani editae Aphorismata, ad juniores theologos. Auctore F. de la Mennais, presbyteri*. Malines, P.-J. Hanicq, [1825], 12 pp. [anon. ed.].
9. *Selecta ex poetis graecis*. Malines, P.-J. Hanicq, 1825, 36 pp.
10. *Aen den eerwaerden heer Joannes-Baptista Beeckmans, professor aen het aertsbisschoppelyk collegium te Mechelen, voor de eerste mael, in zyne geboorte plaets, Merchtem, het onbloedige Slagtoffer opdragende, den 30 van bloeymaend M.D.CCC.XXV. Gedicht*. Malines, P.-J. Hanicq, [1825], 8 pp.
11. *Gods goedheyd byzonderlyk uytschynende in de verlossing van 't menschdom, en in het instellen van het allerheyligste Sacrament des Autaers. Lierdicht toegezongen aan den godminnenden heer Joannes Josephus Marckx, by het opdragen van zyn eerste heylig Misoffer te Contich, den 31 van bloeymaend M.D.CCC.XXV*. Malines, P.-J. Hanicq, 1825, 12 pp.
12. *Cognato amantissimo Joanni de Ram, summos in medecina honores adipiscenti*. Louvain, G. Buelens, 1825, 2 pp.

13. *De gemina delectatione coelesti ac terrena relative victrice. Elucubravit Laurentius Veith, [...]*. Malines, P.J. Hanicq, 1826, XXIV-472 pp. [anon. ed.].
14. *Notice sur feu le très révérend monsieur Nicolas Delvaux, chanoine titulaire du chapitre métropolitain de Malines*. Antwerp, G. Van Merlen, 1826, 40 pp. [with W.A. HUYSMANS].
15. *Weetensweerdige Byzonderheden van het Leven en de Dood van Voltaire, naer het Fransch van den abt Harel; met een Byvoegsel. Gevolgd van de herderlyke onderrigting van zijne H. den Bisschop van Troyes, raekende het drukken der kwaede boeken, en naementlyk op de nieuwe voltallige werken van Voltaire en J.J. Rousseau* (Verspreyding van goede boeken). Malines, P.-J. Hanicq, 1826, 260 pp.
16. *Acta Zegeri Bernardi Van Espen, in Universitate Lovaniensi J. U. Doctoris et SS. Canon. olim Professoris, Paschasii item Quesnellii et Christiani Erkelii circa Missionem Hollandicam, variaque huc spectantia, magnam partem Anecdota, ab anno 1703 ad 1731. Auctore Tilemanno Wilhelmo Backhusio, [...]. Editio nova, emendata. Accessit Disquisitio Historico-Critica de gemino opusculo, circa Jura Belgarum, quod viro Clar. Petro Stockmans adscribitur*. Malines, P.-J. Hanicq, 1827, VIII-172 pp. [anon. ed.].
    – 2nd ed. 1827.
    – Dutch transl. [by F.J. VAN VREE]: *Verhaal van hetgene Z.B. Van Espen [...] Van Erkel [...] en Quesnel betrekkelijk de nederlandsche zending verrigt hebben, door Tilemannus Backhusius*. Utrecht, J.R. van Rossum, 1836, LXVI-203 pp.
17. Exposition sur les droits de la puissance spirituelle opposée aux prétendues libertés de l'Église belgique. — *EVP* 1 (1827) 334-361 [anon. ed.].
18. Avis doctrinal sur l'indépendance du pouvoir qu'a reçu l'Église d'enseigner les vérités de la foi et la liberté de l'exercer, par l'abbé Pey. — *EVP* 2 (1827) 97-122 [anon. ed.].
19. Du concile de Trente. — *EVP* 2 (1827) 309-326 [anon.].
    – Also in: *Réfutation des Observations sur les libertés de l'Église belgique. Par un catholique belge*, Aalst, C. Spitaels, [1827], pp. 19-33 [a pamphlet written by C. VAN CROMBRUGGHE, with E. HÉLIAS D'HUDDEGHEM, J.J. DE SMET, J.J. RAEPSAET and P.F.X. DE RAM].
20. Exposition de la conduite tenue par le clergé de France, relativement à l'acceptation des décrets de discipline du concile de Trente. — *EVP* 2 (1827) 397-418 [anon. ed.].
21. Gedachten van eenen Godsdienstvriend over het Collegium Philosophicum. — *Bijdragen van den Godsdienstvriend* 2 (1827) 209-240 [anon., with W.A. HUYSMANS].
    – French transl.: Pensées d'un ami de la religion relativement au collège philosophique. — *EVP* 5 (1829) 285-309.
22. *Quaestiones annui concursus Mechliniensis, una cum responsionibus ab anno 1745 usque ad annum 1797 inclusive*. Malines, P.-J. Hanicq, 1828, XX-675 pp.
23. *Levens van de voornaemste Heyligen en roemweerdige Persoonen der Nederlanden* (Verspreyding van goede boeken). Malines, P.-J. Hanicq, 1827-1829, 4 vols., XII-360, VIII-464, 8-496, XI-612 pp. [vols. 1-3 reprinted the same year].

24. *Vies des Pères, des Martyrs et des autres principaux Saints, tirées des actes originaux et des monuments les plus authentiques, avec des notes critiques et historiques. Ouvrage traduit librement de l'anglais d'Alban Butler, par l'abbé Godescard, chanoine de St.-Honoré. Nouvelle édition, augmentée du Traité des Fêtes mobiles, de celui de la Mort des persécuteurs par Lactance, du Supplément de Mr Charles Butler, et d'un grand nombre de nouvelles notices et notes par MM. Räss, Weis et De Ram.* Louvain, Vanlinthout et Vandenzande, 1828-1835, 22 vols., XL-504, VII-485, VIII-492, [VII]-534, VI-492, V-473, VI-470, VI-483, VI-498, VI-491, VI-465, IV-542, VII-492, V-682, IV-551, VI-463, V-490, VI-508, V-438, [VI]-188-XI-243, XXVII-400, 365 pp.
   – Vol. 20 contains a tractate with pages numbered separately: *De la Mort des persécuteurs de l'Église, par Lactance; avec la traduction de l'abbé Godescard et le texte latin, suivi de notes et d'une dissertation de dom Ruinart sur les Actes des Martyrs et l'histoire des persécutions. Nouvelle édition revue.*
   – Vols. 21-22 have a separate title: *Traité des Fêtes mobiles, Jeûnes et autres Observances annuelles de l'Église catholique, d'après l'ouvrage posthume d'Alban Butler. Nouvelle édition revue et augmentée.*
   – *Nouvelle édition entièrement revue et augmentée d'un grand nombre de notes et notices nouvelles.* Brussels, M. Vanderborght, 1846-1850, 7 vols., LXXX-510, 515, 580, 642, 664, 574, 256-VIII-82 pp. [the introduction to vol. 1 includes nos. 44, 46-48].
25. *Nova et absoluta Collectio Synodorum tam Provincialium quam Dioecesanarum, Archiepiscopatus Mechliniensis. Accedunt illuc spectantia rei ecclesiasticae monumenta, pleraque inedita: omnia diligenter recognita ac in sectiones quinque distributa. Summo labore primum collegit et illustravit Joannes-Franciscus Van de Velde, [...]. Nunc vero jubente ac promovente celsissimo ac reverendissimo principe Francisco-Antonio de Méan, Archiepiscopo Mechliniensi, recollegit, supplevit et illustravit.*
   Pars prima. Malines, P.-J. Hanicq, 1828, XXXV-659 pp. [+ portrait].
   Pars secunda. Malines, P.-J. Hanicq, 1829, VI-555 pp. [+ portrait].
   Continuation: 2 vols., see nos. 56 and 189.
   Preceding the title page, the four volumes bear the well-known common title:
   Synodicon Belgicum, sive Acta omnium ecclesiarum Belgii a celebrato Concilio Tridentino usque ad Concordatum 1801.
   Archiepiscopatus Mechliniensis. Tomus primus.
   Archiepiscopatus Mechliniensis. Tomus secundus.
   Episcopatus Antverpiensis. Tomus tertius.
   Episcopatus Gandavensis. Tomus quartus.
26. *Notice sur saint Servais, premier évêque de Tongres, suivie de remarques sur le prétendu concile de Cologne de l'an 346 et sur l'histoire de l'évêque Euphratas.* Louvain, Vanlinthout et Vandenzande, 1829, 26 pp.
   – 2nd ed. Brussels, M. Vanderborght, 1847, 36 pp.
27. *Anti-Febronius. Febronius abbreviatus cum notis, adversus neotericos theologos et canonistas, etc.; auctore F.A. Zaccaria, Societatis Jesu. Nova editio, emendata et vita auctoris aucta.* Brussels, X. Renaudière; Louvain, Vanlinthout et Vandenzande, 1829, 5 vols., LI-496, 446, 572, 332, 261 pp.
28. [F.X. DE FELLER], *Jugement d'un écrivain protestant touchant le livre de Justinus Febronius; ou entretien de Justinus Febronius et de Mr Bahrdt,*

catéchiste de l'Église de Saint-Pierre Leipzig. — *EVP* 6 (1829) 1-20 [anon. ed.].

29. *Reverendissimi ac amplissimi domini Petri Govarts, juris utriusq. doct., et vicarii apostolici Sylvaeducensis, Opuscula adversus Espenii doctrinam de placeto regio quoad bullas dogmaticas, aliaque monumenta huc spectantia; pro majori parte antehac inedita.* Brussels, Demengeot et Goodman; X. Renaudière; Louvain, Vanlinthout et Vandenzande, 1830, xx-370 pp. [anon. ed.].

30. Six lettres inédites de l'abbé Pey, auteur du Traité de l'autorité des deux puissances, adressées au cardinal de Franckenberg, archevêque de Malines, sur le Séminaire général de Louvain, et autres affaires de cette époque. — *EVP* 7 (1830) 54-72 [anon. ed.].

31. Monumens relatifs à la réception du Concile de Trente dans les Pays-Bas. — *EVP* 7 (1830) 92-101 [anon. ed.].

32. Essai sur le principe générateur des constitutions politiques et des autres institutions humaines; par M. le comte de Maistre. — *EVP* 8 (1830) 1-57 [anon. ed.].

33. *Considérations sur la liberté religieuse. Par un unioniste.* Louvain, Vanlinthout et Vandenzande, Nov. 1830, 24 pp. [anon., with C.R.A. van Bommel and E. Sterckx].
    – Reprint: *EVP* 8 (1830) 233-254.

34. *De Lege et Officiis, seu Philosophiae moralis elementa. Auctore Carolo Leoni, [...]. Editio nova, hodierno discentium usui accommodata.* Liège, 1831 [revised ed., with G.C. Ubaghs].

35. [Eulogy for Prince de Méan, Archbishop of Malines]. — *NCB* 3 (1831) 292-296.

36. Exposition sommaire du plan d'un ouvrage latin, sur l'histoire ecclésiastique de la Belgique, intitulé: *Belgica Sacra.* — *NCB* 3 (1831) 473-480 [cf. no. 125].

37. [*Calendarium* from a codex preserved in the Abbey of Munsterbilzen]. — Anton Josef Binterim, *Die vorzüglichsten Denkwürdigkeiten der Christkatholischen Kirche aus den ersten, mittlern und letzten Zeiten. Mit besonderer Rücksichtnahme auf die Disciplin der katholischen Kirche in Deutschland*, vol. 7/1, Mainz, S. Müller, 1831, pp. 65-75.

38. Remarques critiques sur l'histoire de saint Willibrord, archevêque des Frisons; Par le Docteur A.J. Binterim, [...]. Traduites de l'allemand. — *NCB* 4 (1831) 529-546 [anon. transl. of A.J. Binterim, Über den Titel Erzbischof im Mittelalter und insbesonders über den des heiligen Willibrord, Bischofs zu Utrecht. — *Der Katholik* 36 (1830) 9-18, and Id., Kritische Untersuchung über das Ordinations- und Sterbejahr des heiligen Willibrord, erster Bischofs zu Utrecht. — *Ibid.* 37 (1830) 1-15].

39. *Historia Philosophiae a mundi incunabulis usque ad Salvatoris adventum, hodierno discentium usui accommodata.* Louvain, Vanlinthout et Vandenzande, 1832, xxiv-168 pp.
    – *Editio altera, auctior et emendatior.* 1834, 310 pp.

40. Sur les Institutions canoniques de Devoti. — *NCB* 5 (1832) 276-277 [anon.].

41. Controverse au sujet du Nouveau Conservateur Belge. — *NCB* 7 (1833) 335-365 [anon. ed.].

42. Notice sur la vie et les écrits d'Alphonse Muzzarelli. — *NCB* 8 (1833) 127-135 [anon.].
   – Reprint: *Les Opuscules de Muzzarelli*, Brussels, Société nationale pour la propagation des bons livres, 1837, vol. 1, pp. I-XII.
43. *Oratio quam die IV mensis novembris anni MDCCCXXXIV in aede metropolitana Mechliniensi habuit [...] quum illustrissimus ac reverendissimus dominus Engelbertus, archiepiscopus Mechliniensis et primas Belgii, oblato solemni ritu Missae sacrificio, Universitatem catholicam inauguraret. Accedunt monumenta ad ejusdem Universitatis constitutionem spectantia.* Louvain, Vanlinthout et Vandenzande, 1834, 100 pp.
   – Reprint of the speech (pp. 1-24) in *JHL* 1 (1834-35) 512-520; in no. 115, pp. 30-39 (doc. IX); in *État de l'instruction supérieure en Belgique. Rapport présenté aux Chambres législatives le 6 Avril 1843 par M. Nothomb, ministre de l'Intérieur*, vol. 2, Brussels, 1844, pp. 20-42.
44. Dissertation sur le Calendrier ecclésiastique, traduite de l'allemand du docteur Binterim. — *NCB* 9 (1834) 113-138 [anon. transl. from no. 37, vol. 5/1, 1829, pp. 6-41].
45. Lettre inédite de M. Van Gils, président du séminaire de Bois-le-Duc, etc. sur les sentiments de l'ancienne Faculté de Théologie de Louvain, par rapport à la déclaration gallicane de 1682. — *NCB* 10 (1834) 481-492 [anon. ed.].
   – Reprint: *AUCL* 9 (1845) 151-168 [anon. ed.].
46. Dissertation sur les Martyrologes, par le docteur Binterim, traduite de l'allemand. — *NCB* 11 (1835) 5-30 [anon. transl. from no. 37, vol. 5/1, 1829, pp. 42-73].
47. Appendice à la dissertation du D. Binterim. — *NCB* 11 (1835) 30-37 [anon.].
48. Dissertation sur les Actes des Martyrs, par le docteur Binterim, traduite de l'allemand. — *NCB* 11 (1835) 585-620 [anon. transl. from no. 37, vol. 5/1, 1829, pp. 74-119].
49. Inventaire de divers manuscrits existants dans quelques dépôts publics. Malines (Archevêché). — *CRCH* 1st ser. 1 (1834-37) 161-164.
50. *Discours prononcé [...] sur la tombe de M. le professeur Van Esschen, au cimetière d'Heverlé le 21 janvier 1838.* Louvain, Vanlinthout et Vandenzande, 1838, 16 pp.
   – Reprint: *AUCL* 3 (1839) 139-146.
51. Notice sur le manuscrit inédit du Chronicon universale de Theodoricus Pauli. — *CRCH* 1st ser. 2 (1837-38) 98-108 [with additions, 216-217].
52. Traductions de la chronique de De Dynter. — *CRCH* 1st ser. 2 (1837-38) 210-216.
53. Inventaire des chartes du comté de Namur. — *CRCH* 1st ser. 2 (1837-38) 328-346.
54. Sermons de Maurice de Sully, évêque de Paris, mort en 1196. — *CRCH* 1st ser. 2 (1837-38) 346-357.
55. Documens concernant les démarches faites en 1814 et 1815 pour le rétablissement de l'Université de Louvain. — *AUCL* 2 (1838) 199-254 [anon. ed.].
56. *Nova et absoluta Collectio Synodorum Episcopatus Gandavensis; accedunt illuc spectantia rei ecclesiasticae, pleraque inedita, omnia diligenter recognita et in tres sectiones distributa. Collegit, illustravit, edidit.* Malines, P.-J. Hanicq, 1839, X-615 pp. [cf. no. 25].

57. *Nonciature de Pierre Vander Vorst d'Anvers, évêque d'Acqui, en Allemagne et dans les Pays-Bas, en 1536 et 1537* (MASB, 12/14). Brussels, M. Hayez, 1839, 81 pp.
58. *Discours prononcé à la salle des promotions le 22 mars 1839 [...] après le service funèbre célébré en l'église primaire de Saint-Pierre pour le repos de l'âme de M. Charles-Joseph Windischmann, professeur ordinaire d'anatomie.* Louvain, Vanlinthout et Vandenzande, 1839, 22 pp.
    – Reprint: *AUCL* 4 (1840) 61-72.
59. Mémoire inédit d'Adrien Heylen, sur l'ordre du Tiers-État, couronné par l'académie en 1786. Note. — *BASB* 2nd ser. 6/2 (1839) 456-459.
60. Documens relatifs à la reconnaissance de l'Université de Louvain comme corps brabançon, en 1793. — *AUCL* 3 (1839) 249-271 [anon. ed.].
61. Notice sur le Grand et le Petit-Collége des théologiens, dits du Saint-Esprit. — *AUCL* 3 (1839) 278-316 [anon.].
62. Note sur les fondations boursières de l'Université de Louvain. — *AUCL* 3 (1839) 317-321 [anon.].
63. *Quelques mots sur l'Université catholique de Louvain.* Brussels, Vᵉ J.-J. Vanderborght, 1840, 63 pp. [anon.].
    – Reprint of the "Considérations préliminaires" (pp. 5-18): Considérations sur l'Université catholique de Louvain. — *JHL* 7 (1840-41) 18-25 [anon.].
64. Justification de Tilly, par rapport à l'incendie de Magdebourg en 1631. — *CRCH* 1st ser. 3 (1838-40) 83-89.
65. Sur la guerre de Grimberghe. — *CRCH* 1st ser. 3 (1838-40) 89-96.
66. Sur le projet de nomination de Dodonée à une chaire de médecine à l'Université de Louvain, en 1554. Note. — *BASB* 1st ser. 7/1 (1840) 148-157.
67. Addition à la notice sur la nonciature de Pierre Vorstius. — *BASB* 1st ser. 7/2 (1840) 38-39 [cf. no. 57].
68. Joanni Gerardi Kerckherdere carmen ineditum de schola theologica Lovaniensi. — *AUCL* 4 (1840) 190-206 [anon. ed.].
69. Extraits des rapports adressés en 1721 et 1730 au Saint-Siége, par le cardinal d'Alsace, archevêque de Malines. — *AUCL* 4 (1840) 207-209 [anon. ed.].
70. Benedicti XIV breve ad Universitatem Lovaniensem, datum 5 novembris 1740. — *AUCL* 4 (1840) 210-211 [anon. ed.].
71. Documens relatifs à la dispersion de l'Université, en 1797. — *AUCL* 4 (1840) 212-219 [anon. ed.].
72. Visite de l'Université sous Charles-le-Téméraire et sous les archiducs Albert et Isabelle; nomination d'un commissaire royal en 1754. — *AUCL* 4 (1840) 221-237 [anon.].
73. Médaille en l'honneur de Van Swieten, envoyée à l'Université par l'impératrice Marie-Thérèse. — *AUCL* 4 (1840) 238-240 [anon.].
74. *Adriani Heylen [...] Commentarius de origine tertii status populum repraesentantis in comitiis ordinum ducatus Brabantiae, quem Academia regia Bruxellensis anno MDCCLXXXXI praemio ornavit, nunc vero ejusdem Academiae decreto edidit et illustravit* (Mémoires couronnés par l'Académie royale des sciences et belles-lettres de Bruxelles, 15, première partie, 1840-1841, 3). Brussels, M. Hayez, 1841, 76 pp.
75. *Mémoire sur la part que le clergé de Belgique, et spécialement les docteurs de l'Université de Louvain, ont prise au concile de Trente* (MASB, 14/17). Brussels, M. Hayez, 1841, 81 pp.

76. *Disquisitio de dogmatica declaratione a Theologis Lovaniensibus anno MDXLIV edita* (MASB, 14/18). Brussels, M. Hayez, 1841, 9 pp.
77. *Oratio de doctoris catholici dignitate et officio, quam die secunda mensis augusti MDCCCXLI habuit [...] quum virum eruditissimum Augustum Kempeneers, ex Montenaken [...] sacrorum canonum doctorem more majorum renuntiaret*. Louvain, Vanlinthout et Vandenzande, 1841, 57 pp.
    – Reprint: no. 115, pp. 138-149 (doc. XLV).
78. *Quelques mots sur la proposition de MM. Du Bus aîné et Brabant, tendante à déclarer l'Université catholique de Louvain personne civile*. Brussels, Ve J.-J. Vanderborght, 1841, 35 pp.
    – *Deuxième édition, suivie du rapport présenté par M. De Decker, au nom de la section centrale chargée de l'examen de la Proposition*. Brussels, March 1841, 60 pp.
79. *Observation d'un louvaniste sur une brochure ayant pour titre: Quelques mots sur la demande de subside adressée au conseil provincial de Brabant par l'Université de Bruxelles et par la ville de Louvain; par un ami de l'Université de Bruxelles*. Louvain, Vanlinthout et Vandenzande, 1841, 12 pp.
80. *Discours prononcé [...] sur la tombe de M. Antoine Nicolas Joseph Ernst, professeur ordinaire à la Faculté de droit et ancien ministre de la justice, au cimetière de Parc-lez-Louvain, le 17 juillet 1841*. Louvain, Vanlinthout et Cie, 1841, 38 pp.
    – Reprint: *AUCL* 22 (1858) 239-269.
81. Additions au troisième volume de la *Gallia Christiana*. — *CRCH* 1st ser. 4 (1840-41) 123-132. In his *Mgr de Ram* (Paris, 1865), V. De Buck remarks on this publication: "Ces additions, qui ne sont pas de Mgr de Ram, mais d'un inconnu, ont besoin d'une revision sévère; dès le premier paragraphe il s'y rencontre des fautes grossières" (p. 64).
82. Note sur le projet de nomination de Dodonée à une chaire de médecine à l'Université de Louvain en 1554. — *AUCL* 5 (1841) 151-153 [anon.].
83. Lettre adressée, vers l'an 1539, par la Faculté des arts à Arnold Streyters, abbé de Tongerloo, par rapport à une réforme à introduire dans les études, et pour réclamer à cet effet la protection de ce prélat. — *AUCL* 5 (1841) 154-159 [anon.].
84. Supplément à la notice sur la visite de l'Université, sous les archiducs Albert et Isabelle. — *AUCL* 5 (1841) 160-163 [anon.; see no. 72].
85. Séjour du cardinal Bellarmin à Louvain, et ses rapports avec l'Université. — *AUCL* 5 (1841) 164-174 [anon.].
86. Protestation de l'Université, à l'occasion de l'ouverture du temple de la Raison à Louvain en 1795. — *AUCL* 5 (1841) 175-177 [anon. ed.].
87. Documens relatifs aux dispositions testamentaires du docteur Ruard Tapper. — *AUCL* 5 (1841) 178-202 [anon. ed.].
88. Documens relatifs aux dîmes et au pensionnat de l'église de Saint-Servais de Schyndel, incorporés à la Faculté de théologie, en 1545. — *AUCL* 5 (1841) 203-216 [anon. ed.].
89. *Notice sur M. le professeur G. Buesen, décédé à Louvain le 26 décembre 1841*. Louvain, Vanlinthout et Vandenzande, 1842, 7 pp.
    – Reprint: *AUCL* 7 (1843) 162-168 [anon.].
90. *Discours prononcé au cimetière de l'abbaye de Parc-lez-Louvain, le 10 octobre 1842, [...], sur la tombe de M. Jean-Gérard-Joseph Ernst,*

professeur ordinaire à la Faculté de droit. Louvain, Vanlinthout et Vandenzande, 1842, 39 pp.
– Reprint: *AUCL* 7 (1843) 67-98.
91. Détails concernant le mariage de Charles-le-Téméraire avec Marguerite d'Yorck, en 1468. — *CRCH* 1st ser. 5 (1841-42) 168-174.
92. Pétition de l'Université catholique de Louvain, concernant le projet de loi sur l'enseignement supérieur. — *Documents parlementaires. Recueil des pièces imprimées par ordre de la Chambre des Représentants*, Session de 1841-1842, n° 420, 8 pp.
93. Du retrait de la proposition de MM. Dubus et Brabant. — *RBrux* n. ser. 1 (1842) 350-361 [anon.].
94. Particularités sur le séjour d'Érasme, à Bâle, et sur les derniers moments de cet homme célèbre. — *BASB* 1st ser. 9/1 (1842) 462-475.
– Reprint: *AUCL* 17 (1853) 245-261 [anon.].
95. Note sur l'importance que les anciens chroniqueurs attachent aux phénomènes atmosphériques, à propos de la chronique de Jean de Los, abbé de St-Laurent, à Liége. — *BASB* 9/1 (1842) 544-559.
96. De l'utilité d'une statistique criminelle dans ses rapports avec les principes religieux. Note. — *BASB* 9/2 (1842) 249-252.
– Reprint: *RBrux* n. ser. 2 (1842) 421-423.
97. Documents relatifs à la bataille de Montlhéry, 16 juillet 1465: poëme latin sur cet événement, par un auteur contemporain; – Souhaits faits à Tournay par un Français, après la victoire de Montlhéry; – Réponse d'un bourguignon à ces souhaits. — *BASB* 9/2 (1842) 253-256.
98. Sur les rapports d'Érasme avec Damien de Goès. — *BASB* 9/2 (1842) 431-436.
– Reprint: *AUCL* 17 (1853) 237-244 [anon.].
99. Note sur Lambert Coomans, secrétaire d'Érasme. — *BASB* 9/2 (1842) 437-440 [see also no. 160].
100. Notice sur la vie et les ouvrages de Philippe Verheyen, docteur et professeur de la Faculté de médecine de l'Université de Louvain. — *AUCL* 6 (1842) 109-124 [anon.].
101. Série historique des docteurs de la Faculté de médecine; supplément aux fastes académiques de Valère André. — *AUCL* 6 (1842) 125-131 [anon.].
102. Notice sur Gaspar Moser, dernier président du collége de Bois-le-Duc à Louvain. — *AUCL* 6 (1842) 132-140 [anon.].
103. Rapports du docteur en théologie Jacques Jansonius avec le vén. cardinal Bellarmin. — *AUCL* 6 (1842) 141-143 [anon.].
104. Notice sur le collége de Houterlé. — *AUCL* 6 (1842) 144-180 [anon.].
105. Documens relatifs aux mesures prises en 1796 pour forcer l'Université de chômer les fêtes républicaines. — *AUCL* 6 (1842) 192-211 [anon. ed.].
106. Décret académique du 30 juin 1761, portant défense aux étudians de fréquenter le théâtre. — *AUCL* 6 (1842) 212-214 [anon. ed.].
107. Note sur une critique publiée en 1763 contre Mgr De Nelis, lorsqu'il était bibliothécaire de l'Université. — *AUCL* 6 (1842) 215-218 [anon.].
108. Index topographicus Belgii, quem ex Bollandiano opere collegit Isfridus Thysius, can. reg. abbatiae Tongerloensis, olim in edendis Actis SS. Belgii selectis Ghesquierii socius. — *CRCH* 1st ser. 6 (1842-43) 200-239.

109. Brevis notitia Belgii, ex Actis sanctorum januarii et februarii, ab Joanne Bollando et Godefrido Henschenio societatis Jesu vulgatis, excerpta et per provincias digesta. — *CRCH* 1st ser. 6 (1842-43) 240-272.
110. *Subsidia ad illustrandam veterem et recentiorem Belgii topographiam ex decreto collegii historici regii Belgii. Fasciculus I.* Brussels, M. Hayez, 1843, IV-74 pp. [combination of nos. 108 and 109].
111. *Disquisitio historica de iis quae contra Lutherum Lovanienses Theologi egerunt, anno MDXIX* (MASB, 16/5). Brussels, M. Hayez, 1843, 27 pp.
112. Série historique des docteurs de la Faculté de droit; supplément aux fastes académiques de Valère André. — *AUCL* 7 (1843) 137-155 [anon.].
113. *Documents relatifs aux troubles du pays de Liége, sous les princes-évêques Louis de Bourbon et Jean de Horne, 1455-1505* (Collection de chroniques belges inédites). Brussels, M. Hayez, 1844, XXVI-964 pp. [+ 1 pl.].
    – 2nd title page with Latin title: *Johannis de Los, Abbatis S. Laurentii prope Leodium Chronicon, rerum gestarum ab anno 1455 and annum 1514. Accedunt Henrici de Merica et Theodorici Pauli Historiae de cladibus Leodiensium an. 1465-67, cum collectione documentorum ad res Ludovici Borbonii et Joan. Hornaei temporibus gestas. Edidit.*
114. *Subsidia ad illustrandam veterem et recentiorem Belgii topographiam. Fasciculus II* (Appendix to CRCH, 7). Brussels, M. Hayez, 1844, V-103 pp. [+ map].
115. *Documents relatifs à l'érection et à l'organisation de l'Université catholique de Louvain. 1833-1843.* Brussels, E. Devroye et Cᵉ, 1844, 231 pp. [anon. ed.].
116. Note sur une statuette antique trouvée à Casterlé. — *BASB* 11/1 (1844) 38-42 [+ 1 pl.].
117. Documents relatifs à un projet, proposé à la Faculté de théologie par l'entremise de Viglius en 1558, pour la rédaction d'un cours de théologie qui aurait remplacé celui de Pierre Lombard. — *AUCL* 8 (1844) 213-220 [anon.].
118. Observations sur un MS. de la Bibliothèque royale qui porte pour titre: *Idatii episcopi chronicon*, correctionibus, scholiis et notis illustratum a Joanne Matthaeo Garzon, hispano, e Societate Jesu theologo, almae Gandiensis academiae olim cancellario. — *CRCH* 1st ser. 9 (1844) 6-7 [ed. 1845].
119. Nouvelle justification de Tilly, par rapport à l'incendie de Magdebourg, traduite de l'allemand par M. Mœller fils. — *CRCH* 1st ser. 9 (1844) 146-161 [ed. 1845].
120. *Idatii episcopi chronicon correctionibus, scholiis et dissertationibus illustratum a Joanne Matthaeo Garzon, Hispano, Societatis Jesu theologo, Gandiensis Academiae olim cancellario. Ex codice autographo Bibl. regiae Bruxellensis edidit* (Appendix to CRCH, 1st ser., 10, 1845). Brussels, M. Hayez, 1845, XII-310 pp.
    – Reprint: *Patrologia Latina*, vol. 74, Paris, J.-P. Migne, 1850, cc. 675-802.
121. *Recherches sur les sépultures des ducs de Brabant à Louvain* (MASB, 19/3). Brussels, M. Hayez, 1845, 48 pp. [+ 7 pl.].
122. Quelques éclaircissements au sujet de la statuette de Casterlé. — *BASB* 12/1 (1845) 336-341.
123. Observations sur l'opinion de MM. de Longpérier et de Witte, concernant les figurines de bronze et de fer, et la statuette de Casterlé. — *BASB* 12/2 (1845) 84-96.

124. Phénomènes atmosphériques annotés par un chroniqueur du cinquième siècle. — *BASB* 12/2 (1845) 96-100.
125. Notice du plan d'une *Belgica Sacra*. — *CRCH* 1st ser. 10 (1845) 278-284 [reprint of no. 36].
126. Notice sur un sceau inédit de Godefroi de Bouillon. — *BASB* 13/1 (1846) 355-360 [+ 1 pl.].
127. Notice sur le prévôt de Marci, chancelier de l'Université. — *AUCL* 10 (1846) 254-259 [anon.].
128. Notice sur les docteurs Van Rossum et Vounck. — *AUCL* 10 (1846) 259-261 [anon.].
129. Trois dépêches du duc d'Albe à l'Université de Louvain dans les années 1567 et 1569. – Enlèvement du comte de Buren. — *AUCL* 10 (1846) 270-274. [anon. ed.].
130. Pièces relatives à l'érection de l'Université de Douai en 1562. — *AUCL* 10 (1846) 275-280 [anon. ed.].
131. Opuscules de Mathieu Herbenus, concernant les antiquités de Maestricht. — *CRCH* 1st ser. 12 (1846) 4-44 [ed. 1847].
132. *Caroli Clusii Atrebatis ad Thomam Redigerum et Joannem Cratonem epistolae; accedunt Remberti Dodonaei, Abrahami Ortelii, Gerardi Mercatoris et Ariae Montani ad eumdem Cratonem epistolae* (Appendix to CRCH, 1st ser., 12, 1846). Brussels, M. Hayez, 1847, III-104 pp.
133. Organisation de l'ancienne Université de Louvain. — *AUCL* 11 (1847) 161-167 [anon.].
134. Règlement de l'Impératrice-Reine du 13 février 1755 pour l'Université de Louvain. — *AUCL* 11 (1847) 168-205 [anon. ed.].
135. *De laudibus quibus veteres Lovaniensium Theologi efferri possunt Oratio quam die vigesima sexta mensis julii MDCCCXLVII habuit [...], quum viros eruditissimos Henricum Joannem Feye SS. canonum doctorem et Carolum de Blieck S. theologiae doctorem more majorum renunciaret*. Louvain, Vanlinthout et Vandenzande, 1848, X-163 pp.
136. Documents relatifs à la Pacification de Gand de 1576. — *CRCH* 1st ser. 14 (1847-48) 5-16 [documents 1-3 (pp. 5-8) are reprinted in no. 137].
137. Déclaration des théologiens de Louvain en faveur de la Pacification de Gand de 1576. — *AUCL* 12 (1848) 248-252 [anon. ed.; cf. no. 136].
138. *Pétition adressée à MM. les membres du Sénat [...] concernant le nouveau projet de loi sur l'enseignement supérieur. (Juillet 1849)*. Brussels, Vanderborght, 1849, 11 pp.
139. Lettre à Sa Sainteté Pie IX. — *AUCL* 13 (1849) 270-271.
140. *Francisci Sonnii, S. Theol. doct. Lov. primi Sylvaeducensium deinde Antverpiensium episcopi, ad Viglium Zuichemum epistolae. Ex cod. autographo Bibl. reg. Brux. edidit et commentario de Sonnii vita et scriptis illustravit* (Appendix to CRCH, 1st ser., 16, 1850). Brussels, M. Hayez, 1850, XLVI-116 pp.
141. *Discours prononcé à la salle des promotions le 1 février 1850 [...] après le service funèbre célébré en l'église primaire de Saint-Pierre pour le repos de l'âme de M. Marien Verhoeven, professeur ord. de droit canon à la Faculté de théologie*. Louvain, Vanlinthout et Vandenzande, 1850, 31 pp.
    – Reprint: *RCath* 8 (1850-51) 27-36; *AUCL* 15 (1851) 193-211.
    – Dutch transl.: *Lijkrede uitgesproken den 1ste Februarij 1850 in de*

promotiezaal [...] na de uitvaart in de hoofdkerk van Sint-Pieter gehouden. Grave, J. Witz, 1850, 28 pp.
142. Notice sur les lettres inédites de Laevinus Torrentius, relatives à l'érection des nouveaux évêchés au XVIe siècle, et sur sa mission à Rome, en 1560-1561. — *CRCH* 1st ser. 16 (1849-50) 100-106.
  – Reprint: *AUCL* 15 (1851) 302-310 [anon.].
143. Lettres de Viglius à Josse de Courtewille, secrétaire des conseils d'État et privé. — *CRCH* 1st ser. 16 (1849-50) 181-210.
  – Abstract: *RCath* 8 (1850-51) 556; *AUCL* 15 (1851) 311-312 [anon.].
144. Supplément à la notice du prévôt de Marci, chancelier de l'Université. — *AUCL* 14 (1850) 219-227 [cf. no. 127].
145. Série historique des docteurs de la Faculté de théologie; supplément aux fastes académiques de Valère André. — *AUCL* 14 (1850) 228 [anon.].
146. *Notice sur les sceaux des comtes de Louvain et des ducs de Brabant (976-1430)* (MASB, 26/7). Brussels, M. Hayez, 1851, 51 pp. [+ 12 pl.].
147. *Recherches sur l'histoire des comtes de Louvain et sur leurs sépultures à Nivelles (976-1095)* (MASB, 26/8). Brussels, M. Hayez, 1851, 57 pp.
148. *Discours prononcé à la salle des promotions le 14 juillet 1851 [...] après le service funèbre célébré en l'église primaire de Saint-Pierre pour le repos de l'âme de M. Arnould-Pierre Tits, professeur ord. de théologie dogmatique générale à la Faculté de théologie.* Louvain, Vanlinthout et Cie, 1851, 40 pp.
  – Reprint: *RCath* 9 (1851-52) 307-319; *AUCL* 16 (1852) 171-194.
149. Suppression du collège de la Haute-Colline à Louvain. — *RCath* 8 (1850-51) 423-426.
150. Recherches sur la Chronique universelle de Sozomenus de Pistoie. — *BASB* 18/1 (1851) 605-620; 18/2 (1851) 75-87.
151. Particularités concernant le règne des ducs de Brabant Jeanne et Wenceslas. — *CRCH* 2nd ser. 1 (1851) 231-281.
152. Notice sur un fragment de la chronique rimée de Jean d'Outremeuse, relatif à la mort de Henri I, duc de Brabant (1235). — *CRCH* 2nd ser. 2 (1851) 82-95.
153. Lettres inédites adressées à Viglius par des docteurs de l'Université de Louvain et par d'autres personnages (d'après les autographes). — *CRCH* 2nd ser. 2 (1851) 182-229.
154. Adresse de l'Université catholique de Louvain à S. M. le Roi des Belges à l'occasion de la mort de S. M. la Reine. — *AUCL* 15 (1851) 191-192.
155. Lettres inédites de Sonnius à Viglius. — *AUCL* 15 (1851) 289-301 [anon.; abstract of no. 140].
156. Rapport [on the inscription for a statue of Godefroid of Bouillon]. — *BASB* 19/1 (1852) 418-444.
  – Reprint: Les bas-reliefs et les inscriptions du monument consacré à Godefroid de Bouillon. — *RCath* 10 (1852-53) 129-148.
157. Notice sur des chartes relatives à la prévôté de Mersen et sur un sceau de l'empereur Frédéric Barberousse. — *BASB* 19/2 (1852) 402-416 [+ 1 pl.].
158. Réflexions sur une note envoyée à l'avis de messieurs les surintendants de la librairie académique par monsieur le Recteur de l'Université, le docteur Van Leempoel. — *CRCH* 2nd ser. 3 (1852) 77-86.
159. Deux lettres de la Faculté de théologie de Louvain, au sujet de Pierre Ximenius, 1561. — *CRCH* 2nd ser. 3 (1852) 184-192.
  – Reprint: *AUCL* 17 (1853) 213-222 [anon. ed.].

160. Un théologien de Louvain assistant Érasme dans ses derniers moments; notice sur Lambert Coomans de Turnhout. — *AUCL* 16 (1852) 251-255 [anon.; reprint of no. 99].
161. *Discours [...] prononcé à Isque le 28 juin 1853, à l'occasion de l'inauguration du monument consacré à la mémoire de Juste Lipse.* Louvain, Vanlinthout et Cie, 1853, 13 pp.
    - Reprint: *RCath* 11 (1853-54) 351-354; *AUCL* 18 (1854) 228-234.
162. Discours adressé au Roi [...] lors des fêtes offertes à Sa Majesté et à la Famille royale par la ville de Louvain – 12 septembre 1852. — *AUCL* 17 (1853) 173-174.
163. Notice sur les rapports d'Érasme avec les théologiens de Louvain. — *AUCL* 17 (1853) 233-236 [anon.].
164. *Chronique des ducs de Brabant, par Edmond de Dynter, (en six livres), publiée d'après le ms. de Corsendonck, avec des notes et l'ancienne traduction française de Jehan Wauquelin* (Collection de chroniques belges inédites). Brussels, M. Hayez, 1854-1860, 3 vols., cxxx-295-650, 877, 911 pp. [+ 1 pl.].
    - 2nd title page with Latin title: *Chronica Nobilissimorum Ducum Lotharingiae et Brabantiae ac Regum Francorum, auctore magistro Edmundo de Dynter, in sex libros distincta; ad fidem cod. ms. Korsendoncani collat. cum aliis codd. mss. edidit ac Gallica Johannis Wauquelin versione et notis illustravit.*
    - French transl. published separately in 10 copies: *Chronique des ducs de Brabant par Edmond de Dynter, traduite en français par Jehan Wauquelin.* Brussels, M. Hayez, 1854, 2 vols., 18-670, 366 pp.
165. *Discours prononcé à la salle des promotions le 25 octobre 1854 [...] après le service funèbre célébré en l'église primaire de Saint-Pierre pour le repos de l'âme de M. Henri Barthélémi Waterkeyn, professeur ordinaire à la Faculté des sciences et vice-recteur de l'Université.* Louvain, Vanlinthout et Cie, 1854, 31 pp.
    - Reprint: *AUCL* 19 (1855) 181-202.
166. *Discours prononcé à la salle des promotions le 26 octobre 1854 [...] après le service funèbre célébré en l'église primaire de Saint-Pierre pour le repos de l'âme de M. Grégoire Demonceau, professeur ordinaire et doyen de la Faculté de droit.* Louvain, Vanlinthout et Cie, 1854, 20 pp.
    - Reprint: *AUCL* 19 (1855) 203-213.
167. Considérations sur l'histoire de l'ancienne Université de Louvain (1425-1797). Discours. — *BASB* 1st ser. 21/1 (1854) 334-405.
    - Published separately: *Considérations sur l'histoire de l'Université de Louvain. (1425-1797.). Discours prononcé à la séance publique de la Classe des Lettres de l'Académie royale de Belgique, le 10 mai 1854.* Brussels, H. Goemaere, 1854. 99 pp.
168. Lettres de Laevinus Torrentius, évêque d'Anvers, relatives à la publication d'un ouvrage de Pierre Ximenius. — *CRCH* 2nd ser. 6 (1854) 33-56.
169. Appendice à la correspondance de Laevinus Torrentius, évêque d'Anvers, avec Juste Lipse. — *CRCH* 2nd ser. 6 (1854) 57-70.
170. Le B. Albéron I, évêque de Liége. — *RCath* 12 (1854) 1-8.
171. Adresse de l'Université catholique de Louvain à S. M. le Roi des Belges Léopold I, à l'occasion de la majorité de S. A. R. Mgr le Duc de Brabant. — *AUCL* 18 (1854) 171-172.

172. Discours adressé au Roi [...] lors du retour de Sa Majesté de son voyage en Allemagne (5 juin 1853). — *AUCL* 18 (1854) 173-174.
173. Discours adressé au Roi [...] à l'occasion de l'entrée en Belgique de S. A. I. et R. Madame la Duchesse de Brabant (20 août 1853). — *AUCL* 18 (1854) 175-177.
174. *Discours prononcé à la salle des promotions le 25 octobre 1855 [...] après le service funèbre célébré en l'église primaire de Saint-Pierre pour le repos de l'âme de M. Jacques Guillaume Crahay, professeur ordinaire de physique et d'astronomie à la Faculté des sciences.* Louvain, Vanlinthout et Cie, 1855, 23 pp.
   – Reprint: *AUCL* 20 (1856) 201-218.
175. Les docteurs de la Faculté de théologie de Louvain et le duc d'Albe en 1573. — *BASB* 1st ser. 22/1 (1855) 183-190.
   – Reprint: *AUCL* 20 (1856) 294-302 [anon.].
176. Opinions des théologiens de Louvain sur la répression administrative de la mendicité, en 1562 et 1565. — *BASB* 1st ser. 22/1 (1855) 256-277.
   – Reprint: *AUCL* 20 (1956) 245-271 [anon.].
177. Lettres de Laevinus Torrentius, évêque d'Anvers, à Arias Montanus, sur le fâcheux état des affaires publiques aux Pays-Bas, pendant les années 1584 à 1595. — *CRCH* 2nd ser. 7 (1855) 235-325.
178. Lettres de Laevinus Torrentius, évêque d'Anvers, relatives à sa nomination à l'archevêché de Malines (1593-1594). — *CRCH* 2nd ser. 7 (1855) 326-345.
179. Lettres inédites de Laevinus Torrentius à Juste Lipse. — *AUCL* 19 (1855) 228-245 [anon. ed.].
180. *Synopsis actorum Ecclesiae Antverpiensis et ejusdem dioeceseos status hierarchicus ab episcopatus erectione usque ad ipsius suppressionem; liber prodromus tomi tertii Synodici Belgici* (Appendix to CRCH, 2nd ser., 3, 1853). Brussels, M. Hayez, 1856, vii-326 pp. [+ map].
181. Un document sur la décadence commerciale d'Anvers au commencement du XVIIe siècle. — *CRCH* 2nd ser. 8 (1856) 296-312.
182. Saint Adélard, abbé de Corbie en Picardie. — *RCath* 14 (1856) 69-79.
183. Détails sur les derniers moments du comte d'Egmont, par un docteur en théologie de Louvain. — *AUCL* 20 (1856) 286-309 [anon. ed.].
184. *Le niveau des études universitaires. Lettre [...] à M. Dechamps, ministre d'État, membre de la Chambre des représentants.* Louvain, Vanlinthout et Cie, 1857, 11 pp.
   – Reprint: *RCath* 15 (1857) 142-144; *AUCL* 22 (1858) 273-276.
185. Notice sur le lieu de naissance de Godefroid de Bouillon. — *BASB* 2nd ser. 2 (1857) 148-186.
   – Reprint: *La Belgique* 3 (1857) 567-597.
186. Mémoire historique et critique sur les comtes de Hainaut de la première race; par S.P. Ernst, chanoine régulier de l'abbaye de Rolduc. — *CRCH* 2nd ser. 9 (1857) 393-513.
187. Saint Gerlac. — *RCath* 15 (1857) 317-324.
188. Adresse de l'Université catholique de Louvain à S. M. le Roi des Belges Léopold Ier, à l'occasion des fêtes jubilaires du 21 juillet 1856. — *AUCL* 21 (1857) 167-168.

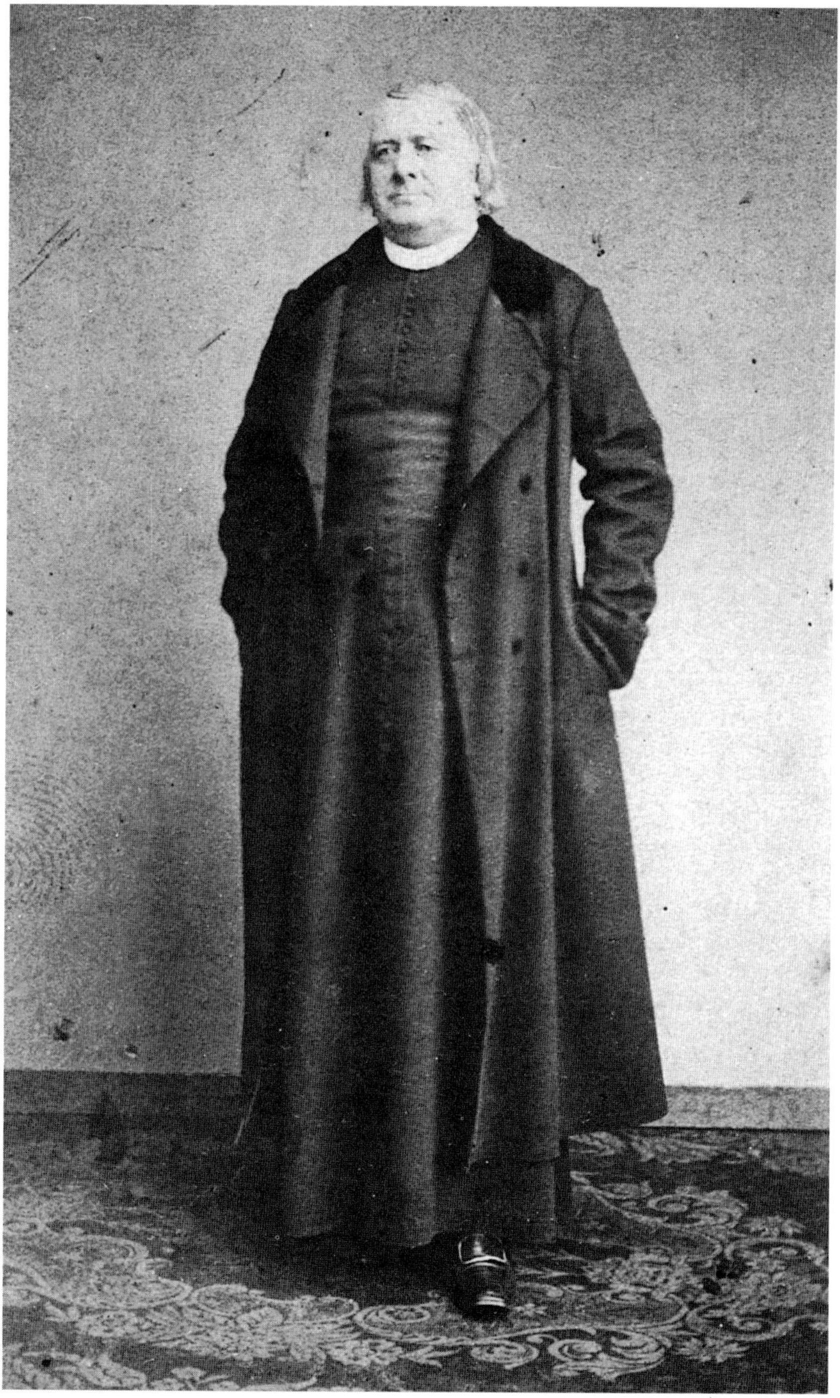

189. *Nova et absoluta Collectio Synodorum Episcopatus Antverpiensis, accedunt illuc spectantia rei ecclesiasticae monumenta, pleraque inedita, omnia diligenter recognita et in tres sectiones distributa. Collegit, illustravit, edidit.* Louvain, Vanlinthout et socii, 1858, CXXII-674 pp. [cf. no. 25].
190. *Venerabilis Nicolai Eschii, in Univ. Lovan. artium doctoris et S. Theol. baccalaurei, Begginagi Diesthemiensis pastoris, vita et opuscula ascetica. Edidit et commentario praevio ac notis illustravit.* Louvain, Vanlinthout et socii, 1858, LXXX-286 pp. [+ 1 pl.].
191. *Discours prononcé à la salle des promotions le 5 novembre 1858 [...] après le service funèbre célébré en l'église primaire de Saint-Pierre pour le repos de l'âme de Monsieur Jean Henri Van Oyen, professeur ordinaire de physique et d'astronomie à la Faculté des sciences.* Louvain, Vanlinthout et Cie, 1858, 42 pp.
    – Reprint: *RCath* 16 (1858) 689-700; *AUCL* 23 (1859) 193-225.
192. Discours adressé à Sa Majesté, le premier jour de l'an. — *BASB* 2nd ser. 4 (1858) 15-16.
193. Dissertation historique et critique sur la maison royale des comtes d'Ardennes, par S.-P. Ernst, chanoine régulier de Rolduc. — *CRCH* 2nd ser. 10 (1858) 211-370.
194. Notes sur les papiers d'État du pape Adrien VI, transportés à Liége vers 1526, et sur son secrétaire Thierri Hezius. — *CRCH* 2nd ser. 11 (1858) 59-74.
    – Reprint: *La Belgique* 5 (1858) 444-453.
195. Lettres de Laevinus Torrentius, évêque d'Anvers, et de Christophe Plantin, au cardinal Baronius. — *CRCH* 2nd ser. 11 (1858) 75-94.
196. Lettres de Laevinus Torrentius à Christophe Plantin. — *CRCH* 2nd ser. 11 (1858) 95-108.
197. Lettre du docteur Henri Gravius au cardinal Baronius sur les éditions du Martyrologe romain et des œuvres de S. Augustin etc. — *AUCL* 22 (1858) 298-310 [anon. ed.].
198. Trois lettres du cardinal Baronius à l'Université de Louvain, sur la mort du docteur H. Gravius et sur l'envoi d'un bref de Clément VIII à l'Université. — *AUCL* 22 (1858) 311-316 [anon. ed.].
199. Rapport de MM. de Ram, Stas, De Koninck et Spring, délégués à la fête séculaire de l'Académie royale de Munich. — *BASB* 2nd ser. 7 (1859) 399-402.
200. Addition à la notice sur Thierri Hezius, secrétaire du pape Adrien VI. — *CRCH* 2nd ser. 12 (1859) 271-274 [cf. no. 194].
201. Notitia de rebus Statuum provinciae Limburgensis, par M. S.-P. Ernst, chanoine régulier de Rolduc. — *CRCH* 2nd ser. 12 (1859) 285-300.
202. *Discours prononcé à la salle des promotions le 26 janvier 1860 [...] après le service funèbre célébré en l'église primaire de Saint-Pierre pour le repos de l'âme de M. Edouard Joseph Delfortrie, président du Collège de Marie-Thérèse et professeur ordinaire à la Faculté de philosophie et lettres.* Louvain, Vanlinthout et Cie, 1860.
    – Reprint: *RCath* 18 (1860) 102-109; *AUCL* 25 (1861) 235-249.
203. *Les nouveaux Bollandistes.* Brussels, M. Hayez, 1860, 74 pp.
    – Reprint: *CRCH* 3rd ser. 2 (1861) 120-192.
204. Note sur un portrait du duc de Brabant Jean IV, ayant appartenu à la gilde des arbalétriers de Louvain. — *CRCH* 3rd ser. 1 (1860) 295-306 [+ 1 pl.].

205. Note sur la sépulture de Jean de Hornes, prince-évêque de Liége, à Maestricht. — *CRCH* 3rd ser. 1 (1860) 307-310.
206. Notice sur les *Acta Sanctorum Belgii* selecta de Ghesquière. — *RCath* 18 (1860) 146-152.
207. Lettre de Mgr de Ram sur le rétablissement des Bollandistes. — *RCath* 18 (1860) 152-155.
208. Adresse de l'Université à Sa Majesté Léopold I, Roi des Belges, à l'occasion de la naissance du comte de Hainaut. — *AUCL* 24 (1860) 206-207.
209. Adresse de l'Université catholique de Louvain, en date du 3 novembre 1859, à notre Très-Saint Père le Pape Pie IX. — *AUCL* 24 (1860) 267-272.
210. *Les quatorze livres sur l'histoire de la ville de Louvain du docteur et professeur en théologie Jean Molanus, publiés d'après le manuscrit autographe, accompagnés d'une notice sur la vie et les écrits de Molanus, de notes et d'appendices* (Collection de chroniques belges inédits). Brussels, M. Hayez, 1861, 2 vols., XCIX-648-[22] pp. [+ 1 pl.] and pp. 649-1371.
    – 2nd title page with Latin title: *Joanni Molani in Academia Lovaniensi S. Theologiae doctoris et professoris Historia Lovaniensium libri XIV. Ex codice autographo edidit, commentario praevio de vita et scriptis Molani, notis et appendicibus illustravit.*
    – pp. 889-1298 contain two *Appendices quas ad Molani historiam Lovaniensium adjecit editor*, which are also published separately:
      – *Codex veterum statutorum Academiae Lovaniensis* [pp. 891-1181]. Brussels, M. Hayez, 1861, VI-290 pp.
      – *Codex chronologico-diplomaticus rerum Lovaniensium quo concessa Lovaniensibus privilegia et alia plurima continentur* [pp. 1183-1298]. Brussels, M. Hayez, 1861, VI-115 pp.
211. *La biographie nationale. Discours destiné à être prononcé à la séance publique de la classe des lettres de l'Académie royale de Belgique, le 15 mai 1861.* Louvain, Vanlinthout et Cie, 1861, 24 pp.
212. *Discours prononcé à la salle des promotions, le 5 novembre 1861 [...] après le service funèbre célébré en l'église primaire de Saint-Pierre pour le repos de l'âme de Monsieur Ignace-Antoine-Joseph Quirini, professeur ordinaire à la Faculté de droit.* Louvain, Vanlinthout et Cie, 1861, 16 pp.
    – Reprint: *RCath* 19 (1861) 689-693; *AUCL* 26 (1862) 179-186.
213. Lettres de Laevinus Torrentius à Jean Fonck, garde des sceaux pour les affaires des Pays-Bas, à Madrid. — *CRCH* 3rd ser. 2 (1861) 11-62.
214. Requête adressée par les députés des États de Brabant, le 16 novembre 1566, à la duchesse de Parme, pour engager le roi à faire convoquer les états généraux, et mettre ainsi fin aux troubles du pays. — *CRCH* 3rd ser. 2 (1861) 63-65.
215. Venerabilis Gerardi Magni de Daventria epistolae VIII, ex duobus codicibus MSS. bibliothecae publicae Argentoracensis. — *CRCH* 3rd ser. 2 (1861) 66-110.
216. *Inscription latine pour le monument du comte Félix de Mérode.* 1 folio. [cf. no. 225].
217. La bienheureuse Marie de Brabant, duchesse palatine de Bavière. — *RCath* 19 (1861) 75-80.
218. La vie et les écrits de Léonard Lessius de la Compagnie de Jésus. — *RCath* 19 (1861) 189-206.

219. Adresse de l'Université à Sa Majesté Léopold I, Roi des Belges, à l'occasion du commencement de la trentième année de son règne. — *AUCL* 25 (1861) 231-232.
220. *Discours prononcé à la salle des promotions le 5 novembre 1862, [...], après le service funèbre célébré en l'église primaire de Saint-Pierre pour le repos de l'âme de Monsieur Philibert Vanden Broeck, professeur ordinaire à la Faculté de théologie.* Louvain, Vanlinthout et Cie, 1862, 24 pp.
    – Reprint: *RCath* 20 (1862) 697-705; *AUCL* 27 (1863) 239-252.
221. Documents relatifs à la part prise par les docteurs de Louvain à la correction du décret de Gratien. — *AUCL* 26 (1862) 198-221 [anon. ed.].
222. Notice sur Thierri Hezius, secrétaire du pape Adrien VI et sur les papiers d'état de ce pontife. — *AUCL* 26 (1862) 257-279 [anon.; cf. no. 194].
223. *Discours prononcé à la salle des promotions le 28 janvier 1863, [...], après le service funèbre célébré en l'église de Saint-Michel pour le repos de l'âme de Monsieur Jean Mœller, professeur ordinaire à la Faculté de philosophie et lettres.* Louvain, Vanlinthout et Cie, 1863, 55 pp.
    – Reprint: *RCath* 21 (1863) 70-85; *AUCL* 28 (1864) 255-288.
224. *Discours prononcé à la salle des promotions le 27 février 1863, [...], après le service funèbre célébré en l'église primaire de Saint-Pierre pour le repos de l'âme de Monsieur Martin Martens, professeur ordinaire à la Faculté des sciences.* Louvain, Vanlinthout et Cie, 1863, 55 pp.
    – Reprint: *RCath* 21 (1863) 133-148; *AUCL* 28 (1864) 328-353.
225. Réclamation concernant l'inscription du monument de M. le comte Félix de Mérode. — *BASB* 2nd ser. 16 (1863) 43-45 [cf. no. 216].
226. Lettres de Laevinus Torrentius à Ernest de Bavière, prince-évêque de Liége. — *CRCH* 3rd ser. 4 (1863) 257-306.
227. Lettres de Laevinus Torrentius au docteur Jean Vendeville, évêque de Tournai. — *CRCH* 3rd ser. 4 (1863) 307-318.
228. Anciens statuts de la Faculté de médecine de Louvain; appendice au *Codex veterum Statutorum Academiae Lovaniensis*. — *CRCH* 3rd ser. 5 (1863) 391-418.
229. Adresse présentée par l'Université au Roi Léopold I, à l'occasion du rétablissement de la santé de Sa Majesté. — *AUCL* 27 (1863) 237-238.
230. Documents relatifs à la mission du docteur Gravius à Rome, en 1590. — *AUCL* 27 (1863) 324-332 [anon. ed.].
231. Lettre de félicitations adressée par l'Université au docteur Jean Vendeville, le 3 janvier 1588, à l'occasion de sa nomination au siége épiscopal de Tournai. — *AUCL* 27 (1863) 333-336 [anon. ed.; also in no. 227, pp. 308-310].
232. Notice sur le collége d'Alne ou d'Aulne. — *AUCL* 27 (1863) 343-351 [anon.].
233. *Hagiographie nationale. Vies des Saints et des personnes d'une éminente piété qui ont vécu dans les anciennes provinces belges.* Vol. 1, Louvain, Vanlinthout et Cie, 1864, XXXII-424 pp. [vol. 2: no. 247].
234. Rapport sur les manuscrits de M. Émile Gachet. — *CRCH* 3rd ser. 6 (1864) 4-10.
235. Note sur des lettres inédites de Laevinus Torrentius à Jean-François Bonhomme, évêque de Verceil. — *CRCH* 3rd ser. 6 (1864) 13-15.
236. Documents relatifs à la nonciature de l'évêque d'Acqui, Pierre Vorstius, d'Anvers, en Allemagne et dans les Pays-Bas, en 1536 et 1537, tirés d'un

manuscrit de la Bibliothèque Vaticane, et suivis d'un extrait du journal de Corneille Ettenius sur le séjour du nonce en Allemagne. — *CRCH* 3rd ser. 6 (1864) 237-422.

237. Lettres de Laevinus Torrentius au nonce apostolique Jean-François Bonhomius, évêque de Verceil. 1583-1587. — *CRCH* 3rd ser. 6 (1864) 453-498.

238. Notice sur la situation financière et administrative des établissements académiques de Louvain, en 1589. — *AHEB* 1 (1864) 133-212.

239. *Notes historiques et iconographiques sur les martyrs de Gorcum qui ont fait leurs études à l'Université de Louvain.* Louvain, Vanlinthout frères, 1865, 61 pp.

240. *Vie du bienheureux Jean Berchmans, d'après la vie de l'abbé Carron, V. Cepari et N. Frison, éditée en 1828, par feu Monseigneur de Ram.* Malines, E.-F. Van Velsen, 1865, 54 pp. [posthumuous; see no. 23].
   – Dutch transl.: *Leven van den gelukzaligen Joannes Berchmans, naar het leven van den Abt Carron, V. Cepari en N. Frison, in het jaar 1828 uitgegeven door, zaliger gedachtenis, Monseigneur de Ram, Rector van de Katholijke Universiteit van Leuven.* Malines, E.-F. Van Velsen, 1865, VI-53 pp.

241. *La notice sur la vénérable Marie Marguerite des Anges ou Van Valckenisse.* Louvain, Vanlinthout frères, 1865, 32 pp. [posthumuous; excerpt from no. 247, pp. 162-188].

242. Lettres de Laevinus Torrentius à Richard Stravius, agent de l'évêché à Rome: 1583 à 1592. — *CRCH* 3rd ser. 7 (1865) 237-330.

243. Note sur les descendants de la mère de la duchesse Marguerite de Parme. — *CRCH* 3rd ser. 7 (1865) 339-350.

244. S. Anschaire et S. Rembert, archevêques de Hambourg et de Brême, apôtres du christianisme dans le nord de l'Allemagne au neuvième siècle. — *AHEB* 2 (1865) 53-96.

245. Notice sur le vénérable Henri de Loen, chartreux, ancien professeur et recteur de l'Université de Louvain. — *AUCL* 29 (1865) 343-349 [anon.].

246. In *BN* 1 (1866): Abel (Saint), 1-4; Achaire ou Acaire (Saint), 8-12; Adalbaud ou Adalbalde (Saint), 18-21; Adalbéron, 22-30; Adalbéron Ier, 30-32; Adalbéron II, 32-34; Adalbéron IV, 34-36; Adalbert ou Adelbert, 36; Adalsinde ou Adelsende (Bienheureuse), 38; Adélard (Saint), ou Adalard, 38-50; Adélard I ou Adalard, 50-51; Adélard II, 51; Adèle ou Adile (Sainte), 60-62; Adeltrude (Sainte), 64; Adriaens (Henri), 79-81; Aerschodt (François-Guillaume van), 95-97; Agilfride ou Agilfroid (Agilfredus ou Egilfridus), 125; Aibert (Saint), 139-140; Alain, communément nommé Alanus Flandrensis, 154-158; Alain de Lille ou Alanus de Insulis, 158-169; Albéron I, ou Adalbéron, 177-182.

247. *Hagiographie nationale. Vies des Saints et des personnes d'une éminente piété qui ont vécu dans les anciennes provinces belges.* Vol. 2, Louvain, C. Peeters, 1867, 188 pp. [posthumous; continuation of no. 233].

Direction

Le Nouveau Conservateur Belge; *Analectes pour servir à l'histoire ecclésiastique de Belgique.*

Collaboration

Bulletin de l'Académie Royale des sciences, des lettres et des beaux-arts de Belgique: a complete list of De Ram's reports is given by J.J. THONISSEN, in *AASB* 32 (1866) 105-194, pp. 181-183 (nos. 1, 2, 3, 16, 18, 21, 22, 28, 29); *Bulletin de l'Académie d'archéologie de Belgique*.

Literature

Bibliography: *UCLB*, pp. 13-25; *BiblNat* 1 (1886) 493-500, 4 (1910) 502.

MERTENS, F.-H., Mgr P.-F.-X. de Ram, premier Recteur magnifique de l'Université catholique de Louvain, fondateur et conseiller de l'Académie. Notice biographique. — *Académie d'archéologie de Belgique. Bulletin* 1 (1864-74) 83-91.

DE BUCK, V., Mgr de Ram, Recteur magnifique de l'Université catholique de Louvain. — *Études religieuses, historiques et littéraires* 7 (1865) 165-191, 358-376, 421-442; published separately, Paris, 1865.

[LEFEBVE, J.B.], Notice sur la vie et les écrits de Mgr De Ram. — *RCath* 23 (1865) 317-330.

THONISSEN, J.J., Notice sur la vie et les travaux de monseigneur Pierre-François-Xavier De Ram, membre de l'Académie. — *AASB* 32 (1866) 105-194.

Décès de Mgr de Ram, Recteur magnifique de l'Université. — *AUCL* 30 (1866) 231-404.

THONISSEN, J.J., De Ram (Pierre-François-Xavier). — *BN* 5 (1876) 650-670.

DÖLLINGER, J.J.I. VON, *Akademische Vorträge*, vol. II, Nördlingen, 1889, pp. 131-137.

BRANTS, V., Ram, Pierre François Xavier de. — *CE* 12 (1911) 636-637.

MUYLDERMANS, J., Vereeniging ter "Verspreiding van goede Boeken" 1826-1830. Bio- en bibliographische aanteekeningen. — *Ons Geloof* 15 (1929) 49-64, 111-127.

VAN HOVE, A., Le droit canonique. — *Le cinquième centenaire de la Faculté de théologie* (cf. p. 18), 76-89, pp. 78-79; = *ETL* 9 (1932) 663-676, pp. 665-666.

VAN DER ESSEN, L., Pierre De Ram 1804-1865. — *La Commission Royale d'Histoire 1834-1934*, Brussels, 1934, 78-86.

SIMON, A., *Le Cardinal Sterckx et son temps (1792-1867)*, Wetteren, 1950, vol. 1, esp. pp. 139-143, 260-318, 335-364; vol. 2, esp. pp. 57-85.

De Ram Pietro Francesco Saverio. — *DE* 1 (1953) 843.

LAMALLE, E., Ram, Pierre-François-Xavier de. — *EC* 10 (1953) 508-509.

WILLAERT, L., Le placet royal aux Pays-Bas. — *RBPH* 33 (1955) 20-36.

DE KONINCK, J., *Pierre-François-Xavier de Ram et Félicité de Lamennais de 1825 à 1834* (unpublished licentiate thesis). Louvain, 1959.

VERCAUTEREN, F., *Cent ans d'histoire nationale en Belgique. Tome I* (Notre Passé), Brussels, 1959, pp. 110-112.

PEETERS, P., *L'œuvre des Bollandistes. Nouvelle édition* (MAB.L, 2nd ser., 54/5), Brussels, 1961, pp. 68-77.

AUBERT, R., Ram, Pierre-François-Xavier de. — *LTK* 8 (1963) 982-983.

MARTINA, G., Nuovi documenti sulla genesi del Sillabo. — *Archivum Historiae Pontificiae* 6 (1968) 319-369.

LAMBERTS, E., Ram, Petrus Frans Xavier de. — *EVB* 2 (1975) 1285.

ROEGIERS, J., Hollandse regeerders en 'Belgische' Kerk. Achttiende-eeuwse invloeden op koning Willems plannen tot kerkelijke organisatie. — *Colloquium over de geschiedenis van de Belgisch-Nederlandse betrekkingen tussen 1815 en 1945. Brussel 10-12/12/1980. Acta*, Ghent, 1982, 29-43.

ROEGIERS, J., De gedaantewisseling van het Zuidnederlands ultramontanisme, 1750-1830. — E. LAMBERTS (ed.), *De Kruistocht tegen het Liberalisme*, Louvain, 1984, 11-37.

MARTINA, G., *Pio IX (1851-1866)* (Miscellanea Historiae Pontificiae, 51), Rome, 1986, pp. 287-356.

Leuven University 1425-1985, Louvain, 1991, pp. 190-198.

KENIS, L., The Louvain Faculty of Theology and Its Professors (cf. p. 18), pp. 410-411.

KENIS, L., *De Theologische Faculteit te Leuven in de negentiende eeuw* (cf. p. 18), esp. pp. 65-75, 87-94, 124-125, 168-171, 194-196, 198-200, 300-303, 305, 309-311, 321-328, 336-337.

KENIS, L., The Faculty of Theology in the 19th Century on Augustine and Augustinism. — M. LAMBERIGTS & L. KENIS (eds.), *L'augustinisme à l'ancienne Faculté de théologie de Louvain* (BETL, 111), Louvain, 1994, 399-417, pp. 401-402.

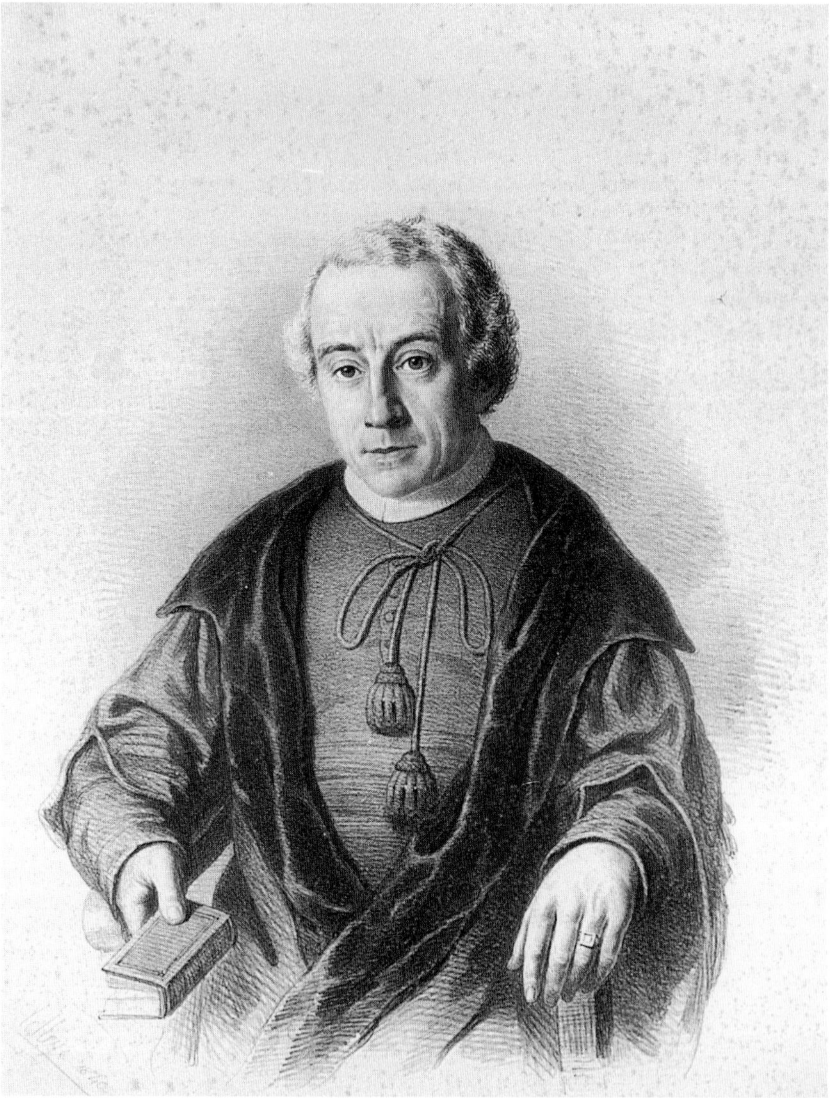

Jean François D'HOLLANDER

Melsele, 11 September 1801 – Louvain, 4 December 1876

Jean D'Hollander was educated at the minor seminary of Malines where he was a classmate of P.F.X. De Ram. He continued his studies at the major seminary at Ghent and was ordained to the priesthood in December 1824. He served as coadjutor at Kruishoutem (1825), as chaplain at Oudenaarde (1830), and as pastor at Verrebroek (1833). In 1834 he was made a professor of moral theology at the major seminary and honorary canon of Saint Bavon Cathedral at Ghent. In August 1840 he was appointed to the chair of moral theology at the Louvain Faculty of Theology. On 5 April 1841 he received a doctorate *honoris causa* in theology. In conjunction with the course in moral theology, he also taught elementary courses in Scripture (1853-55, 1857-66) and moral theology (1855-57) in the *Schola minor*. He was President of the College of the Holy Spirit from 1853.

In his teaching of moral theology, D'Hollander continued the orientation towards probabilism that was adopted by his predecessor, J.B. Verkest. His lectures consisted of a commentary of Thomas Aquinas' *Summa Theologiae*, alternated with exercises in casuistry on the basis of Alphonsus Liguori. He never published any of his course notes. He was also involved in pastoral ministry at Louvain: he served as confessor to the Brothers of Charity, directed the Carmelite nuns at Louvain, presided over a congregation of young ladies and was an esteemed preacher on various occasions. He retired in 1872.

Courses

1840-1872	Moral Theology
1853-1855, 1857-1866	*Schola minor*: Scripture
1855-1857	*Schola minor*: Moral Theology

Works

1. *Carmen dicatum reverendo domino Joanni-Baptistae Van Hemel, poëseos professori in collegio archiepiscopali Mechliniae, primam incruentam Hostiam Omnipotenti offerenti 18^a martii 1821; quod communi marte elaborarunt J.F. D'Hollander et P.F.X. de Ram, rhetorices alumni*. Malines, P.J. Hanicq, [1821], 8 pp.

Literature

Bibliography: *UCLB*, p. 58.

ROELANTS, L.G., Notice sur la vie et les travaux de M. le chanoine D'Hollander, professeur émérite de la Faculté de théologie de l'Université catholique de Louvain. — *AUCL* 41 (1877) 441-457.

JANSSEN, A., La théologie morale. — *Le cinquième centenaire de la Faculté de théologie* (cf. p. 18), 59-75, pp. 60-61; = *ETL* 9 (1932) 646-662, pp. 647-648.

DE MEULEMEESTER, M., Introduction de la théologie morale de St Alphonse de Liguori en Belgique. — *ETL* 16 (1939) 468-484.

KENIS, L., *De Theologische Faculteit te Leuven in de negentiende eeuw* (cf. p. 18), esp. pp. 418-419, 421.

KENIS, L., Hollander, Jean François D'. — *NBW* 14 (1992) 277-279.

O. DIGNANT

Oscar E. DIGNANT

Courtrai, 27 March 1861 – Bruges, 18 December 1936

Oscar Dignant completed his secondary education and philosophy in the minor seminary of Roeselare. After studying theology in the major seminary at Bruges, he was sent to Rome in 1887, where he obtained a doctorate in theology from the Gregorian University. Initially he was assigned as an assistant pastor in Gheluwe. In 1890 he became professor of moral theology at the seminary of Bruges. In 1898 he succeeded A.B. Van der Moeren to the chair of moral theology at Louvain. From 1899 to 1904 he also taught a course in special moral theology in the *Schola minor*; from 1901, he was replaced in this course by Ernest Van Roey (later Archbishop of Malines), who earned his doctorate under Dignant's direction. In his teaching of moral theology, Dignant attempted to replace the traditional casuistry, practised by his predecessors, with a more theoretical reflection on "selected questions" in critical discussion with modern thought.

In October 1909 Dignant was forced to resign his position for reasons of health. He was named honorary professor and returned to Bruges, where he became a titular canon on 25 March 1910. In 1920 he published an enlarged edition of his major work, *Tractatus de virtute religionis* (no. 2). Later he was appointed visitator of religious communities (1922) and pro-synodal examiner (1923).

Courses

1898-1909	Moral Theology
1899-1904	*Schola minor*: Moral Theology

Works

1. *Quaestiones in tractatum de iustitia*. Brussels, Vandenberghe, 1894, 24 pp.
2. *Tractatus de virtute religionis quem praecipue ad usum alumnorum seminarii Brugensis edidit*. Bruges, A. Maertens-Matthys, 1896, 196 pp.
   – *Editio altera*. 1901, 207 pp.
   – *Editio tertia auctior* (Theologia Brugensis). Bruges, C. Beyaert, 1920, XIV-230 pp.
   – *Editio quarta quam recognovit et complevit St. Willems*. 1940, XVI-256 pp. [posthumous].
3. *Het Oude Testament in 't Vlaamsch vertaald en uitgeleid door J.Th. Beelen, V.J. Coornaert, J. Corluy, O.E. Dignant, Pl. Haghebaert, A.G. Vandeputte*.

- Derde deel. *Esdras en Nehemias, Tobias, Judith, Esther in 't Vlaamsch vertaald en uitgeleid door O.E. Dignant. Boek Job door P. Haghebaert.* Bruges, K. Beyaert, 1897, 213-185 pp.
- Vierde deel. *De Psalmen, Spreuken, Prediker, Wijsheid en Ecclesiasticus in 't Vlaamsch vertaald en uitgeleid door J.Th. Beelen. Het Hooglied door O.E. Dignant.* Bruges, K. Beyaert, 1896, 331-120-42-24-72-195 pp.
- Zesde deel. *De kleine Propheeten in 't Vlaamsch vertaald en uitgeleid door P. Haghebaert. De twee boeken der Machabeën door O.E. Dignant.* Bruges, K. Beyaert, 1896, 339-177 pp.

Reprints of Dignant's contributions:
- *Het Boek Esdras, aangeteekend door O. Dignant* (Het Oude en het Nieuwe Testament. Oud Testament, III, 1). 1930, 38 pp.
- *Het Boek Nehemias, aangeteekend door O. Dignant* (Het Oude en het Nieuwe Testament. Oud Testament, III, 2). 1930, 43 pp.
- *De twee Boeken der Machabeërs, aangeteekend door O. Dignant* (Het Oude en het Nieuwe Testament. Oud Testament, VI, 13-14). 1933, 167 pp.

4. De resolutione actus fidei in suas causas. — *CBrug* 1 (1896) 174-175.
5. De indole assensus fidei ecclesiasticae et assensus religiosi. — *CBrug* 1 (1896) 228-230.
6. Consultatio circa officium confessarii erga poenitentes operarios certo anni tempore in Gallia laborantes. — *CBrug* 1 (1896) 260-267.
7. De veritatibus explicite credendis ex necessitate medii et de modo agendi cum poenitentibus articulos fidei ignorantibus. — *CBrug* 1 (1896) 290-294.
8. Quomodo charitas qua diligimus Deum, proximum et nos ipsos, sit vere amor amicitiae. — *CBrug* 1 (1896) 345-347.
9. De odio proximi. — *CBrug* 1 (1896) 399-401.
10. De suasione minoris mali. — *CBrug* 1 (1896) 496-499.
11. De notione juris stricti. — *CBrug* 1 (1896) 533.
12. Quo sensu bona temporalia dicantur ex jure naturae *omnibus communia*. — *CBrug* 1 (1896) 597-599.
13. De necessitate proprietatis privatae in praesenti ordine. — *CBrug* 1 (1896) 600-604.
14. De legitima institutione proprietatis privatae. — *CBrug* 2 (1897) 21-24.
15. De temperamentis quae juri possidendi accedunt ex indigentia non possidentium. — *CBrug* 2 (1897) 24-27.
16. De inventione thesauri. — *CBrug* 2 (1897) 69-72.
17. De efficacia in fore interno liberativae praescriptionis quinquennalis et brevioris. — *CBrug* 2 (1897) 72-74.
18. De legis civilis potestate irritandi contractum. — *CBrug* 2 (1897) 129-130.
19. De obligatione promissionis gratuitae. — *CBrug* 2 (1897) 130-133.
20. De reductione donationum sive legatorum ad portionem disponibilem. — *CBrug* 2 (1897) 197-200.
21. De promissione non revocandi testamentum. — *CBrug* 2 (1897) 200-201.
22. De proxenetis et de famulis nomine sui domini ementibus. — *CBrug* 2 (1897) 253-256.
23. De obligatione oriunda ex ludo. — *CBrug* 2 (1897) 256-257.
24. Explicatur effatum: consentienti non fit injuria. — *CBrug* 2 (1897) 316-318.
25. An injuriam committat qui alterum inducit ad ebrietatem. — *CBrug* 2 (1897) 318-319.

26. Demonstratur duellum, privata auctoritate initum, ex ipso jure naturae esse prohibitum. — *CBrug* 2 (1897) 319-323.
27. Determinatur quantitas injustae diffamationis proximi per actus internos. — *CBrug* 2 (1897) 386-390.
28. Determinatur qualitas injustae diffamationis proximi per actus externos. — *CBrug* 2 (1897) 390-392.
29. Determinatur quantitas et qualitas injustae inhonorationis proximi. — *CBrug* 2 (1897) 392-394.
30. Explicatur et vindicatur distinctio materiae furti in *absolute* et *respective* gravem. — *CBrug* 2 (1897) 441-442.
31. Furti materia absolute et respective gravis pro nostris locis et temporibus, quantum fieri potest, determinatur. — *CBrug* 2 (1897) 443-451.
32. Materia gravis in furtis domesticis. — *CBrug* 2 (1897) 451-453.
33. Explicatur duplex titulus sive radix restitutionis. — *CBrug* 2 (1897) 514-515.
34. Possessor bonae fidei rei alienae quid restituere debeat. — *CBrug* 2 (1897) 515-517.
35. Item possessor malae fidei. — *CBrug* 2 (1897) 517-518.
36. De reparatione damni injuste illati cum culpa veniali. — *CBrug* 2 (1897) 568-569.
37. De reparatione damni per sua animalia, suos pueros, famulos, alumnos illati. — *CBrug* 2 (1897) 570-571.
38. De obligatione restituendi in solidum. — *CBrug* 2 (1897) 571-572.
39. Determinatur obligatio illius qui puellam ad fornicationem induxit per fictam promissionem matrimonii. — *CBrug* 2 (1897) 615-617.
40. Resolvitur casus "mulieris Avenionensis" circa revelationem proprii adulterii. — *CBrug* 2 (1897) 617-619.
41. Indicatur practice modus reparandi laesionem famae et honoris. — *CBrug* 2 (1897) 619-620.
42. *Quaestiones in tractatum de Justitia*. Brussels, Vanden Berghe, 1894-97. 24 pp.
43. Consultationes. I. Circa assistentes funeribus haereticorum et funeribus civilibus. II. Circa panes "S^{ti} Antonii". — *CBrug* 2 (1897) 106-110, 110-111.
44. De effato S^{ti} Hieronymi: Omnis dives aut iniquus aut haeres iniqui. — *CBrug* 2 (1897) 339-348.
45. De la malice intrinsèque du mensonge. — *La Science catholique* 11 (1897) 1067-1075.
46. De natura virtutis religionis. — *CBrug* 3 (1898) 16-17.
47. De neccessitate divini cultus interni et externi. — *CBrug* 3 (1898) 17-19.
48. De notione devotionis substantialis et accidentalis. — *CBrug* 3 (1898) 19-21.
49. Refellitur objectio contra voti utilitatem. — *CBrug* 3 (1898) 87-89.
50. Quaeritur utrum gravior sit violatio voti quam violatio juramenti promissorii aut praecepti circa eamdem materiam. — *CBrug* 3 (1898) 89-91.
51. De parentum potestate irritandi vota filiorum. — *CBrug* 3 (1898) 91-92.
52. Datur et explicatur definitio juramenti. — *CBrug* 3 (1898) 140-144.
53. Demonstratur juramenti honestas. — *CBrug* 3 (1898) 144-147.
54. Dijudicatur liceitas juramenti amphibologici et mentaliter restricti. — *CBrug* 3 (1898) 147-149.
55. De malitia consuetudinis jurandi. — *CBrug* 3 (1898) 207-208.

56. Quousque liceat exigere juramentum ab aliquo male juraturo. — *CBrug* 3 (1898) 208-210.
57. Quanta sit obligatio juramenti promissorii. — *CBrug* 3 (1898) 210-212.
58. Determinatur qualitas ac quantitas peccati divinationis et vanae observantiae. — *CBrug* 3 (1898) 262-265.
59. De indole naturali aut praeternaturali hypnotismi. — *CBrug* 3 (1898) 265-268.
60. Quid censendum de ejusdem hypnotismi liceitate. — *CBrug* 3 (1898) 268-269.
61. Exponuntur conditiones in omni martyrio requisitae atque illustrantur exemplis ex Breviario desumptis. — *CBrug* 3 (1898) 309-313.
62. Summatim exponuntur conditiones martyrio adultorum propriae. — *CBrug* 3 (1898) 313-316.
63. Breviter declarantur privilegia martyrii. — *CBrug* 3 (1898) 316-318.
64. Quaenam delectationes sint materia abstinentiae, sobrietatis, castitatis. — *CBrug* 3 (1898) 366-367.
65. Exponitur generalis ordo a Deo statutus et ab homine servandus circa easdem delectationes. — *CBrug* 3 (1898) 368-370.
66. Quantum peccatum sit gula et ebrietas. — *CBrug* 3 (1898) 370-373.
67. De formula flandrica G. verdomme. — *CBrug* 3 (1898) 397-407, 466-472.
68. Probatur fornicationem esse ex jure naturae graviter prohibitam. — *CBrug* 3 (1898) 431-438.
69. Inde deducitur omnem actum libidinosum esse graviter illicitum. — *CBrug* 3 (1898) 438-440.
70. Determinantur species morales in externis actibus libidinosis non consummatis. — *CBrug* 3 (1898) 440-442.
71. Notice sur la vie et les travaux de Mgr A.J. Haine. — *AUCL* 66 (1902) XIII-XVI.

Direction

Doctoral dissertation:
E. VAN ROEY, *De justo auctario ex contractu crediti*. (Dissertationes, 1st ser., 54). Louvain, J. Van Linthout, 1903, XXIII-314 pp.

Collaboration

Collationes Brugenses; *Dietsche Warande en Belfort*.

Literature

Bibliography: *UCLB*, pp. 87-88; Sup. 2, p. 15; Sup. 4, pp. 75-76.
JANSSEN, A., La théologie morale. — *Le cinquième centenaire de la Faculté de théologie* (cf. p. 18), 59-75, pp. 63-64; = *ETL* 9 (1932) 646-662, pp. 650-651.
MAHIEU, H., Anscharius Dignant. — *ANL* 2 (1935-36) 41-43.
JANSSEN, A., M. le chanoine Oscar Dignant, professeur honoraire à la Faculté de théologie. — *AUCL* 84/2 (1936-39) XXXVI-XL.
AUBERT, R., Le grand tournant de la Faculté de Théologie de Louvain (cf. p. 18), pp. 103-104.

Antonius Henricus Hubertus DUPONT

Roermond, 6 March 1836 – Roermond, 12 June 1917

After a secondary education at the episcopal college of Roermond (the Netherlands), Antoine Dupont studied philosophy at the minor seminary of Rolduc for two years. From 1857 he studied in Rome where he lived in the *Collegium Germanicum* and attended classes at the *Collegium Romanum*. In 1860 he received a doctorate in philosophy. In 1863 he served as librarian to the house library of the *Germanicum*, and on 30 May he was ordained a priest in the Lateran Basilica. He returned to Roermond but was appointed in that same year as professor of philosophy at the minor seminary of Sint-Truiden (Belgium).

In 1866 Dupont was named extraordinary professor of logic and moral philosophy in the Arts Faculty of the Catholic University at Louvain. Bishop de Montpellier of Liège maneuvered this appointment with the purpose of counterbalancing the tendency towards traditionalism among some professors at the University. During his academic career Dupont was a controversial figure because of his critical attitude toward a number of his colleagues. With F.J. Ledoux and C. Cartuyvels, he formed the 'Liège faction' at the University, which opposed both traditionalism and liberal Catholicism in favor of traditional Catholic theology and philosophy as it was particularly represented by the 'Roman School'. In 1873 the dogma professor J.B. Lefebve was dismissed as a result of these controversies. The bishops chose Dupont to succeed him as the full professor in special dogmatic theology. He continued to teach metaphysics in the Arts Faculty and also commenced teaching philosophy and theology in the Norbertine Park Abbey at Heverlee (near Louvain).

Dupont is credited with having paved the way for the breakthrough of neo-Thomism in Louvain, which resulted in the creation, in 1889, of the *Institut Supérieur de Philosophie* under the direction of D. Mercier, a former student of Dupont in the Theological Faculty. In the 1890's Dupont taught metaphysics and theodicy in the Institute.

The majority of Dupont's publications were philosophical studies. In theology he republished the *Institutiones theologicae de gratia, merito et justificatione* of the eighteenth-century Jesuit Heinrich Kilber (no. 13), and excerpts from Johann Baptist Heinrich's *Dogmatische Theologie* (no. 16). In his theological lectures he paid special attention to the tractate on grace and also to sacramental theology, and made use of the works mentioned, as well as of the tractates of contemporary Roman theologians such as

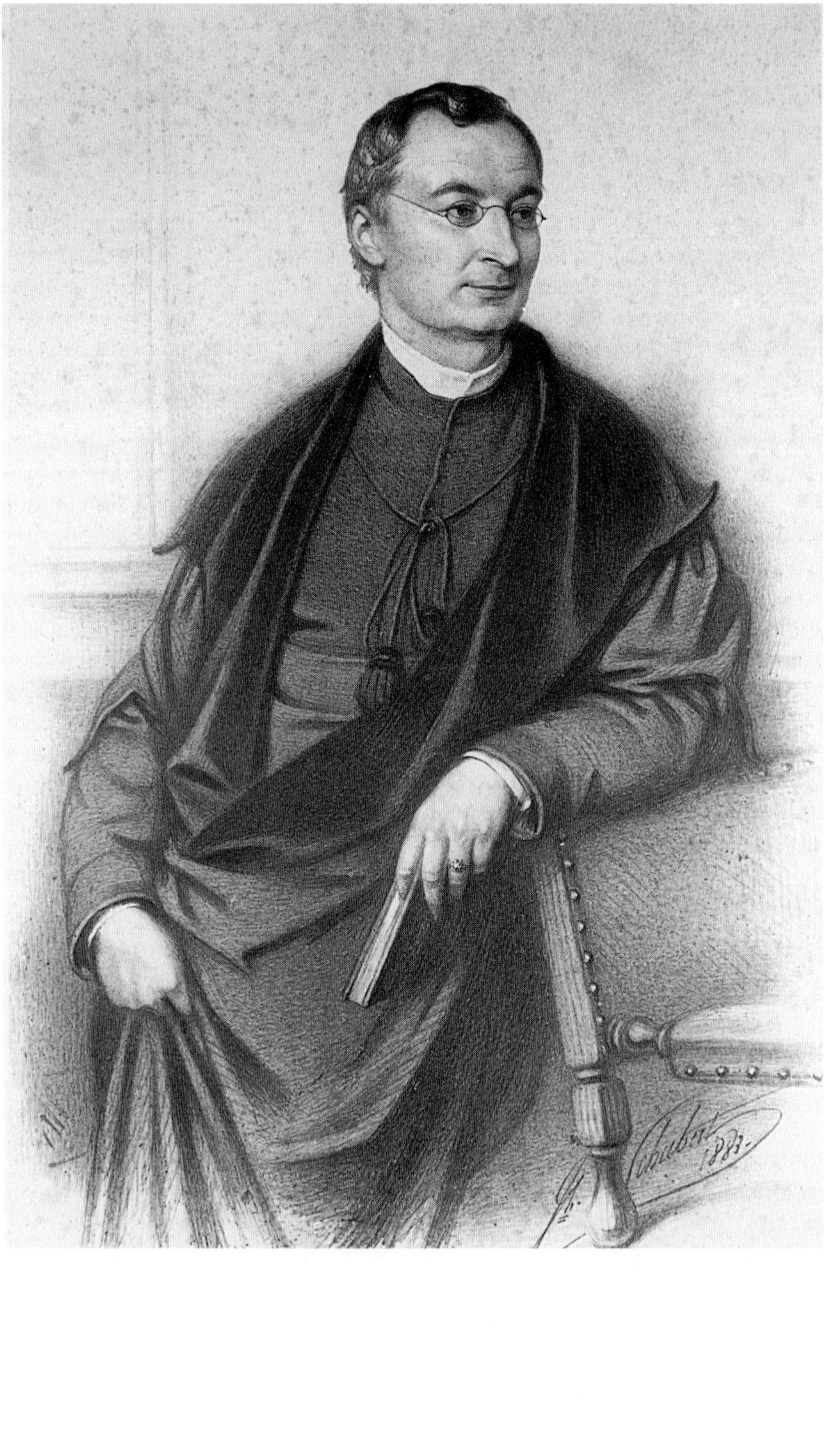

J.B. Franzelin. In moral theology, and specifically in the so-called 'Liguorian question', he advocated the probabilist opinion (nos. 4-5).

In 1899 Dupont retired and returned to his native Roermond. He was an honorary canon of the Cathedral of Liège (1873) and a knight of the Order of Leopold. At Louvain, he was a member of the *Société littéraire de l'Université catholique de Louvain* and of the Dutch language literary society of students, *Met Tijd en Vlijt*.

Courses

1873-1898   Special Dogmatic Theology

Works

1. La création. Étude philosophique. — *RSE* 27 (1873) 401-441; 28 (1873) 5-39.
2. La nécessité de la révélation. — *RSE* 28 (1873) 410-441.
3. *Théodicée. Thèses de métaphysique chrétienne*. Louvain, Ve C. Fonteyn, 1874, IV-275 pp.
   – 2nd ed. Louvain, Ve C. Fonteyn; Paris, V. Lecoffre, 1885, 285 pp.
4. Saint Alphonse de Liguori et le probabilisme. — *RSE* 29 (1874) 32-66; 30 (1874) 544-557.
5. De l'autorité de S. Alphonse en matière de théologie morale. — *RSE* 29 (1874) 223-235.
6. Vrijheid. — *Lettervruchten van het taal- en letterlievend studentengenootschap der Katholieke Hoogeschool van Leuven onder de zinspreuk Met Tijd en Vlijt*, Louvain, Gebroeders Vanlinthout, 1874, 24-31.
7. Vrijheid. — *De Wachter* 4/1 (1874) 49-62.
8. Philosophie. — *De Wachter* 4/1 (1874) 365-395; 4/2 (1874) 47-58, 239-248.
9. *Ontologie. Thèses de métaphysique générale*. Louvain, Ve C. Fonteyn, 1875, IV-488 pp.
10. *Dissertations philosophiques. I. De la nature des corps. II. Du principe de causalité*. Louvain, Ve C. Fonteyn, 1875, 104 pp.
11. La philosophie scolastique. — *RSE* 32 (1875) 457-463.
12. Les principes du droit. Étude de philosophie morale. — *RSE* 33 (1876) 148-171, 237-275, 337-376, 523-549; 34 (1876) 36-59, 122-144.
13. H. KILBER, *Institutiones theologicae de gratia, merito et justificatione. Editio in Belgio prima*. Louvain, C. Fonteyn, 1877, 528 pp. [anon. ed.].
14. Matière et forme. — *RSE* 36 (1877) 385-421, 481-500; 39 (1879) 218-235.
15. La théologie catholique en Allemagne. — *RSE* 37 (1878) 64-74.
16. Traité de la foi. — *RSE* 37 (1878) 222-263, 289-324, 430-454, 497-529; 38 (1878) 5-34 [transl. from J.B. HEINRICH, *Dogmatische Theologie*, vols. 1-2, Mainz, F. Kirchheim, 1873-1876, reviewed in no. 15].
17. L'induction. — *RSE* 44 (1881) 23-42, 129-144, 239-267.
18. La philosophie de saint Augustin. — *RCath* 51 (1881) 106-125, 225-246, 488-506, 536-557; 52 (1881) 64-90, 129-159, 242-275, 313-341, 451-476, 521-546.
    – Published separately: Louvain, C. Peeters, 1881, 252 pp.

19. De Encycliek "Aeterni Patris" van Leo XIII. — *De Wetenschappelijke Nederlander* 1/1 (1881) 203-208, 232-235, 261-267; 1/2 (1881) 30-34.
20. Éloge de Monseigneur Louis-Guillaume Roelants, Président du Collège du St-Esprit, prononcé, en la salle des promotions, le 13 décembre 1880. — *AUCL* 45 (1882) 490-503.
21. Bulletin de la philosophie thomiste à Rome. — *RCath* 53 (1882) 135-141.
22. La philosophie et l'encyclique de S. S. Léon XIII. — *RCath* 53 (1882) 145-174.
23. La prédétermination physique et la doctrine de saint Thomas. — *RCath* 53 (1882) 785-806; 54 (1883) 25-42.
24. Bulletin de philosophie. — *RCath* 54 (1883) 201-210.
25. L'idée de l'infini. — *RCath* 54 (1883) 392-400.
26. Les objections de M. Stuart Mill contre la religion. — *La Controverse* 5 (1883) 260-284, 414-425.
27. Objections contre le dogme de la rédemption. — *La Controverse* 6 (1883) 148-175.
28. L'âme est une substance. — *La Controverse* 6 (1883) 637-653.
29. L'Église et l'État. Étude philosophique. — *RCath* 55 (1884) 289-310, 381-385, 649-668.
30. La spiritualité de l'âme. — *La Controverse et le Contemporain* n. ser. 1 (1884) 137-152, 261-278, 434-452.
31. L'intelligence des animaux. — *La Controverse et le Contemporain* n. ser. 2 (1884) 56-76, 238-264.
32. Les peines éternelles de l'enfer. — *La Controverse et le Contemporain* n. ser. 3 (1885) 193-221, 413-424; 4 (1885) 177-196; 5 (1885) 249-263, 666-685.
33. Kerk en Staat. — *Het Belfort* 1 (1886) 17-24, 196-210.
34. Renan's zedeleer. — *Het Belfort* 1 (1886) 465-473; 2 (1887) 19-26, 532-538.
35. Kerk en Staat. De Staat. — *Het Belfort* 3/2 (1888) 357-374.
36. In *DAFC*, ed. J.-B. JAUGEY (1889): Éternité de l'enfer, 1075-1118.
37. Verhouding tusschen Kerk en Staat. — *Het Belfort* 5/2 (1890) 283-298.
38. Éloge de M. le professeur Jungmann, prononcé en la salle des promotions, le 5 mars 1895. — *AUCL* 60 (1896) XXI-XLI.
39. Kunst en zedelijkheid. — *DWB* 1/2 (1900) 451-459.
40. Gewetens- en godsdienstvrijheid. — *DWB* 3/1 (1902) 62-68, 151-165.
41. Het algemeen kiesrecht. — *DWB* 3/1 (1902) 222-232.
42. Rechtsphilosophie. — *DWB* 10/2 (1909) 59-65, 149-161.

Course texts in autograph

43. *De Deo creatore.* n.d., 2 vols.
44. *De sacramentis in genere.* 1895.

Direction

Doctoral dissertations:
H.C.C. LAMBRECHT, *De Sanctissimo Missae sacrificio* (Dissertationes, 1st ser., 24). Louvain, Vanlinthout fratres, 1875, XV-357 pp. [cf. p. 131].

J. THYS, *De peccato originali* (Dissertationes, 1st ser., 26).
   Louvain, Vanlinthout fratres, 1877, XI-328 pp.
H.J.T. BROUWER, *De fide divina* (Dissertationes, 1st ser., 28).
   Louvain, Vanlinthout fratres, 1880, XII-322 pp.
C. LUCAS, *De naturali nostra cognitione Dei* (Dissertationes, 1st ser., 34).
   Louvain, Vanlinthout fratres, 1883, X-267 pp.
A. VAN HOONACKER, *De rerum creatione ex nihilo* (Dissertationes, 1st ser., 38).
   Louvain, Vanlinthout fratres, 1886, XIV-335 pp. [cf. p. 209].
L.J. MIERTS, *De resurrectione corporum* (Dissertationes, 1st ser., 42).
   Louvain, Vanlinthout, 1890, X-336 pp.
A. KNOCH, *De libertate in societate civili ad normam encycl. Leonis PP. XIII "Libertas"* (Dissertationes, 1st ser., 46).
   Louvain, J. Vanlinthout, 1895, XII-413 pp.

Collaboration

Revue catholique; *Revue des sciences ecclésiastiques*; *De Wetenschappelijke Nederlander*; *La Controverse*; *Le Catholique*; *De Wachter*; *Het Belfort*; *De Dietsche Warande*; *Dietsche Warande en Belfort*.

Literature

Bibliography: *UCLB*, pp. 79-80, Sup. 1, p. 9, Sup. 2, p. 13, Sup. 4, pp. 66-67, Sup. 5, p. 14; *BA* 6, p. 1; *BiblNat* 1 (1886) 627, 4 (1910) 532.
M. le professeur Antoine Dupont. — *AUCL* 79 (1915-19) 451-452.
BITTREMIEUX, J., La théologie dogmatique. — *Le cinquième centenaire de la Faculté de théologie* (cf. p. 18), 48-58, p. 50; = *ETL* 9 (1932) 635-645, p. 637.
DE RAEYMAEKER, L., *Le Cardinal Mercier et l'Institut Supérieur de Philosophie de Louvain*, Louvain, 1952, pp. 51-53.
JACOBS, H., De Roermondenaar Antoine Dupont, Professor te Leuven 1836-1917. — *Publications de la Société historique et archéologique dans le Limbourg* 90-91 (1954-55) 227-248.
SASSEN, F., *Geschiedenis van de wijsbegeerte in Nederland tot het einde der negentiende eeuw*, Amsterdam - Brussels, 1959, pp. 380-381.
DE RAEYMAEKER, L., Soixante années d'enseignement de la métaphysique à l'Institut Supérieur de Philosophie de l'Université de Louvain. — *Scrinium Lovaniense. Mélanges historiques Étienne Van Cauwenbergh* (RTHP, 4th ser. 24), Gembloux - Louvain, 1961, 596-607, p. 597.
AUBERT, R., Le grand tournant de la Faculté de Théologie de Louvain (cf. p. 18), pp. 74-75.
COPPENS, J., Nederlandse hoogleraren in de theologie (cf. p. 18), cc. 6-7.
STRUYKER BOUDIER, C.E.M., *Wijsgerig leven in Nederland en België* (cf. p. 19), vol. 5, pp. 90-93.
KENIS, L., The Louvain Faculty of Theology and Its Professors (cf. p. 18), pp. 405-406.
KENIS, L., *De Theologische Faculteit te Leuven in de negentiende eeuw* (cf. p. 18), esp. pp. 382-383, 398, 421, 465-467.

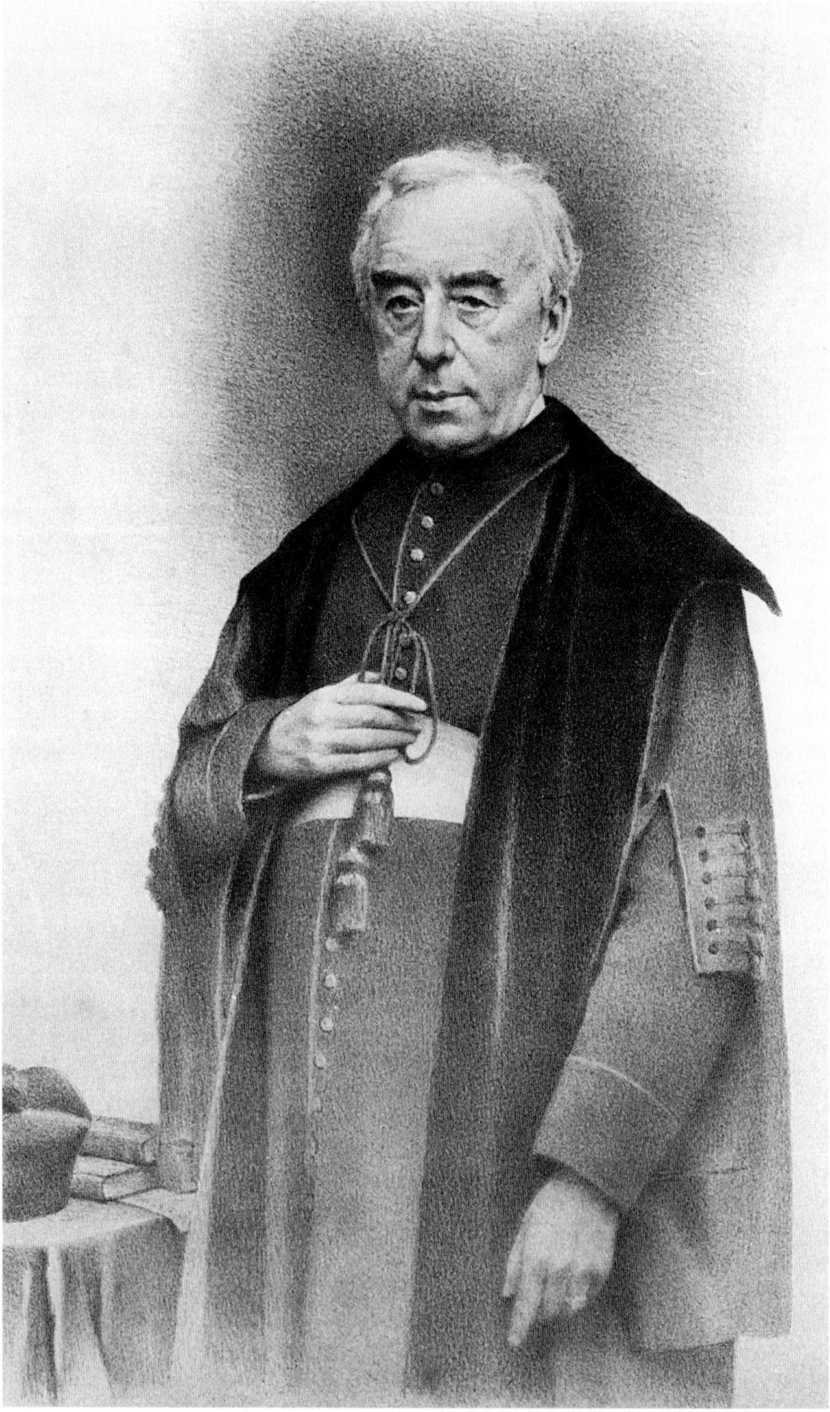

Henricus Joannes FEYE

Amsterdam, 19 November 1820 – Louvain, 24 May 1894

The Dutchman Henri Feye (also spelled Feije) was educated at the minor seminary of Hageveld and, from October 1839, at the major seminary of Warmond. In 1842 he departed for Rome to continue his studies. On 23 September 1843 he was ordained a priest in the Lateran Basilica. One year later he obtained the doctorate in theology from the *Collegium Romanum* and continued to study canon law at the *Sapienza*. With the encouragement of the Congregation for the Propagation of Faith he went to Louvain to complete his studies. On 26 July 1847 he was granted a doctorate in canon law. In 1848 he was appointed professor of Hebrew and canon law at the seminary of Warmond. As early as 1850 he returned to Louvain as successor of M. Verhoeven in canon law at the Faculty of Theology. In 1853 he was named full professor. In the Faculty's *Schola minor*, he taught a course of moral theology (1853-54) and Scripture (1856-57).

Feye was the only professor from Louvain involved in the preparation for the First Vatican Council. On 28 November 1867 he was appointed consultor to the Central Commission and on 5 March 1868, consultor and secretary to the Commission for Church Discipline. In the Central Commission he proposed three votes, and seven in the Commission for Church Discipline. His most influential advice concerned the attitude to be taken with regard to the Old Catholic Church. Feye proposed to address no individual invitation to the Old Catholics since they had not maintained a tradition of validly ordained bishops. This suggestion was adopted by the Central Commission.

Feye received several honorary titles. In 1876 he became a domestic prelate to Pope Pius IX. Under Leo XIII he received the medal *Bene merenti* for his service as a chaplain to the Zouaves during his stay in Rome and he was granted the title of honorary apostolic missionary in recognition of his dedication to the missions. He was also a knight of the Order of King Leopold. In the second half of the nineteenth century he was among the most prominent professors of the University of Louvain. In the Faculty of Theology he established an education in canon law which gained an international reputation.

Feye was a specialist in the canons concerning marriage law. In his Louvain doctorate he treated the question of mixed marriages (no. 3) which was a much debated topic at that time. Shortly after he entered a brief controversy on the issue with the German priest Anton Josef Binterim. In the 1840's Binterim, who had been previously involved in the so-called

Kölner Wirren, took a cautious position against the more lenient one adopted by the new Archbishop of Cologne with regard to the *benedictio nuptialis* at mixed marriages. In reaction to Binterim, Feye defended an even more strict position (nos. 4-6). In 1867 Feye published his principal work, *De impedimentis et dispensationibus matrimonialibus* (no. 47) which, in its subsequent editions, became an internationally recognized standard work. In ecclesiastical and political matters he was a fervent proponent of ultramontanism which he defended in various articles and in some publications concerning the history of the Theological Faculty of Louvain (nos. 35, 40, 46). After his retirement in 1885, he resided in Louvain, where he was also engaged in pastoral ministry.

Courses

1850-1885   Canon Law
1853-1854   *Schola minor*: Moral Theology
1856-1857   *Schola minor*: Scripture

Works

1. Herderszang of Kinderstemmen op het vyf-en-twintigjarig huwelijksfeest hunner ouders. — *Lettervruchten van het Leuvensch genootschap Tyd en Vlyt*. I: *Dichtstukken*, Antwerp, J.-E. Buschmann, 1845, 65-71.
2. Review: M. VERHOEVEN, *De regularium et saecularium clericorum juribus et officiis, Liber singularis*. — *De Katholiek* 10 (1846) 266-270 [anon.; cf. M. Verhoeven, no. 2].
3. *Dissertatio canonica de matrimoniis mixtis, quam cum subjectis thesibus, annuente summo numine et auspice beatissima Virgine Maria, ex auctoritate Rectoris Magnifici Petri Franc. Xav. De Ram, [...], et consensu Facultatis Theologicae, pro gradu doctoris SS. Canonum in Universitate catholica, in oppido Lovaniensi, rite et legitime consequendo, publice propugnabit*. Louvain, Vanlinthout et Vandenzande, 1847, [VIII]-196 pp. [dir.: M. Verhoeven].
4. De la célébration des mariages mixtes. — *RCath* 5 (1847-48) 133-138, 200-207.
5. Des mariages mixtes. — *RCath* 5 (1847-48) 616-620.
6. *De nuptiarum benedictione* Ἀπόκρισις *ad virum exim. Ant. Jos. Binterim, S. Theol. D.* Amsterdam, H.A. Zweers, 1848, X-127 pp.
7. De Katholieke vast-, boet- en bededagen en de heer N.C. Kist. — *De Katholiek* 15 (1849) 218-232, 362-378 [anon.].
8. Toestand van het Protestantisme in Beijeren. — *De Katholiek* 15 (1849) 321-328 [anon.].
9. De Kerk onze hoop. — *De Katholiek* 16 (1849) 20-29 [anon.].
10. Gedachten van Gerret Stuver, oud-burgemeester van Haarlem, A°. 1581, over de vrijheid van godsdienst in Nederland. — *De Katholiek* 16 (1849) 58-61 [anon.].
11. Het Protestantisme in Beijeren. — *De Katholiek* 16 (1849) 105-114 [anon.].
12. De dagbladen en de welgezinden. — *De Katholiek* 16 (1849) 114-121 [anon.].
13. Onaangename gevolgen der vrijheid in de leer. Anno 1656. — *De Katholiek* 16 (1849) 131-132 [anon.].

14. Philanthropie en christelijke liefde. — *De Katholiek* 16 (1849) 149-159 [anon.].
15. Katholieke en Protestantsche dweeperij. — *De Katholiek* 16 (1849) 160-173 [anon.].
16. De Katholieke pers in Engeland sedert de emancipatie. — *De Katholiek* 16 (1849) 174-182 [anon.].
17. Melancholie en vertwijfeling van de kerkhervormers en hunne leerlingen. — *De Katholiek* 16 (1849) 182-187 [anon.].
18. Proeve tot wederinvoering der biecht in Protestantsche gemeenten. — *De Katholiek* 16 (1849) 187-190 [anon.].
19. De geest der reformatie. — *De Katholiek* 16 (1849) 262-263 [anon.].
20. Hulde aan het H. Sacrament. — *De Katholiek* 16 (1849) 263-264 [anon.].
21. De Conciliën. — *De Katholiek* 16 (1849) 265-283 [anon.].
22. De Duitsche Evangelische Kerk. — *De Katholiek* 16 (1849) 295-314 [anon.].
23. Kerkelijk regt. — *De Katholiek* 16 (1849) 319-320 [anon.].
24. De Protestantsche vereeniging *Christelijk hulpbetoon* te Rotterdam. — *De Katholiek* 16 (1849) 398-400 [anon.].
25. Prof. M. Verhoeven. (Nekrologie). — *De Katholiek* 17 (1850) 40-46 [anon.].
26. Vrome wensch. — *De Katholiek* 17 (1850) 68 [anon.].
27. De S. Pieterspenning. — *De Katholiek* 17 (1850) 69-87 [anon.].
28. De Irvingianen. — *De Katholiek* 17 (1850) 127-130 [anon.].
29. Preeken van den H. Geest. — *De Katholiek* 17 (1850) 130-131 [anon.].
30. Bekeeringen in Engeland. — *De Katholiek* 17 (1850) 131-132 [anon.].
31. De studie van het Kerkelijk regt. — *De Katholiek* 18 (1850) 1-18, 69-90, 298-320, 357-381 [anon.].
32. De H. Radboud, bisschop van Utrecht. — *De Katholiek* 18 (1850) 193-200 [anon.].
33. De Irvingianen. — *De Katholiek* 20 (1851) 328-332 [anon.].
34. Histoire et chute du Joséphisme. — *RCath* 9 (1851-52) 281-288, 337-343.
35. *De Francisci Zypaei vita et meritis Oratio quam die XVIII mensis julii MDCCCLI habuit [...], quum more majorum ad gradum doctoris in S. Theol. promoveretur vir eruditissimus Philibertus Vandenbroeck, S.Th.L. Archidioec. Mechl. Presb.* Louvain, C.-J. Fonteyn, 1852, IV-45 pp. [+ portrait].
36. Abstract of no. 35 in the *Bulletin bibliographique* of *RCath* 10 (1852-53) 120-121, reprinted in *AUCL* 17 (1853) 223-227 under the title: Discours de M. le Professeur Feye sur la vie et les travaux de F. Zypaeus.
37. La Congrégation de l'Index et M. Delacouture. — *RCath* 11 (1853-54) 46-56 [cf. no. 40].
38. Le gallicanisme et M. Delacouture. — *RCath* 11 (1853-54) 90-100 [cf. no. 40].
39. L'Université de Louvain vis-à-vis du gallicanisme. — *RCath* 11 (1853-54) 141-152 [cf. no. 40].
40. *Quelques mots sur l'Index, le Gallicanisme et l'Université de Louvain. À propos de l'ouvrage de M. Delacouture intitulé: Observations sur le décret de la Congrégation de l'Index du 27 septembre 1851, etc.* Tienen, P.-J. Merckx, 1853, 39 pp. [reprint of nos. 37-39].
41. Études sur le premier concile de Nicée. — *RCath* 12 (1854) 184-200, 252-260, 317-330, 705-719.
42. De parochiën. — *De Katholiek* 25 (1854) 329-350 [anon.].

43. Une observation sur l'ouvrage de M. l'abbé Bouix, qui a pour titre *De Parocho*. — *RCath* 14 (1856) 220-224.
44. Le denier de S. Pierre. — *RCath* 18 (1860) 39-46.
45. *De civili Romani Pontificis principatu et Academiae Lovaniensis tum antiquae tum instauratae de eo doctrina Oratio, quam die VII mensis Julii MDCCCLXII in solemni candidatorum ad gradus academicos promotione habebat*. Louvain, C.-J. Fonteyn, 1862, 29 pp.
46. Disquisitio canonica. De beneficiis simplicibus ac specialiter capellaniis. — *Revue théologique* n. ser. 1 (1861-62) 96-111, 172-193 [anon.].
47. *De impedimentis et dispensationibus matrimonialibus. In usum auditorum suorum edidit*. Louvain, C. Peeters, 1867, VIII-676 pp.
    – *iterum edidit*. 1874, VI-810 pp.
    – *tertio edidit*. 1885, VII-840 pp.
    – *quarto edidit*. 1893, VI-907 pp.
48. Réponse de Mgr le professeur Feije. — *Manifestation du 23 mai 1886. Souvenir de la remise solennelle du portrait peint à Monseigneur H.J. Feije*, Louvain, D.A. Peeters-Ruelens, 1886, 17-21.
49. Een brief van Mgr. Dr. H.J. Feye, aan de redactie van "De Katholiek". — *De Katholiek* 101 (1892) 50-54.

Course texts in autograph

Praelectiones juris canonici (10 vols., 1861-1873, nos. 50-58):
50. *De legibus. De voto. De rescriptis*. 1870-73.
51. *De impedimentis et dispensationibus matrimonialibus*. 1861-62.
52. *De censuris*. 1862.
53. *De delictis et poenis ecclesiasticis*. 1863.
54. *De Vicariis Episcoporum, capitulis canonicorum, Vicario Capitulari, Parochis, Vicariis Parochorum et reliquis inferioribus clericis*, 1864-65.
55. *De jure ecclesiastico publico*. 1863-64.
56. *De beneficiis en officiis ecclesiasticis*. 1865.
57. *De ordinationibus et irregularitatibus*. 1866, 2 vols.
58. *De locis et rebus ad praesulam Ecclesiae*. 1862-63.
59. Two tractates under a common title: *De rescriptis. De judiciis*. n.d.
60. *De censuris*. n.d., 204 pp.
61. *De impedimentis et dispensationibus matrimonialibus*. n.d., 492 pp.
62. [*De judiciis et criminibus*]. n.d., pp. 16-576 [title page and pp. 1-15 are missing].
63. *De jurisprudentia ecclesiastica*. n.d., VIII-423 pp.
64. *De rescriptis*. n.d., 33 pp.
65. *De voto*. n.d., 60 pp.
66. *Dissertatio de altaribus*. n.d., 111 pp.
67. [*Introductio in jurisprudentiam ecclesiasticam*]. n.d., VIII-680 pp. [no title page].
68. [*Jus Canonicum. Lib*. I-V]. n.d., 2 vols., XXXI-607, 463 pp. [no title page].
69. *Tractatus de libris prohibitis*. n.d., 326-VI pp.
70. *Tractatus de locis et rebus ad praesulum Ecclesiae potestatem quoquo modo pertinentibus*. n.d., 200 pp.
71. *Tractatus de ordinationibus et irregularitatibus*. n.d., 214 pp.

Direction

Doctoral dissertations:

A. HEUSER, *De potestate statuendi impedimenta dirimentia pro fidelium matrimoniis soli Ecclesiae propria* (Dissertationes, 1st ser., 7).
　Louvain, Vanlinthout et socii, 1853, III-148 pp.

A.C.M. VAN GAMEREN, *De oratoriis publicis et privatis* (Dissertationes, 1st ser., 11).
　Louvain, Vanlinthout et socii, 1861, [VIII]-331 pp. [co-promotor: P. Van den Broeck].

F.J. MOULART, *De sepultura et coemeteriis* (Dissertationes, 1st ser., 13).
　Louvain, Vanlinthout et socii, 1862, [VIII]-422 pp. [co-promotor: C. Delcour].

L. HENRY, *De residentia beneficiatorum* (Dissertationes, 1st ser., 14).
　Louvain, Vanlinthout et socii, 1863, VIII-252 pp.

C.M. DE ROBIANO, *De jure Ecclesiae in universitates studiorum* (Dissertationes, 1st ser., 15).
　Louvain, Vanlinthout et socii, 1864, VIII-260 pp.

H.J.L. HERMES, *De capitulo sede vacante vel impedita et de vicario capitulari* (Dissertationes, 1st ser., 22).
　Louvain, Vanlinthout fratres, 1873, [VIII]-182 pp.

B.T. POÜAN, *De seminario clericorum* (Dissertationes, 1st ser., 23).
　Louvain, Vanlinthout fratres, 1874, [VIII]-326 pp. [co-promotor: B. Jungmann].

A. MÜLLER, *De placito regio* (Dissertationes, 1st ser., 25).
　Louvain, Vanlinthout fratres, 1877, [VIII]-242 pp.

M.B.G. FINK, *De concordatis* (Dissertationes, 1st ser., 27).
　Louvain, Vanlinthout fratres, 1879, IX-267 pp.

G. BAUDUIN, *De consuetudine in iure ecclesiastico* (Dissertationes, 1st ser., 40).
　Louvain, Vanlinthout fratres, 1888, XV-230 pp. [co-promotor: H. Van den Berghe].

Collaboration

De Katholiek; *Revue catholique*; *Revue théologique*.

Literature

Bibliography: *UCLB*, pp. 59-61; *BiblNat* 2 (1892) 44.

Manifestation du 23 mai 1886. Souvenir de la remise solennelle du portrait peint à Monseigneur H.J. Feije, Louvain, 1886, 3-16 (G. BAUDUIN).

DE BECKER, J., Notice sur la vie et les travaux de Mgr Feye. — *AUCL* 59 (1895) XLIX-LXVI.

HENSEN, A.H.L., Feye (Henricus Joannes). — *NNBW* 1 (1911) 863.

HURTER, H., *Nomenclator literarius theologiae catholicae theologos exhibens aetate, natione, disciplinis distinctos*, 3rd ed., vol. V/1, Innsbruck, 1911, c. 2058.

VAN HOVE, A., Le droit canonique. — *Le cinquième centenaire de la Faculté de théologie* (cf. p. 18), 76-89, pp. 81-83; = *ETL* 9 (1932) 663-676, pp. 668-670.

SCHÖNIG, C., *Anton Josef Binterim (1779-1855) als Kirchenpolitiker und Gelehrter* (Veröffentlichungen des Historischen Vereins für den Niederrhein, 5), Düsseldorf, 1933, pp. 171-185.

Feije (Henri). — *DTC Tables* 1 (1951) 1505.
DIMIER, A., Feye ou Feije (Henri). — *DDC* 5 (1953) 838.
AUBERT, R., Feye (Henri-Jean). — *DHGE* 16 (1967) 1359-1360.
COPPENS, J., Nederlandse hoogleraren in de theologie (cf. p. 18), cc. 4-5.
KENIS, L., The Louvain Faculty of Theology and Its Professors (cf. p. 18), p. 413.
RAMAEKERS, H., De Kruisheren en de Leuvense Universiteit na de Franse Revolutie (1840-1958). — *Clairlieu* 50 (1992) 13-135, pp. 27-36.
KENIS, L., *De Theologische Faculteit te Leuven in de negentiende eeuw* (cf. p. 18), esp. pp. 338-354, 460-461.
KENIS, L., Feye, Henricus Joannes. — *NBW* 14 (1992) 193-195.

Jacques FORGET

Chiny, 6 January 1852 – Heverlee, 19 July 1933

After studying at the minor seminary in Bastogne and the major seminary in Namur, Jacques Forget was ordained a priest on 27 August 1876. He continued his theological studies at Louvain. On 17 July 1882 he earned the doctorate in theology with a dissertation on the life and work of Aphraates, written under the supervision of T.J. Lamy (no. 1). To further specialize in oriental languages, Forget went to Rome and travelled through the Near East, where he came into contact with the Maronites. In 1885 he joined the Faculty of Theology as an extraordinary professor, teaching the course in Arabic (from 1890 entitled Arabic language and literature). In 1888 he was promoted to full professor. Later he taught various other courses. In 1891-92 and 1894-95 he was appointed to teach the course in general dogmatic theology. In 1895-96 he taught the course with A. Hebbelynck. Hebbelynck gave the course by himself in the academic year 1896-97, but Forget was the sole holder of the chair from 1897 to 1921. In addition he was given the course in Syriac (1900) and the specialized Hebrew course (1921). In Mercier's *Institut Supérieur de Philosophie* Forget taught various courses: a course entitled "Exposé scientifique du dogme catholique" (1891-94), later called "Exposé scientifique de la religion" (1894-1906), which was intended for the lay students of the Institute; moral philosophy (1893-94, 1896-1913) and a course on the Arab philosophers and their influence on Scholastic philosophy (1892-93).

In 1886 Forget was named President of the African Seminary at Louvain, which was established to train secular Belgian priests for the mission to the Congo. As early as 1888 the Seminary was integrated into the missionary Congregation of Scheut. In recognition for his activities as President, Forget was honored with the titles of grand officer of the Order of the Crown and commander of the Order of Leopold. His bishop named him honorary canon of the Cathedral of Namur.

While confining his teaching in dogmatic theology to a traditional exposition of Catholic doctrine, Forget gained prominence as an oriental scholar. His principal publication was the edition and translation of the *Synaxarium Alexandrinum*, an important document from the history of the Egyptian Monophysites (nos. 20, 50). From 1913 he directed the Arabic section of the *Corpus Scriptorum Christianorum Orientalium* and in 1924 he became a member of the editorial board of the newly founded *Ephemerides Theologicae Lovanienses*, for which he wrote numerous

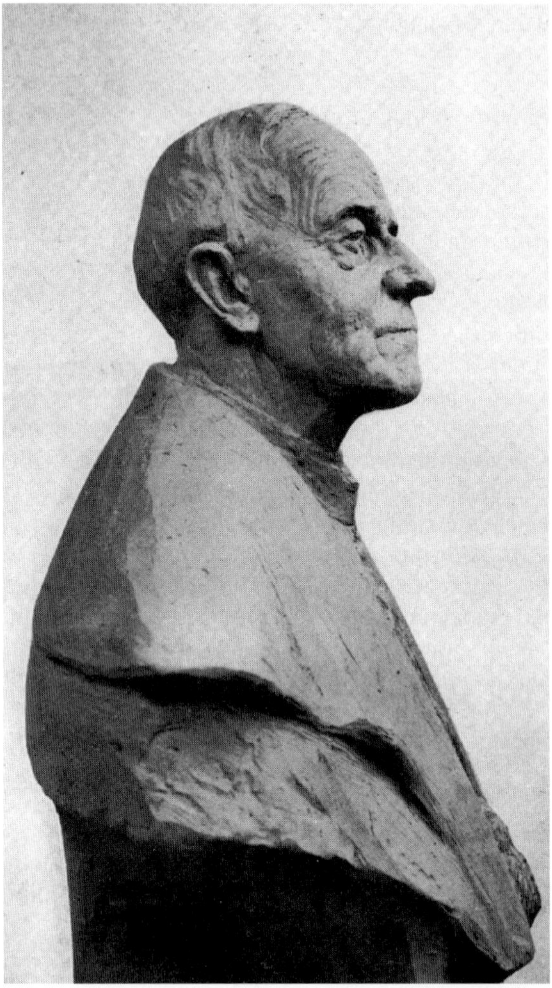

book reviews, as he did for other periodicals such as *Revue d'histoire ecclésiastique* and *Le Muséon*. He also contributed to various theological encyclopedias which appeared at the turn of the century. In 1932 he retired, concluding an academic career of forty-seven years. One year later, the University of Louvain conferred on him an honorary doctorate in Semitic languages.

Courses

1885-1932	Arabic
1891-1892, 1894-1896, 1897-1921	General Dogmatic Theology
1900-1932	Syriac
1921-1932	Hebrew

Works

1. *De vita et scriptis Aphraatis, sapientis Persae. Dissertatio historico-theologica, quam, cum subjectis thesibus, annuente summo numine, et auspice beatissima Virgine Maria, ex auctoritate Rectoris Magnifici Constantini Franc. Jos. Pieraerts, [...], et consensu Facultatis Theologicae, pro gradu doctoris S. Theologiae in Universitate catholica, in oppido Lovaniensi, rite et legitime consequendo, publice propugnabit*. Louvain, Vanlinthout fratres, 1882, XIV-377 pp. [dir.: T.J. Lamy].
2. Le Coran. — *La Controverse et le Contemporain* n. ser. 6 (1886) 596-609; 7 (1886) 77-99.
3. Le Liban. — *Société littéraire de l'Université catholique de Louvain. Choix de mémoires* 13 (1887) 115-136.
4. Séminaire africain pour les stations et les missions de l'État indépendant du Congo érigé sous le vocable de Saint Albert de Louvain. — *AUCL* 51 (1887) 391-395 [also published separately].
5. Les Missions sous le pontificat de Léon XIII. — *Le Livre d'Or du Pontificat de Léon XIII*, Brussels, Société belge de librairie, 1888, 299-356.
6. Une thèse de doctorat à l'Université de Louvain. — *La Science catholique* 2 (1888) 731-736 [M. Lecler; cf. p. 112].
7. In *DAFC*, ed. J.-B. JAUGEY (1889): Cardinaux, 379-384; Congrégations romaines, 582-594 [unsigned]; Index, 1500-1508; Résurrection du Christ, 2791-2832.
8. *Ibn Sînâ. Le livre des théorèmes et des avertissements, publié d'après les mss. de Berlin, de Leyde et d'Oxford, et traduit avec éclaircissements*. 1re partie: *Texte arabe*. Leiden, Brill, 1892, X-224 pp.
9. Un chapitre inédit de la philosophie d'Avicenne. — *RNS* 1 (1894) 19-38.
10. De l'influence de la philosophie arabe sur la philosophie scolastique. — *RNS* 1 (1894) 385-410.
11. Dans quelle mesure les philosophes arabes, continuateurs des philosophes grecs, ont-ils contribué au progrès de la philosophie scolastique? — *Compte rendu du troisième Congrès scientifique international des catholiques, tenu à Bruxelles du 3 au 8 septembre 1894. 3: Sciences philosophiques*, Brussels, Société belge de librairie, O. Schepens, 1895, 233-268.

12. Mgr d'Hulst philosophe. — *RNS* 4 (1897) 73-80.
13. L'âme et la dignité de la femme. Petite rectification historique. — *Revue sociale catholique* 1 (1897) 276-282.
14. Bulletin de philosophie morale. — *RNS* 5 (1898) 326-353.
15. In *DTC* 1/2 (1900): Adrien VI, 459-461.
16. In *DTC* 1/6 (1901): Apparitions, 1687-1692; Arendt Guillaume-Amédée-Auguste, 1773-1774.
17. Discours [...] prononcé aux funérailles de M. Ch. Ledresseur, prof. à la Faculté de médecine, le 25 octobre 1901. — *AUCL* 66 (1902) LII-LVIII [+ photograph].
18. In *DTC* 2/13 (1904): Bouquillon Thomas, 1093-1094; Briard Jean, 1130-1131.
19. In *DTC* 2/15 (1905): Cardinaux, 1717-1724.
20. *Synaxarium Alexandrinum. Edidit. Tomus I-II* (Corpus Scriptorum Christianorum Orientalium. Scriptores arabici: Textus, 3rd ser., 18-19). Tomus I in 3 vols., Paris, C. Poussielgue; Leipzig, O. Harrassowitz; Beirut, Typographicus Catholicus, 1905-1909, 454 pp.; Tomus II, 1912, 356 pp. [cf. no. 50].
    – Photographic reprint. Louvain, Secrétariat du CorpusSCO, 1963.
21. *Principes de philosophie morale.* Louvain, 1906, 112 pp. [in *Traité élémentaire de philosophie à l'usage des classes, publié par les professeurs de l'Institut Supérieur de Philosophie de l'Université*].
22. Discours prononcé à la séance d'ouverture du congrès. — *Actes du XVIe Congrès international des orientalistes, à Alger, 1905*, Paris, E. Leroux, 1906, vol. 1, 39-40.
23. Review: T. GRANDERATH, *Le Concile du Vatican. Les préliminaires et les trois premières sessions.* — *RHE* 4 (1906) 159-179.
24. In *DTC* 3/20 (1906): Conciles, 636-676.
25. In *DTC* 3/21 (1907): Congrégations romaines, 1103-1119.
26. In *DTC* 3/25 (1908): Curtenbosch (Jean de), 2453-2454.
27. In *DTC* 4/26 (1908): Daelman Charles-Ghislain, 1-3; Damen Armand, 36-38; Déisme, 232-243.
28. In *DTC* 4/27 (1908): Dens Pierre, 421-423.
29. Review: T. GRANDERATH & C. KIRCH, *Le Concile du Vatican: la IVe session, sa préparation, sa constitution dogmatique, l'accueil fait à ses décrets.* — *RHE* 7 (1909) 127-165.
30. In *DTC* 4/28 (1909): Diaconesses, 685-703; Diacres, 703-731.
31. *Les Conciles œcuméniques* (Science et Foi). Brussels, Action catholique, 1910, 106 pp.
32. Rapport sur la convocation des conciles œcuméniques d'Orient. — *Actes du Congrès international d'apologétique, tenu à Vichy en septembre 1910.*
33. In *DTC* 4/31 (1910): Driedo Jean, 1828-1830.
34. In *CE* 7 (1910): Holy Ghost, 409-415.
35. In *CE* 8 (1910): Jansenius and Jansenism, 285-294.
36. La valeur du quatrième Évangile. — *Revue apologétique* 12 (1910-11) 917-932.
37. In *DAFC*, ed. A. D'ALÈS, 1 (1911): Conciles, 588-628; Curie romaine, 851-862.
38. In *DAFC*, ed. A. D'ALÈS, 2 (1911): Index, 702-716.
39. In *DTC* 5/34 (1911): Engelen Guillaume van, 121-124.
40. In *CE* 10 (1911): Melchers, Paul, 151.
41. In *CE* 11 (1911): Nicole, Pierre, 69-69.

42. In *CE* 12 (1911): Precipiano, Humbert-Guillaume de, 375-376; Quesnel, Pasquier (Paschase), 601-603; Ravesteyn, Josse, 667.
43. In *DTC* 5/39 (1912): Exorcisme, 1762-1780; Exorciste, 1780-1786.
44. In *DTC* 5/40 (1912): Fabricius (ou Lefèvre) André, 2062-2063.
45. In *CE* 13 (1912): Schism, 529-535.
46. In *DTC* 6/44 (1913): Froidmont Libert, 925-929.
47. In *DTC* 6/45 (1914): Garet Jean, 1158-1160.
48. In *DTC* 6/46 (1914): Gomar et gomarisme, 1477-1486; Gouda (Jean de), 1508.
49. In *DTC* 6/48-49 (1920): Hennebel Jean-Libert, 2148-2150; Henri de Gand, 2191-2194; Hessels Jean, 2321-2324.
50. *Synaxarum Alexandrinum. Interpretatus est* (Corpus Scriptorum Christianorum Orientalium. Scriptores arabici: Versio, 3rd ser., 18-19). 2 vols., Pars prior, Rome, K. de Luigi, 1921, IV-526-II pp.; Pars posterior, Louvain, Secrétariat du Corpus Scriptorum Christianorum Orientalium, 1926, 344 pp. [cf. no. 20].
51. In *DTC* 7/50-51 (1921): Hornes (Arnould de), 176-178; Huart Ignace, 197-198; Huygens Gommaire, 350-355.
52. In *DTC* 7/56-57 (1923): Innocent V, 1996-1997.
53. In *DTC* 8/62-63 (1924): Jérôme (Saint), 894-983.
54. In *DTC* 8/65-66 (1925): Jovinien, 1577-1580; Julien d'Éclane, 1926-1931.
55. In *DTC* 8/67-68 (1925): Julien de Tolède (Saint), 1940-1942.
56. Le témoignage de saint Irénée en faveur de la primauté romaine. — *ETL* 5 (1928) 437-461.
57. Réponse de Monsieur le chanoine J. Forget. — *Manifestation organisée en l'honneur de Monsieur le chanoine Jacques Forget, Monseigneur Jules de Becker, Monsieur le chanoine Albin Van Hoonacker, professeurs à la Faculté de théologie de l'Université catholique de Louvain, le 1 juillet 1928*, [Louvain], 1928, 30-38.

Course texts in autograph

58. *Éléments d'un cours d'arabe*. 1886-87, 96 pp.
59. *Philosophie morale*. 1894, [44 pp.].

Direction

Corpus Scriptorum Christianorum Orientalium [with J.-B. CHABOT, G. GUIDI, and H. HYVERNAT].

Doctoral dissertations:
A. HEBBELYNCK, *De auctoritate historica libri Danielis necnon de interpretatione vaticinii LXX hebdomadum* (Dissertationes, 1st ser., 39).
Louvain, Vanlinthout fratres, 1887, XXII-400 pp. [cf. p. 102].
A. MICHIELS, *L'origine de l'épiscopat. Étude sur la fondation de l'Église, l'œuvre des Apôtres et le développement de l'épiscopat aux deux premiers siècles* (Dissertationes, 1st ser., 50).
Louvain, J. Van Linthout, 1900, XVIII-428 pp.

J. Lebon, *Le monophysitisme sévérien. Étude historique, littéraire et théologique sur la résistance monophysite au Concile de Chalcédoine jusqu'à la constitution de l'Église jacobite* (Dissertationes, 2nd ser., 4). Louvain, J. Van Linthout, 1909, XXXVI-551-22-19 pp.

Collaboration

Revue catholique; *La Science catholique*; *Le Muséon*; *Revue bibliographique belge*; *Revue des sciences ecclésiastiques*; *Revue générale*; *Moyen Age*; *Revue néo-scolastique*; *Revue catholique des revues*; *Revue sociale catholique*; *Revue de l'Ordre de Prémontré*; *Revue apologétique*; *Divus Thomas*; *Revue d'histoire ecclésiastique*; *Ephemerides Theologicae Lovanienses*: 150 book reviews written by Forget in *ETL* are referred to in F. Neirynck, F. Van Segbroeck, E. Manning, *Ephemerides Theologicae Lovanienses 1924-1981. Tables générales. Bibliotheca Ephemeridum Theologicarum Lovaniensium 1947-1981* (BETL, 58), Louvain, 1982, p. 335.

Literature

Bibliography: *UCLB*, pp. 82-83, Sup. 1, p. 10, Sup. 2, p. 14, Sup. 3, p. 12, Sup. 4, pp. 69-71, Sup. 5, pp. 14-15, Sup. 6, p. 10; *BA* 6, pp. 1-2; *BA* 7, p. 295.

Manifestation J. Forget, J. De Becker, A. Van Hoonacker, [Louvain], 1928, 22-29 (J.-B. Chabot), 81-83 (bibliography).

Ryckmans, G., Les langues orientales. — *Le cinquième centenaire de la Faculté de théologie* (cf. p. 18), 101-117, pp. 105-107; = *ETL* 9 (1932) 688-704, pp. 692-694.

[Bittremieux, A.], Monsieur le chanoine Jacques Forget. In memoriam. — *ETL* 10 (1933) 593-596; also in *AUCL* 83 (1934-36) XLVII-L.

N[oël], L. — *RNS* 35 (1933) 477.

Ryckmans, G., Jacques Forget. — *Le Muséon* 47 (1934) 363-364.

Piolanti, A., Forget, Jacques. — *EC* 5 (1950) 1515-1516.

Aubert, R., Forget (Jacques). — *DTC Tables* 1 (1951) 1581.

Storme, M.-B., L'abbé Forget (1825-1933) et le Séminaire Africain de Louvain. — *Zaïre* 6 (1952) 787-808.

Forget Giacomo. — *DE* 1 (1953) 1152.

Ryckmans, G., L'orientalisme à Louvain avant 1936. — *Trentième anniversaire de l'Institut orientaliste*, Louvain, 1966, 9-29, pp. 19-20; = *Le Muséon* 79 (1966) 13-33, pp. 19-20.

Ryckmans, G., Forget (Jacques). — *BN* 33 (1966) 319-322.

Aubert, R., Le grand tournant de la Faculté de Théologie de Louvain (cf. p. 18), p. 108.

Aubert, R., Forget (Jacques). — *DHGE* 17 (1971) 1050-1051.

Zana, A. Etambala, Un centenaire: le Séminaire Africain de Louvain (1886-1888). Documents inédits. — *Les Nouvelles Rationalités Africaines* 2 (1987) 301-343; published separately in *Historica Lovaniensia*, 212, Louvain, 1987.

Kenis, L., *De Theologische Faculteit te Leuven in de negentiende eeuw* (cf. p. 18), esp. pp. 155-157.

Druart, T.-A., Arabic Philosophy and the Université Catholique de Louvain. — C.E. Butterworth & B.A. Kessel (eds.), *The Introduction of Arabic Philosophy into Europe* (Studien und Texte zur Geistesgeschichte des Mittelalters, 39), Leiden - New York - Cologne, 1994, 83-97, pp. 92-95.

Antoine Joseph Jacques François HAINE

Antwerp, 26 September 1825 – Louvain, 11 November 1900

After completing his secondary education at the minor and major seminaries at Malines, Antoine Haine obtained the baccalaureate (1852) and the licentiate degree (1854) in theology at Louvain. Subsequently he lived for two years at the Belgian College in Rome where he studied the organisation of the curia and the functioning of the Roman congregations. After his return to Belgium he published the results of his investigations in two books (nos. 1-2). On 21 March 1857 he was named chaplain to Saint James church at Louvain. On 11 July 1864 he earned the doctorate in theology with a dissertation on the cult of Mary (no. 5). A month later, he was appointed extraordinary professor in the *Schola minor* of the Theological Faculty. In 1870 he became a full professor. From 1864 to 1873 he taught an elementary course in moral theology, and from 1873 a course in dogmatic theology. When the *Schola minor* was suppressed in 1877, he was named an honorary professor. He devoted his time to the writing of a handbook on moral theology (no. 13). Haine was a secret chamberlain (1891) and a domestic prelate (1893) to the Pope, a member of the Roman Academy of Catholic Religion, an honorary canon of the metropolitan Cathedral of Malines, a knight of the Order of King Leopold and a holder of the cross *Pro Ecclesia et Pontifice* (1897).

Courses

1864-1873 *Schola minor*: Moral Theology
1873-1877 *Schola minor*: Dogmatic Theology

Works

1. *Synopsis S. R. E. Cardinalium Congregationum*. Louvain - Brussels, C.-J. Fonteyn, 1857, XXVI-170 pp.
2. *De la Cour romaine sous le Pontificat de N. S. P. le Pape Pie IX*. Louvain, Vanlinthout et Cie, 1859-1861, 2 vols., XXVIII-340, XXX-280 pp.
3. *Notice sur Notre Saint Père le Pape Pie IX. Extrait de l'ouvrage en deux volumes intitulé: De la Cour romaine*. Louvain, Vanlinthout et Cie, 1861, 19 pp. [reprint from no. 2, pp. 228-246].
4. *Allocution prononcée dans l'église paroissiale de Saint-Charles-Borromée, à Anvers, le 14 septembre 1863, à l'occasion du mariage de M. Florent Govaerts avec Mlle Malvina Haine*. Louvain, C.-J. Fonteyn, 1863, 8 pp.
5. *De Hyperdulia ejusque fundamento dissertatio historico-theologica, quam cum subjectis thesibus, annuente summo numine, et auspice beatissima Virgine Maria, ex auctoritate Rectoris Magnifici Petri Franc. Xav. De Ram, [...], et consensu S. Facultatis Theologicae, pro gradu doctoris in S. Theologia in Universitate catholica, in oppido Lovaniensi, rite et legitime consequendo publice propugnabit*. Louvain, Vanlinthout et socii, 1864, [IV]-274 pp. [dir.: H.G. Wouters].
6. Lettre sur l'ouvrage du Dr Broeckx, d'Anvers, intitulé: "Prodrome de l'histoire de la Faculté de médecine de l'ancienne Université de Louvain depuis son origine jusqu'à sa suppression". — *Journal d'Anvers*, 21 November 1865.
7. Notice sur le Cardinal Wiseman. — *RCath* 23 (1865) 177-182 [anon.].
8. *De Hermanni Damenii vita et meritis Oratio quam die XV mensis Julii MDCCCLXVII habuit [...], quum more majorum ad gradum doctoris in S. Theologia promoveretur vir eruditissimus Joannes Baptista Abbeloos, [...]. Accedunt Annotationes et Appendix exhibens Hermanni Damenii nonnullas Orationes Academicas nunc primum collectas*. Louvain, Vanlinthout fratres, 1867, 163 pp.
9. *Discours prononcé à la distribution des prix de l'Institut des Ursulines de Thildonck, le 16 août 1872*. Louvain, Ve C. Fonteyn, 1872, 12 pp.
10. *Principia dogmatico-moralia universae Theologiae sacramentalis. Collegit ordineque disposuit*. Louvain, Vidua C.-J. Fonteyn; Paris, P. Lethielleux; Brussels, H. Goemaere, 1875, IX-534 pp.
11. *Principia et Errores, seu Prolegomena in S. Theologiam ad Syllabum et Vaticanam Synodum exacta. Accedunt 1. Notitia ordine alphabetico digesta, praecipuorum haereticorum, schismaticorum, aliorumque ab Ecclesia damnatorum; 2. Conspectus totius Summae Theologicae D. Thomae Aquinatis. Collegit ordineque disposuit*. Louvain, P. et J. Lefever; Paris, P. Lethielleux, 1877, XXII-351 pp.
12. *Éloge funèbre de Fernand-Évelin-Leon-François-Joseph-Marie-Ghislain chevalier de Schoutheete de Tervarent, prononcée à la cérémonie de ses obsèques, à la chapelle du Collège de la T. S. Trinité à Louvain, le 25 février 1881*. Louvain, C. Fonteyn, 1881, 17 pp.

13. *Theologiae Moralis elementa ex S. Thoma aliisque probatis Doctoribus collegit ordineque disposuit.* Louvain, C. Fonteyn, 1881-1884, 4 vols., x-360, 408, 370, 447 pp. [+ 6 pp.].
    – *Editio secunda auctior et emendatior.* 1889, 4 vols., XL-432, 452, 452, 465 pp.
    – *Editio tertia auctior et emendatior.* 1894, 4 vols., XVI-532, 528, 529, 589 pp.
    – *Editio quarta.* Rome, Typographia Polyglotta S.C. de Propaganda Fide; Louvain, E. Charpentier, 1899, 4 vols., XVI-560, 540, 534, 595 pp.
    – *Editio quinta. Novis curis exposita juxta recentiora decreta S. Sedis emendata, opera et studio R. P. J. Bund.* Rome, F. Pustet; Paris, P. Lethielleux, [1907], 4 vols., 668, 556, 528, 572 pp.
14. Lettre de monseigneur A. Haine, prélat de la maison de sa sainteté, professeur émérite de l'Université catholique de Louvain (Belgique). — Gustave BARRIER, *Un ami de Rome et du Pape au XIXe siècle. Mgr H. Sauvé, prélat de la maison de sa sainteté, théologal du chapitre de Laval, premier recteur de l'Université catholique d'Angers*, vol. I, Laval, Chailland; Paris, Lecoffre, 1898, 15-19.
15. [Letter to the author].— Charles PÉRIN, *L'ange conducteur des âmes scrupuleuses ou craintives à l'usage des fidèles et des confesseurs*, 2nd ed., Lille, Desclée et Cie, 1898.
16. [Letter to C. CHAUVIN on his work, *L'inspiration des divines écritures d'après l'enseignement traditionnel de l'encyclique: Providentissimus Deus*, 1898]. — *Revue catholique des Revues*, 1898.
17. [Letter on J. POIRIER, *Enchiridion de scientia et concursu Dei*, 1898]. — *Semaine religieuse de Laval* 29 (1898) no. 21.

Collaboration

Revue catholique.

Literature

Bibliography: *UCLB*, pp. 77-79, Sup. 1, p. 9, Sup. 2, p. 13, Sup. 4, p. 318; *BiblNat* 2 (1892) 199.

DIGNANT, O., Notice sur la vie et les travaux de Mgr A.J. Haine. — *AUCL* 66 (1902) XIII-XVI.

JANSSEN, A., La théologie morale. — *Le cinquième centenaire de la Faculté de théologie* (cf. p. 18), 59-75, pp. 68-70; = *ETL* 9 (1932) 646-662, pp. 655-657.

PALAZZINI, P., Haine, Antoine. — *EC* 6 (1951) 1334.

MARASA, G., Haine Antonio. — *DE* 2 (1955) 316.

GALLAGHER, R., The Systematization of Alphonsus' Moral Theology through the Manuals. The story of transformation, abandonment and rejection as evidenced in the treatment of the habituati et recidivi. — *Studia Moralia* 25 (1987) 247-277.

KENIS, L., *De Theologische Faculteit te Leuven in de negentiende eeuw* (cf. p. 18), esp. pp. 449-450, 453-454.

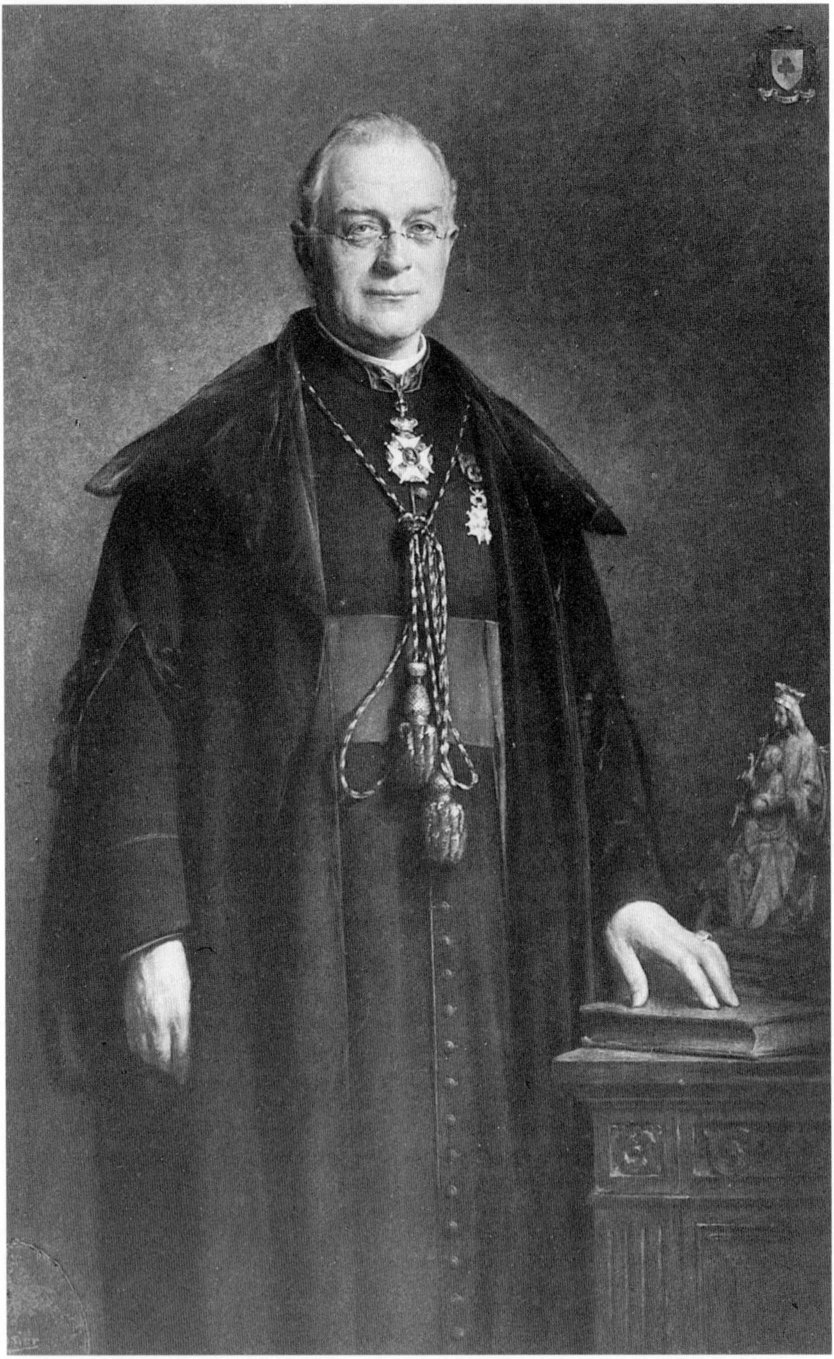

Adolphe Marie Corneille HEBBELYNCK

Merelbeke, 2 October 1859 – Rome, 11 January 1939

Adolphe Hebbelynck, who was the son of a wealthy notary, received his secondary education at the Saint Barbara College of the Jesuits in Ghent. In 1878 he entered the minor seminary at Sint-Niklaas and, the following year, the major seminary at Ghent. He was ordained to the priesthood on 23 December 1882 and continued his theological studies in Louvain. In 1887, following his promotion to the doctorate in theology (18 July), he was assigned as professor and librarian at the seminary of Ghent. In 1890 an *École d'études supérieures libres* was created at the University of Louvain, including a section in oriental philology and linguistics under the direction of C. de Harlez. Hebbelynck was recalled to Louvain to supervise the Egyptology section. At the same time, he took over from B. Jungmann the Patrology chair in the Theological Faculty and was made President of the Maria Theresia College. During his first year as a professor he spent most of his time in Paris where he further specialized in Egyptian language and literature. In 1892-94 and 1896-97 he held the chair of general dogmatic theology; in 1895-96 he taught the course with J. Forget.

In 1897 Hebbelynck was appointed assessor to Rector J.B. Abbeloos, whom he succeeded the following year. During his rectorship he settled relationships among the professorial corps, which were disturbed by the conflict between Abbeloos and D. Mercier on the issue of the *Institut Supérieur de Philosophie*. He improved the financial situation of the University and expanded its research facilities, especially for the experimental sciences, by opening several new institutes and laboratories.

In 1909 Hebbelynck tendered his resignation as Rector and was succeeded by P. Ladeuze. One year later he moved to Rome and resumed his oriental research in the Vatican Library. The main result of this work was the publication, in cooperation with A. Van Lantschoot, of an inventory of the Coptic manuscripts preserved in the Vatican Library (nos. 55, 57). The first volume was published in 1937; for the second volume, only one hundred pages were printed at the time when Hebbelynck died. He was buried in his native village of Merelbeke.

Courses

1890-1898	Patrology
1891-1900, 1901-1906	Egyptian
1892-1898	Coptic
1892-1894, 1895-1897	General Dogmatic Theology

Works

1. La religion du passé et la religion de l'avenir, d'après M. le comte Goblet d'Alviella. — *RCath* 55 (1884) 340-349.
2. *De auctoritate historica libri Danielis necnon de interpretatione vaticinii LXX hebdomadum. Dissertatio quam cum subjectis thesibus, annuente summo numine et auspice beatissima Virgine Maria, ex auctoritate Rectoris Magnifici Joannis Baptistae Abbeloos, [...], et consensu S. Facultatis Theologicae, pro gradu doctoris S. Theologiae, in Universitate catholica, in oppido Lovaniensi, rite et legitime consequendo, publice propugnabit.* Louvain, Vanlinthout fratres, 1887, XXII-400 p. [dir.: J. Forget].
   - Pp. 281-384 were also printed separately: *De interpretatione vaticinii LXX hebdomadum.* 104 pp.
3. *Theologia dogmatica Henrici Caroli Lambrecht [...]. Introductio et demonstratio christiana. Index analyticus quem in usum suorum alumnorum confecit Ad. Hebbelynck.* Ghent, C. Poelman, 1890, 67 pp. [ed.; see H. Lambrecht, no. 15].
4. La langue copte et sa littérature. — *Le Magasin littéraire* 8/2 (1891) 93-111.
5. Note sur l'origine de certaines particules coptes. — *Le Muséon* 11 (1892) 145-150.
6. *Notice sur M. F.-J. Ledoux, professeur émérite de la Faculté de théologie.* Louvain, J. Van Linthout, 1895, 17 pp.
   - Reprint: *AUCL* 60 (1896) CV-CXIX.
7. *Josephi Fessler, quondam episcopi S. Hippolyti, Institutiones Patrologiae quas denuo recensuit, auxit, edidit Bernardus Jungmann.* Tomus II. Pars altera. Vienna, F. Rauch; Regensburg - New York - Cincinnati, F. Pustet, 1896, X-711 pp. [from p. 510 on, the text is edited by Hebbelynck; see B. Jungmann, no. 37].
8. Une page d'un manuscrit copte intitulé "Les mystères des lettres grecques" (description cosmogonique). — *Mélanges Charles de Harlez. Recueil de travaux d'érudition offert à Mgr Charles de Harlez à l'occasion du vingt-cinquième anniversaire de son professorat à l'Université de Louvain 1871-1896*, Leiden, E.J. Brill, 1896, 127-132.
9. Les versions coptes de la Bible. — *Le Muséon* 16 (1897) 91-93.
10. *Discours prononcé à la salle des promotions de l'Université catholique de Louvain, le 18 octobre 1898, jour de l'ouverture des cours, après la messe du Saint Esprit.* Louvain, J. Van Linthout, 1898, 30 pp.
    - Reprint: *AUCL* 63 (1899) LVI-LXXVI.
11. *Discours prononcé à la salle des promotions de l'Université catholique de Louvain, le 17 octobre 1899, jour de l'ouverture des cours, après la messe du Saint Esprit.* Louvain, J. Van Linthout, 1899, 31 pp.
    - Reprint: *AUCL* 64 (1900) CXV-CXXXVII.
12. *Éloge funèbre de Monseigneur Ch. de Harlez de Deulin, professeur à l'Université catholique, prononcé en la salle des promotions après le service funèbre célébré en l'église de St Pierre, le 11 novembre 1899.* Louvain, J. Van Linthout, 1899, 15 pp.
    - Reprint: *AUCL* 64 (1900) XI-XXI.
13. *Éloge funèbre de M. E.A.J. De Marbaix, professeur à l'Université catholique, prononcé en la salle des promotions, le 1er décembre 1899.* Louvain, J. Van Linthout, 1899, 13 pp.
    - Reprint: *AUCL* 64 (1900) XXXIX-XLVII.

14. *Éloge funèbre de Monsieur J.-B. Carnoy, professeur à l'Université catholique, prononcé en la salle des promotions, le 14 décembre 1899.* Louvain, J. Van Linthout, 1899, 16 pp.
    – Reprint: *AUCL* 64 (1900) LXII-LXXIII.
15. *Le banquet offert à Mgr Hebbelynck. Manifestation de MM. les étudiants à Mgr Hebbelynck.* — *AUCL* 63 (1899) XI-XXI, XXII-XVI [2 speeches, pp. XVI-XIX, XXIV-XXVI].
16. *Discours prononcé [...] aux funérailles de Monseigneur de Groutars, professeur à la Faculté de philosophie et lettres, le 6 janvier 1900.* Louvain, J. Van Linthout, 1900, 10 pp.
    – Reprint: *AUCL* 65 (1901) XIII-XX.
17. *Discours prononcé à la salle des promotions de l'Université catholique de Louvain, le 16 octobre 1900, jour de l'ouverture des cours, après la messe du Saint Esprit.* Louvain, J. Van Linthout, 1900, 30 pp.
    – Reprint: *AUCL* 65 (1901) XL-LVIII.
18. Les Mystères des Lettres grecques d'après un manuscrit copte-arabe de la Bibliothèque bodléienne d'Oxford. Texte copte, traduction, notes. — *Le Muséon* 19 (1900) 5-36, 105-136, 269-300; 20 (1901) 5-33, 369-414 [+ 3 pl.].
    – Published separately: Louvain, J.B. Istas, 1902, 173 pp.
19. *Discours prononcé à la salle des promotions de l'Université catholique de Louvain, le 15 octobre 1901, jour de l'ouverture des cours, après la messe du Saint Esprit.* Louvain, J. Van Linthout, 1901, 37 pp.
    – Reprint: *AUCL* 66 (1902) CXV-CX.
20. *Discours prononcé au grand auditoire du Collège du Pape Adrien VI, le 15 octobre 1902, après la messe du Saint Esprit.* Louvain, J. Van Linthout, 1902, 19 pp.
    – Reprint: *AUCL* 67 (1903) III-XVI.
21. *Discours prononcé au grand auditoire du Collège du Pape Adrien VI, le 20 octobre 1903, après la messe du Saint Esprit.* Louvain, J. Van Linthout, 1903, 21 pp.
    – Reprint: *AUCL* 68 (1904) III-XVIII.
22. Les fêtes de l'Institut Agronomique, 23 et 24 mai 1903. — *Revue Générale Agronomique* 12 (1903) 241-273 [speech, pp. 246-248].
    – Reprint: *AUCL* 68 (1904) LXXXVIII-XC.
23. *Discours prononcé au grand auditoire du Collège du Pape Adrien VI, le 18 octobre 1904, après la messe du Saint-Esprit. Louvain*, J. Van Linthout, 1904, 17 pp.
    – Reprint: *AUCL* 69 (1905) III-XIV.
24. *Discours prononcé au grand auditoire du Collège du Pape Adrien VI, le 17 octobre 1905, après la messe du Saint-Esprit.* Louvain, J. Van Linthout, 1905, 15 pp.
    – Reprint: *AUCL* 70 (1906) III-XIII.
25. L'Université catholique de Louvain et les fêtes jubilaires de l'Immaculée Conception. — *AUCL* 69 (1905) LXXXI-LXXXV [speech in Rome, pp. LXXXI-LXXXIII].
26. Discours de Mgr Hebbelynck, Recteur magnifique. — *Souvenir du sacre de sa grandeur Mgr Mercier, Archevêque de Malines, Primat de Belgique. Les adieux à Louvain. Le sacre. L'entrée solennelle à Malines*, Louvain, Institut Supérieur de Philosophie, 1906, 11-12.

- Also in: *Manifestation en l'honneur de Monseigneur Mercier, Archevêque nommé de Malines. Discours de Mgr Hebbelynck et de Pierre Harmignie. Réponse de Mgr Mercier, 15 février 1906*. Louvain, Bureaux de l'Avant-Garde, 1906, 13 pp.
- Reprint: S. G. Monseigneur Mercier, Archevêque de Malines. — *AUCL* 71 (1907) XVI-XXIV [speech, pp. XVII-XVIII].

27. *Oraison funèbre prononcée [...] aux funérailles de Mgr J.-B. Abbeloos, Protonotaire apostolique ad instar participantium, Recteur magnifique honoraire de l'Université de Louvain, le premier mars 1906*. Louvain, J. Van Linthout, 1906, 18 pp. [+ portrait].
   - Reprint: *AUCL* 71 (1907) XXXIX-XLVII.

28. *Discours prononcé au grand auditoire du Collège du Pape Adrien VI, le 16 octobre 1906, après la messe du Saint-Esprit*. Louvain, J. Van Linthout, 1906, 18 pp.
   - Reprint: *AUCL* 71 (1907) III-XV.

29. *Discours prononcé [...] à la mortuaire, le vendredi 17 novembre, jour des funérailles de M. le professeur Venneman*. Louvain, J. Van Linthout, 1906, 10 pp.
   - Reprint: *AUCL* 72 (1908) XC-XCIII.

30. *Discours prononcé [...] à la mortuaire, le jeudi 20 décembre 1906, jour des funérailles de M. le professeur Hayoit de Termicourt*. Louvain, J. Van Linthout, 1906, 10 pp.
   - Reprint: *AUCL* 72 (1908) CVII-CX.

31. Visite de Son Excellence le Nonce Apostolique à l'Université catholique. 2 février 1905. — *AUCL* 70 (1906) LXVIII-LXXVI [speech, pp. LXVIII-LXXI].

32. Assemblée générale de l'Œuvre du Denier de St-Pierre à Gand. Allocution de Mgr Hebbelynck. — *Le Bien Public*, 24 January 1906.

33. *Discours prononcé [...] à la mortuaire, le mardi 30 avril 1907, jour des funérailles de Monseigneur Cartuyvels*. Louvain, J. Van Linthout, 1907, 10 pp.
   - Reprint: *AUCL* 72 (1908) XXXI-XXXIV.

34. *Discours prononcé au grand auditoire du Collège du Pape Adrien VI, le 22 octobre 1907, après la messe du Saint-Esprit*. Louvain, J. Van Linthout, 1907, 17 pp.
   - Reprint: *AUCL* 72 (1908) III-XV.

35. Discours de Monseigneur Hebbelynck, Recteur magnifique de l'Université. — *Visite de Son Éminence le Cardinal Mercier, Archevêque de Malines, à l'Université catholique de Louvain, 8 décembre 1907*, Louvain, J. Van Linthout, [1907], 6-8.
   - Reprint: *AUCL* 72 (1908) XVII-XIX.

36. Discours prononcé [...] à la mortuaire, le 24 janvier 1906, jour des funérailles de M. le professeur Carnoy. — *AUCL* 71 (1907) XLVIII-LII.

37. *Discours prononcé au grand auditoire du Collège du Pape Adrien VI, le 20 octobre 1908, après la messe du Saint-Esprit*. Louvain, J. Van Linthout, 1908, 15 pp.
   - Reprint: *AUCL* 73 (1909) III-XIII.

38. [Preface]. — M.S. Gillet, *L'Éducation du Caractère*, Paris - Lille - Bruges - Rome, Desclée, De Brouwer & Cie, 1908, VII-IX.
   - *Nouvelle édition*. 1909, XII-296 pp. [several reprints].

39. *1834-1909. Liber Memorialis des Fêtes Jubilaires de l'Université catholique de Louvain*. Louvain, C. Peeters, [1909], [5 speeches, pp. 27-30, 56-59, 72-104 (reprinted in *AUCL* 74, 1910, XXXV-LIV), 168-172, 185-187].

40. Discours de Monseigneur Hebbelynck, Recteur magnifique de l'Université. — *Souvenir de la célébration du cinquantenaire professoral de M. Louis Henry. 8 mai 1909*, Louvain, A. Uystpruyst, 1909, 31-32.
41. Visite officielle de S. Ex. le Nonce apostolique à l'Université catholique de Louvain. — *AUCL* 74 (1910) XXII-XXV [speech, pp. XXII-XXIII].
42. Les manuscrits coptes-sahidiques du "Monastère Blanc". Recherches sur les fragments complémentaires de la collection Borgia. — *Le Muséon* 30 (1911) 91-153; 31 (1912) 275-362.
    – Published separately, with subtitles: *I. Fragments de l'Ancien Testament. II. Les fragments des Évangiles*. Louvain, J.B. Istas, 1911-1912, 64, 88 pp.
43. Fragments inédits de la version copte d'Isaïe. — *Le Muséon* 32 (1913) 177-227.
44. L'Université de Louvain. L'ancienne Université (1425-1795). L'Université restaurée (1834-1914). — *Revue Italo-Belge* 1 (1920) 24-34.
45. La Bibliothèque de Louvain et sa destruction. La Bibliothèque de l'Université de Louvain (1636-1914). La destruction de la Bibliothèque (25-26 août 1914). — *Revue Italo-Belge* 1 (1920) 12 pp.
46. Les manuscrits coptes sahidiques des Épîtres de S. Paul. — *Le Muséon* 34 (1921) 3-15.
47. L'unité et l'âge du papyrus copte biblique Or. 7594 du British Museum. — *Le Muséon* 34 (1921) 71-80.
48. Fragment fayoumique de la première Épître aux Corinthiens (1 *Cor.* XV, 41-45, 53-54; XVI, 6-9, 16-20). — *Le Muséon* 35 (1922) 3-16.
49. Fragment Borgia de l'Épître aux Romains en copte sahidique. — *Le Muséon* 35 (1922) 193-201.
50. Inventaire sommaire des manuscrits coptes de la Bibliothèque Vaticane. — *Miscellanea Francesco Ehrle. Volume V* (Studi e testi, 41), Rome, Biblioteca Apostolica Vaticana, 1924, 35-82.
51. Notes sur: *The coptic version of the New Testament in the southern dialect, otherwise called sahidic and thebaic*, du R. G. Horner. — *Le Muséon* 38 (1925) 159-169 [see also *RB* 30 (1921) 278-282].
52. Les κεφάλαια et les τίτλοι des Évangiles dans les Mss. bohaïriques Paris Bibl. Nation., copte 16, Vat. copte 8 et le fragm. bohaïrique Brit. Mus. Add. 14740[a] fol. 9. La Lettre d'Eusèbe à Carpianus d'après le Ms. bohaïrique Vat. copte 9. Textes inédits et traduction. — *Le Muséon* 41 (1928) 81-120.
53. Review: A. VAN LANTSCHOOT, *Recueil des colophons des manuscrits chrétiens d'Égypte, t. I, fasc. 1-2*. — *RHE* 26 (1930) 682-688.
54. Un fragment de psalmodie du manuscrit Vatican copte 23, en dialecte bohaïrique. — *Le Muséon* 44 (1931) 153-168.
55. *Codices coptici Vaticani, Barberiniani, Borgiani, Rossiani*. Tomus I: *Codices coptici Vaticani* (Bibliothecae apostolicae Vaticanae codices manuscripti). Rome, Bibliotheca Vaticana, 1937, XXXV-698 pp. [with A. VAN LANTSCHOOT].
56. Projet d'édition du Ms. bohaïrique B. M. Or. 8812. — *Actes du XXe Congrès international des Orientalistes, Bruxelles, 5-10 septembre 1938*, Louvain, Bureaux du Muséon, 1940, 349-350 [posthumous].
57. *Codices coptici Vaticani, Barberiniani, Borgiani, Rossiani*. Tomus II: *Codices Barberiniani orientales 2 et 17, Borgiani coptici 1-108* (Bibliothecae apostolicae Vaticanae codices manuscripti). Rome, Bibliotheca Vaticana, 1947, X-479 pp. [published by A. VAN LANTSCHOOT].

Course texts in autograph

58. *Cours de la langue copte*. n.d.
59. *Cours de Patrologie*. 1892-93.
60. *De Religione. De Revel[atione] christiana*. 1893-94.

Direction

Doctoral dissertations:
A. AUGER, *De doctrina et meritis Joannis van Ruysbroeck* (Dissertationes, 1st ser., 43).
Louvain, J. Van Linthout, 1892, x-200 pp.
P. LADEUZE, *Étude sur le cénobitisme pakhômien pendant le IVe siècle et la première moitié du Ve* (Dissertationes, 1st ser., 48).
Louvain, J. Van Linthout; Paris, A. Fontemoing, 1898, x-403 pp. [cf. p. 117].

Collaboration

Le Muséon; *Revue Biblique*; *Revue d'histoire ecclésiastique*.

Literature

Bibliography: *UCLB*, pp. 34-35, Sup. 1, p. 7; Sup. 2, p. 8; Sup. 3, p. 7; Sup. 4, pp. 64-65; Sup. 5, p. 12; Sup. 6, p. 9; *BA* 6, p. 75; *BA* 7, p. 282.
RYCKMANS, G., Les langues orientales. — *Le cinquième centenaire de la Faculté de théologie* (cf. p. 18), 101-117, pp. 112; = *ETL* 9 (1932) 688-704, pp. 699-700.
VAN WAEYENBERGH, H., Monseigneur Adolphe Hebbelynck, Recteur magnifique honoraire – Eere-Rector-magnificus. Rede uitgesproken op de lijkplechtigheden te Merelbeke, op 1 Februari 1939. — *AUCL* 84/2 (1936-39) CXXV-CXXVII.
LADEUZE, P., Éloge académique de Monseigneur A. Hebbelynck, Recteur magnifique honoraire, prononcé en la salle des promotions, le 28 février 1939. — *AUCL* 84/2 (1936-39) CXXVIII-CXLIV; also published in *RCIF* 18 (1938-39) no. 51, 1-7.
[COPPENS, J.], Illustrissimus Dominus Adulphus Hebbelynck. — *ANL* 4 (1937-39) 61-64.
DE RUYT, F., Mgr Hebbelynck. — *RGen* 72 (1939) 379-386.
LAMEERE, W., *Pages romaines*, Paris, 1939, pp. 39-51.
LEFORT, T., Mgr Adolphe Hebbelynck. — *Le Muséon* 52 (1939) 197-198.
VERGOTE, J., A. Hebbelynck. — *Chronique d'Égypte* 28 (1939) 324-330.
GUAITA BORGHESE, E., Hebbelynck Adolfo Mario. — *DE* 2 (1955) 328.
AUBERT, R., Le grand tournant de la Faculté de Théologie de Louvain (cf. p. 18), pp. 93-94, 107.
MOSSAY, J., Hebbelynck (Adolphe-Marie-Corneille). — *BN* 40 (1977-78) 389-396.
AUBERT, R., Hebbelynck (Adolphe). — *DHGE* 23 (1990) 697-700.
Leuven University 1425-1985, Louvain, 1991, pp. 205-207.

Bernard JUNGMANN

Münster (Westfalen), 1 March 1833 – Louvain, 12 January 1895

Bernard Jungmann received his secondary education at the Gymnasium and studied theology for a short time in the Academy of his native town. In 1851, through the intervention of Paulus Melchers, then secretary to the Bishop of Münster, he had the opportunity to continue his studies in Rome, where he lived in the *Collegium Germanicum* and followed classes in the *Collegium Romanum*. In 1854 he earned a doctorate in philosophy and in June 1857 he was ordained a priest. After his promotion to the doctoral degree in theology (28 August 1859), he returned to his home country and became chaplain of the Aldegundiskirche in Emmerich (near the Rhine). In September 1861 he accepted the invitation of Bishop Malou of Bruges to teach philosophy at the minor seminary at Roeselare. In 1865 he was appointed a professor of dogmatic theology at the major seminary of Bruges and named an honorary canon. During his stay in Bruges he wrote various successful handbooks in dogmatic theology in which he was particularly inspired by the theology of his former teacher J.B. Franzelin (nos. 5-7, 9-12, 14, 16-17, 19).

In 1871 the Belgian bishops chose Jungmann to succeed H.G. Wouters to the church history chair in the Faculty of Theology at Louvain. In 1879 he was requested to devote a part of the course to patristic questions. For his teaching of Patrology he wrote a voluminous handbook (printed only in autograph, no. 38), which was largely based on the *Institutiones Patrologiae* by the Austrian church historian Joseph Feßler. In the 1890's Jungmann prepared a new edition of this handbook. It was completed by A. Hebbelynck, who assumed the Patrology chair in 1890 (no. 37). In 1889 Jungmann declined an invitation to become a professor of dogmatic theology in the newly established Catholic University of America. His main publication in the field of church history consisted of seven volumes of *Dissertationes selectae in historiam ecclesiasticam* (no. 20). In his approach to church history he was primarily concerned with dogmatic questions and motivated by an apologetical attitude: every historical investigation should contain a polemical part countering attacks against the Church. At the end of his career, Jungmann gave his teaching a more critical and practical orientation. In 1890, at the suggestion of Rector J.B. Abbeloos, he initiated practical exercises in church history. A. Cauchie, Jungmann's successor to the church history chair (1895), integrated this *Séminaire d'histoire ecclésiastique* into his famous Historical Seminar.

Courses

1871-1895   Church History
1879-1890   Patrology

Works

1. Transl.: J.B. MALOU, *Regeln für die Wahl eines Lebensstandes*. Mainz, F. Kirchheim, 1863, VIII-262 pp. [see J.B. Malou, no. 38].
2. Die katholische Universität zu Löwen. — *Der Katholik* 44/1 (1864) 81-114.
3. *Demonstratio christiana. Pars prima. Demonstrationis christianae praeambula philosophica, sive de possibilitate et necessitate revelationis*. Roeselare, vidua Stock, 1864, 226 pp.
   – *Editio secunda*. 1867, 244 pp.
4. Die neue französische Fortschrittsphilosophie. — *Der Katholik* 45/1 (1865) 257-286, 673-689; 45/2 (1865) 1-17.
5. *Institutiones Theologiae dogmaticae specialis. Tractatus de gratia*. Bruges, Vanhee-Wante, 1866, 251 pp.
   – *Editio secunda*. Brussels, H. Goemaere, 1868, 343 pp.
   – *Editio tertia*. Regensburg - New York - Cincinnati, F. Pustet, 1873, IV-314 pp.
   – *Editio quarta*. 1874, IV-316 pp.
   – *Editio quinta*. 1882, IV-312 pp.
   – *Editio sexta*. 1896, IV-312 pp.
6. Johannes Baptista Malou, Bischof von Brügge. — *Der Katholik* 46/1 (1866) 716-741; 46/2 (1866) 74-90, 129-156.
7. *Institutiones Theologiae dogmaticae specialis. Tractatus de Deo uno et trino*. Bruges, Vanhee-Wante, 1867, 287 pp.
   – *Editio secunda*. Regensburg - New York - Cincinnati, F. Pustet, 1870, IV-339 pp.
   – *Editio tertia*. 1874, IV-377 pp.
   – *Editio quarta*. 1882, IV-384 pp.
   – *Editio quinta*. 1899, IV-390 pp.
8. Die heiligen Martyrer von Gorkum. — *Der Katholik* 47/2 (1867) 457-486, 579-610.
9. *Institutiones Theologiae dogmaticae specialis. Tractatus de Deo creatore*. Bruges, Vanhee-Wante, 1868.
   – *Editio secunda*. Regensburg - New York - Cincinnati, F. Pustet, 1871, 354 pp.
   – *Editio tertia*. 1875, 390 pp.
   – *Editio quarta*. 1883, 396 pp.
   – *Editio quinta*. 1900, IV-384 pp.
10. *Institutiones Theologiae dogmaticae specialis. Tractatus de Verbo incarnato*. Bruges, Vanhee-Wante, 1869.
    – *Editio secunda*. Regensburg - New York - Cincinnati, F. Pustet, 1872, 387 pp.
    – *Editio tertia*. 1873, 414 pp.
    – *Editio quarta*. 1884, 408 pp.
    – *Editio quinta*. 1897, 312 pp.

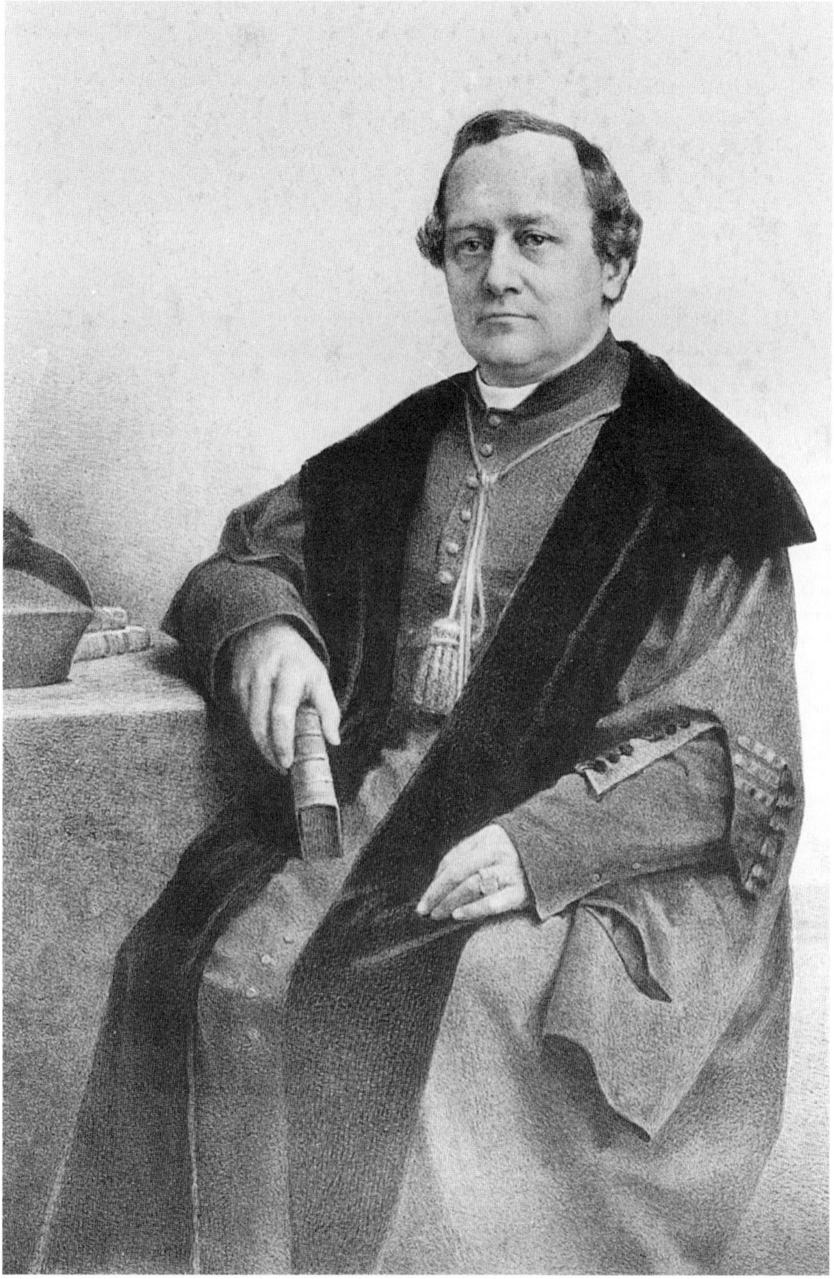

11. *Institutiones Theologiae dogmaticae generalis in usum seminarii Brugensis. Tractatus de vera religione.* Bruges, Ux. Vanhee-Wante, 1871, IV-244 pp.
    – *Editio secunda.* Regensburg - New York - Cincinnati, F. Pustet, 1879, IV-255 pp.
    – *Editio tertia.* 1886, IV-259 pp.
    – *Editio quarta.* 1895, IV-256 pp.
    – *Editio quinta.* 1901, IV-256 pp.
12. *Institutiones Theologiae dogmaticae specialis. Tractatus de quatuor novissimis.* Regensburg - New York - Cincinnati, F. Pustet, 1871, 317 pp.
    – *Editio secunda.* 1874, 346 pp.
    – *Editio tertia.* 1885, 346 pp.
    – *Editio quarta.* 1898, 346 pp.
13. Das Dogma von der zeitlichen Weltschöpfung gegenüber der natürlichen Erkenntniss. — *Der Katholik* 51/1 (1871) 237-247.
14. *Brevis analysis tractatus de Deo uno et trino.* Regensburg, F. Pustet, 1873, 52 pp.
15. Notice sur la vie et les œuvres de Monsieur le chanoine Guillaume-Henri Wouters, professeur ordinaire à la Faculté de théologie de l'Université catholique de Louvain. — *AUCL* 37 (1873) 374-390.
16. *Brevis analysis tractatus de novissimis.* Regensburg, F. Pustet, 1874, 36 pp.
17. *Brevis analysis tractatus de Verbo incarnato.* Regensburg, F. Pustet, 1874, 28 pp.
18. Les conciles provinciaux de France. — *RCath* 37 (1874) 86-91.
19. *Brevis analysis tractatus de Deo creatore.* Regensburg, F. Pustet, 1875, 44 pp.
20. *Dissertationes selectae in historiam ecclesiasticam.* Regensburg, F. Pustet, 1880-1887, 7 vols., [VI]-460, 464, 451, 404, 510, 488, 475 pp.
21. Clemens V. und die Aufhebung des Templerordens. — *Zeitschrift für katholische Theologie* 5 (1881) 1-33, 389-452, 581-613.
22. Le célibat ecclésiastique. — *RCath* 53 (1882) 53-58.
23. Les Pères apostoliques. — *RCath* 53 (1882) 269-274.
24. In *WWKL* 1 (1882): Acceptanten, 148; Agnesi, Maria Gaetana, 342; Albizzi, Anton, 440-441; Alembert, Jean le Rond d', 474-476; Amyrault, Moses, 774-775; Anglus, Thomas, 853-854; Annat, Petrus, 865-866; Appellanten, 1152-1158; Arnauld, Angelica, 1401-1403; Arnauld, Anton, 1403-1408; Arnauld, Heinrich, 1408-1410; Arnauld, Robert d'Andilly, 1410-1411; Aubarede, Jean Michel d'Astorg, 1567-1568; Bail, Ludwig, 1849-1850; Baillet, Adrian, 1850-1851; Barcos, Martin de, 1994-1995.
25. Saint Gilles. — *RCath* 28 (1883) 421-429.
26. Sainte Thérèse et ses révélations. — *RCath* 28 (1883) 784-789.
27. Le caractère moral de Luther. — *La Controverse* 6 (1883) 480-503, 611-636.
28. In *WWKL* 2 (1883): Capecelatro, Joseph, 1880-1881; Caulet, Franz Stephan von, 2064-2067.
29. L'Église d'Écosse. — *RCath* 55 (1884) 318-339.
30. In *WWKL* 3 (1884): Cerle, Jean, 23-24; Chandieu, Antoine de la Roche de, 63-64; Chardon, Matthias, 72; Charlas, Antoine, 89; Charlier, Aegidius, 89-91; Choiseul du Plessis, Praslin Gilbert de, 170-171; Choiseul, Stephan Franz, 171-175; Clemencet, Charles, 447-449; Clement, Jacob, 518-520; Condren, Charles von, 854-855; Court, Antoine, 1163-1167; Douai, 2003-2006.

31. In *WWKL* 4 (1886): Du Verger de Hauranne, Jean, 49-57.
32. In *WWKL* 5 (1888): Girard, Johannes Baptista, 607-609; Grandier, Urban, 1020-1024; Gratry, August Joseph, 1039-1041; Guerricus, der sel., 1344-1346; Habert, Isaac, 1406-1407; Hermant, Gottfried, 1837-1839.
33. In *WWKL* 6 (1889): Honoratus a Sancta Maria, 228-230; Hume, David, 416-420; Hutcheson, Francis, 507-508; Hutchinson, John, 508-510; Intelligentiae homines, 816-818; Jansenius, Cornelius der jüngere, Bischof von Ypern, 1217-1236; Joseph von Paris, 1871-1874; Joyeuse, Heinrich, 1904-1906; Jurieu, Pierre, 2022-2025.
34. In *WWKL* 7 (1981): Koolhaes (Coolhaes), Kaspar Johannessohn (Janszoon), 1006-1008; Koornhert, Theodor, 1008-1010; Laderchi, Jacobus, 1316-1317; Lahaye, Jean de, 1321-1323; Lallemant, Louis, 1328; Lami, Giovanni, 1369-1372; Lamy, 1. Bernhard; 2. Franz, 1372-1376; Languet, Hubert, 1413-1417; Languet de Gergy, Johann Joseph, 1414-1419; Lataste, Louis Bernard, 1452-1453; Le Brun, Pierre, 1586-1588; Lejeune, Jean, 1710-1711; Letourneux, Nicolaus, 1857-1859.
35. In *WWKL* 8 (1893): Löwen, 86-97; Marca, Petrus de, 642-648; Ménard, Nicolaus Hugo, 1243-1246; Merula, Angelus, 1293-1295; Mésenguy, Franz Philipp, 1299-1301; Molanus (Vermeulen), Johannes, 1729-1730.
36. In *WWKL* 9 (1895): Nicolai, Johannes, 272-273; Nicolas, Armella, 274-276; Noailles, Ludwig Anton de, 406-414; Opstraet, Johann, 930-932.
37. *Josephi Fessler, quondam episcopi S. Hippolyti, Institutiones Patrologiae quas denuo recensuit, auxit, edidit.* Vienna, F. Rauch; Regensburg - New York - Cincinnati, F. Pustet, 1890-1896, 2 parts in 3 vols., XXII-718, VI-447, X-711 pp. [Jungmann published "Tomus I" (1890) and "Tomus II. Pars prior" (1892). "Tomi II Pars altera" was published, from p. 510 on, by A. HEBBELYNCK. The addition on pp. 611-669 was written by T.J. LAMY: "Appendix. Patres Scriptoresve ecclesiastici Syri et Armeni saec. V-VI" [cf. A. Hebbelynck, no. 7; T.J. Lamy, no. 106].

Course texts in autograph

38. *Institutiones Patrologiae.* n.d., 1182 pp. [cf. p. 113].

Direction

The church history seminar in the Faculty of Theology. Publications:
Étude critique de l'opuscule de Aleatoribus, par les membres du séminaire d'histoire ecclésiastique à l'Université catholique de Louvain. Louvain, J. Vanlinthout, 1891, 135 pp.
C. CALLEWAERT, *Une lettre perdue de S. Paul et le de Aleatoribus. Supplément à l'étude critique sur l'opuscule de Aleatoribus par les membres du séminaire d'histoire ecclésiastique à l'Université catholique de Louvain.* Louvain, J. Vanlinthout, 1893, 30 pp.
Jansénius, évêque d'Ypres. Ses derniers moments, sa soumission au S. Siége d'après des documents inédits. Étude de critique historique par des membres du séminaire d'histoire ecclésiastique. Louvain, J. Vanlinthout, 1893, 228 pp.

Doctoral dissertations:
B.T. POÜAN, *De seminario clericorum* (Dissertationes, 1st ser., 23).
  Louvain, Vanlinthout fratres, 1874, [VIII]-326 pp. [co-promotor: H.J. Feye].
L.J. LESQUOY, *De regimine ecclesiastico iuxta patrum apostolicorum doctrinam* (Dissertationes, 1st ser., 30).
  Louvain, Vanlinthout fratres, 1881, XII-206 pp.
P. MANNENS, *Disquisitio in doctrinam S. Thomae de voluntate salvifica et praedestinatione* (Dissertationes, 1st ser., 33).
  Louvain, Vanlinthout fratres, 1883, X-218 pp.
F.C. CEULEMANS, *De parvulis qui sine baptismo moriuntur* (Dissertationes, 1st ser., 36).
  Louvain, Vanlinthout fratres, 1886, X-320 pp.
M. LECLER, *De Romano sancti Petri episcopatu* (Dissertationes, 1st ser., 41).
  Louvain, Vanlinthout fratres, 1888, XV-357 pp.

Collaboration

Der Katholik; *Revue catholique*; *Revue des sciences ecclésiastiques*; *La Controverse*; *Literarischer Handweiser*.

Literature

Bibliography: *UCLB*, pp. 63-65; *BiblNat* 2 (1892) 341-342.
ABBELOOS, J.-B., Discours prononcé à la salle des promotions, le 5 mars 1895, [...], après le service funèbre célébré en l'église de St-Pierre, pour le repos de l'âme de M. Bernard Jungmann, professeur ordinaire à la Faculté de théologie. — *AUCL* 60 (1896) III-XX.
DUPONT, A.H.H., Éloge de M. le professeur Jungmann, prononcé en la salle des promotions, le 5 mars 1895. — *Ibid.*, XXI-XLI.
CAUCHIE, A., Les études d'histoire ecclésiastique. — *RHE* 1 (1900) 5-25, pp. 19-22.
LAUCHERT, Jungmann, Bernard. — *Allgemeine Deutsche Biographie* 50 (1905) 722-723.
KIRSCH, J.P., Jungmann, Bernard. — *CE* 8 (1910) 566.
HURTER, H., *Nomenclator literarius theologiae catholicae theologos exhibens aetate, natione, disciplinis distinctos*, 3rd ed., vol. V/2, Innsbruck, 1913, cc. 1911-1912.
BITTREMIEUX, J., La théologie dogmatique. — *Le cinquième centenaire de la Faculté de théologie* (cf. p. 18), 48-58, pp. 55-56; = *ETL* 9 (1932) 635-645, pp. 642-643.
DE MEYER, A., L'histoire ecclésiastique. — *Ibid.*, 90-100, pp. 93-95; = *ETL* 9 (1932) 677-687, pp. 680-682.
AHERN, P.H., *The Catholic University of America, 1887-1896*, Washington, 1948, pp. 15-17.
ROGGER, I., Jungmann, Bernard. — *EC* 7 (1951) 624-625.
CIPRIANI, S., Jungmann. 1, Bernardo. — *DE* 2 (1955) 529.
BECQUÉ, M., *Le Cardinal Dechamps*, Louvain, 1956, vol. 2, pp. 220-223.
AUBERT, R., Le grand tournant de la Faculté de Théologie de Louvain (cf. p. 18), pp. 78-80.

Coppens, J., Jungmann (Bernard). — *Catholicisme* 6 (1967) 1260.
Schmaus, M., Jungmann, Bernard. — *NCE* 8 (1967) 58.
Jungmann (Bernard). — *DTC Tables* 2 (1967) 2750.
Walter, P., *Die Frage der Glaubensbegründung aus innerer Erfahrung auf dem I. Vatikanum. Die Stellungnahme des Konzils vor dem Hintergrund der zeitgenössischen römischen Theologie* (Tübinger theologische Studien, 16), Mainz, 1980, pp. 46-52.
Kenis, L., The Louvain Faculty of Theology and Its Professors (cf. p. 18), pp. 408-410.
Kenis, L., *De Theologische Faculteit te Leuven in de negentiende eeuw* (cf. p. 18), esp. pp. 381-390, 472-475.
Kenis, L., The Faculty of Theology in the 19th Century on Augustine and Augustinism. — M. Lamberigts & L. Kenis (eds.), *L'augustinisme à l'ancienne Faculté de théologie de Louvain* (BETL, 111), Louvain, 1994, 399-417, pp. 415-416.

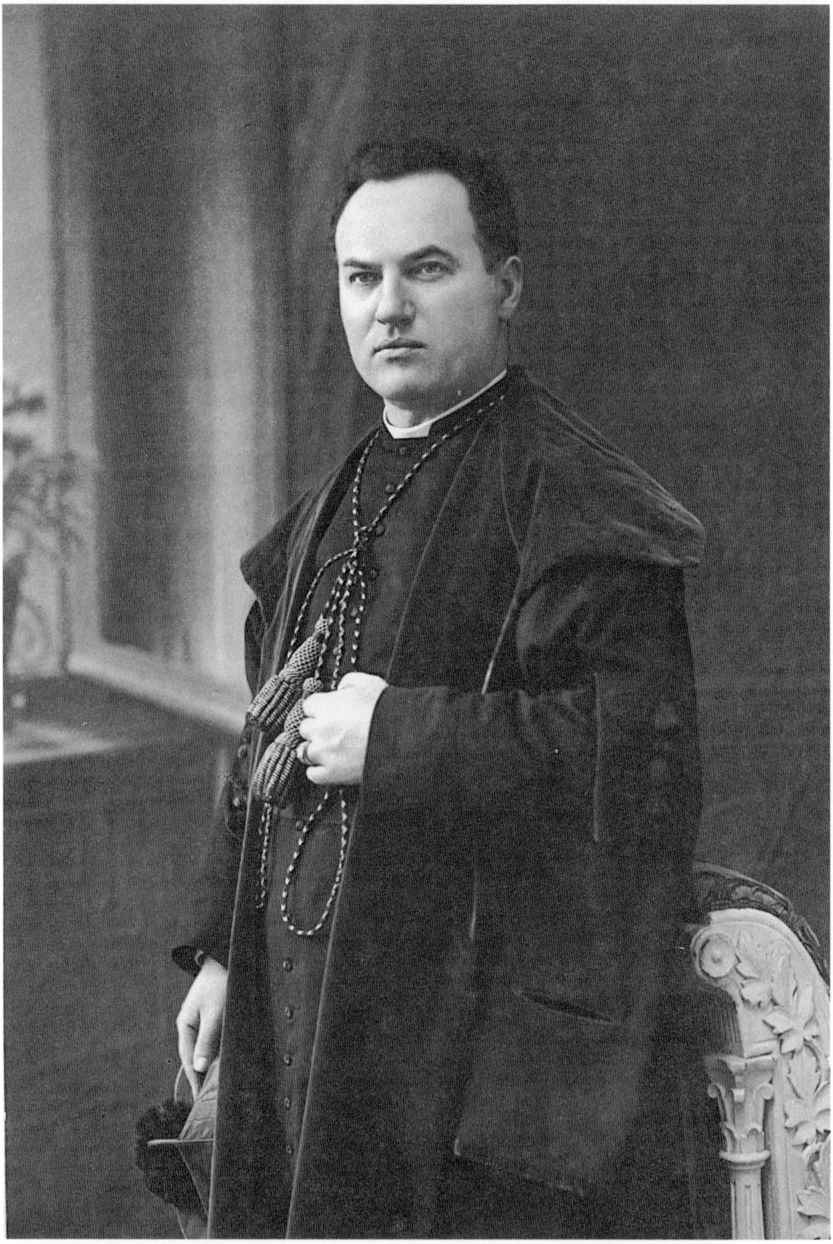

Paulin Pierre Jean Marie Joseph LADEUZE

Harvengt, 3 July 1870 – Louvain, 10 February 1940

After completing his secondary education at the minor seminary *Bonne-Espérance* at Tournai, Paulin Ladeuze entered the major seminary. He was ordained a priest on 17 December 1892 and then sent to Louvain where, in 1898, he obtained a doctorate in theology. His dissertation on Pachomian cenobitism (no. 4), written under the direction of A. Hebbelynck, marked the beginning of a series of important Louvain studies on the history of ancient monasticism. Shortly after Ladeuze's promotion, Hebbelynck was made Rector of the University. Ladeuze succeeded him to the chairs in Patrology, Coptic and Egyptian languages. In addition, he taught a Scripture course in the newly restored *Schola minor*. He was named President of the College of the Holy Spirit. In 1900, upon the retirement of T.J. Lamy, he became professor of Sacred Scripture, concentrating on New Testament exegesis. From 1898 to 1902 he was secretary to the orientalist periodical *Le Muséon*, and in 1900, with A. Cauchie, co-founder of the *Revue d'histoire ecclésiastique*.

In 1909 the Belgian bishops appointed Ladeuze Rector of the University. In accepting this position, he inherited the problem of languages at the University. In 1911 the bishops, following Ladeuze's advice, decided to begin with a limited number of Dutch courses, parallel to those existing in French. The doubling of the courses only accelerated when, in 1930, the State University of Ghent commenced with a complete program in Dutch. The financial basis for the expansion of the University was improved when in 1911 the free universities of Louvain and Brussels were granted corporate status. During Ladeuze's rectorship, several new buildings and laboratories were erected to meet the growing needs for modernization, especially in the faculties of Science and Medicine. The number of professors almost doubled. After the University Halls (which included the library) where destroyed by the Germans in World War I, a new University Library was built with financial assistance from the United States. Ladeuze died in February 1940, three months before Louvain's University Library was again destroyed in World War II. His ideas on the function of a Catholic university, on the importance of scholarly research and on the ideals of university life can be traced through his numerous speeches, especially at the beginning of each academic year, which were collected and published in 1931 (no. 108).

During his short career as a professor in the Faculty of Theology, Ladeuze was fully engaged in the application of literary criticism in New

Testament exegesis. His research resulted in innovative articles on the *Magnificat* (no. 8) and the authorship of the Fourth Gospel (no. 15), which, on the eve of the Modernist crisis, provoked reactions from conservative circles. Upon his promotion to the rectorship, he suspended his scholarly work completely. Nevertheless, he continued to promote scriptural and orientalist studies by creating a Bible Museum (1912) and the Louvain Orientalist Institute (1936) and as co-founder of the *Corpus Scriptorum Christianorum Orientalium* (1913).

Courses

1898-1909	Patrology
1898-1909	Coptic
1898-1901	Egyptian
1898-1900	*Schola minor*: Scripture
1900-1909	Scripture

Works

1. Les découvertes de M. Notovitch. — *Le Muséon* 16 (1897) 93-96.
2. Les diverses recensions de la vie de S. Pakhôme et leur dépendance mutuelle. — *Le Muséon* 16 (1897) 148-171; 17 (1898) 145-168, 269-286, 378-395.
   – Published separately: *Les diverses recensions de la vie de saint Pakhôme.* Louvain, J.B. Istas, 1899, 84 pp.
3. La conversion de Luther. — *Le Muséon* 16 (1897) 278-281.
4. *Étude sur le cénobitisme pakhômien pendant le IVe siècle et la première moitié du Ve. Dissertation présentée à la Faculté de théologie de l'Université de Louvain pour l'obtention du grade de docteur.* Louvain, J. Van Linthout; Paris, A. Fontemoing, 1898, x-403 pp. [dir.: A. Hebbelynck].
5. L'épître de Barnabé: la date de sa composition et son caractère général. — *RHE* 1 (1900) 31-40, 212-225.
6. Les destinataires de l'épître aux Éphésiens. — *RB* 11 (1902) 573-580.
7. L'Eucharistie et les repas communs des fidèles dans la Didachè. — *Revue de l'Orient chrétien* 7 (1902) 339-359.
8. De l'origine du Magnificat et de son attribution dans le troisième Évangile à Marie ou à Élisabeth. — *RHE* 4 (1903) 623-644.
9. Pas d'agape dans la première épître aux Corinthiens. — *RB* n. ser. 1 (1904) 78-81.
10. La date de la mort du Christ, d'après quelques études récentes. — *RHE* 5 (1904) 894-903.
11. Transposition accidentelle dans la II^a Petri. Unité de l'épître. — *RB* n. ser. 2 (1905) 543-552.
12. Apocryphes évangéliques coptes. Pseudo-Gamaliel; évangile de Barthélemy. — *RHE* 7 (1906) 245-268.
13. Les controverses récentes sur la genèse du dogme eucharistique. Conférence prononcée au Congrès eucharistique international de Tournai, le jeudi 16 août 1906. — *Revue Apologétique* 8 (1906) 409-421.

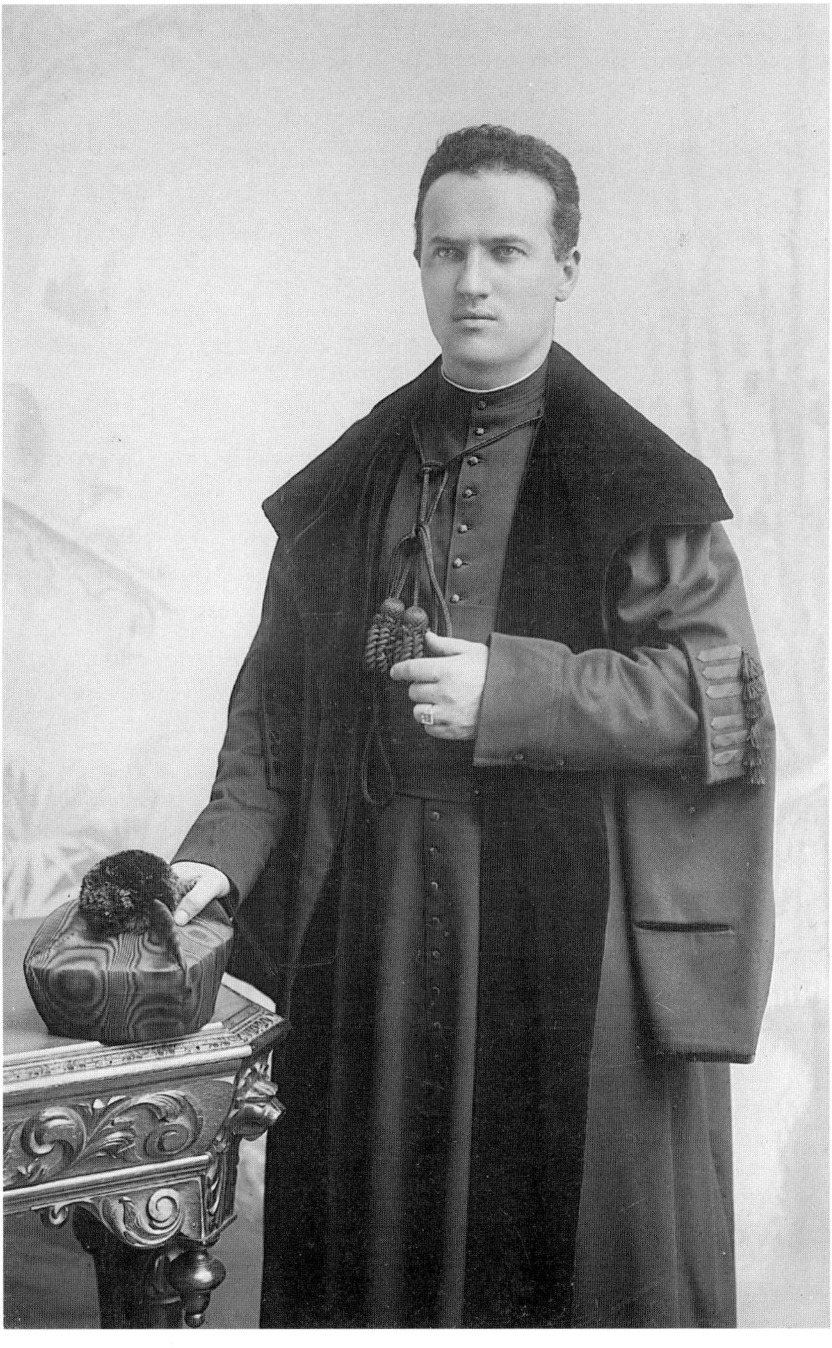

- Also in: *XVIIe Congrès eucharistique international tenu à Tournay du 15 au 19 août 1906*, Tournai, Casterman, [1907], 130-140.
14. *La Résurrection du Christ devant la critique contemporaine. Conférence* (Association des anciens étudiants de Bonne-Espérance. Réunion du jeudi 19 septembre 1907). Louvain, C. Peeters, 1907, 32 pp.
    - 2nd ed. (Science et Foi). Brussels, Action catholique, 1908, 60 pp.
    - 3rd ed. 1909, 60 pp.
    - 4th ed. n.d., 60 pp.
    - Dutch transl.: *Christus' Verrijzenis voor de moderne critiek. Uit het Fransch vertaald door Bas. van Kesteren, Ord. Carm.* (Geloof en Wetenschap, 5th ser., 3). Haarlem, De Spaarnestad, 1908, 81 pp.
15. L'origine du quatrième évangile. À propos du livre de M. Lepin. — *RB* n. ser. 4 (1907) 559-585.
16. Principium qui et loquor vobis. (Jo., VIII, 25). — *RSPT* 1 (1907) 727-730.
17. In *CE* 2 (1907): Barnabas, Epistle attributed to, 299-300.
18. Caius de Rome, le seul Aloge connu. — *Mélanges Godefroid Kurth*, Liège, H. Vaillant-Carmanne, 1908, 49-60.
19. Notice sur la vie et les travaux de Mgr Lamy. — *AUCL* 72 (1908) CXXXIII-CLIX [see also the note in *RHE* 8 (1907) 868-870].
20. *Sur les raisons particulières qu'ont les étudiants de l'Université catholique de se livrer aux travaux de la Société de Saint-Vincent de Paul. Discours prononcé à l'assemblée générale de la Société le 12 décembre 1909.* Louvain, J. Vanlinthout, 1909, 6 pp.
    - Reprint: no. 108, vol. 1, 17-24.
21. *Harvengt. Réception solennelle de Mgr Ladeuze, Recteur magnifique de l'Université de Louvain, Dimanche 26 décembre 1909.* Ath, J. Daumont-Bouchat, 1909 [3 speeches, pp. 15-20, 23-24, 32-37].
22. In *CE* 5 (1909): Ephesians, Epistle to the, 485-490.
23. In *CE* 6 (1909): Goossens, Pierre-Lambert, 648.
24. *Les Sept dans la primitive Église de Jérusalem proposés comme modèles aux Confrères de Saint-Vincent de Paul. Allocution prononcée à l'assemblée générale de la Société, le 8 décembre 1910.* Louvain, J. Vanlinthout, 1910, 6 pp.
25. Discours prononcé au grand auditoire du Collège du Pape Adrien VI, le 19 octobre 1909, jour de l'ouverture des cours, après la messe du Saint-Esprit. — *AUCL* 74 (1910) III-XXI.
    - Reprint: no. 108, vol. 1, 1-15.
26. Banquet offert par le corps académique au nouveau Recteur. — *AUCL* 74 (1910) LXIX-LXXVI [speech, pp. LXXI-LXXVI].
27. Les humanités gréco-latines considérées comme préparation à la vie universitaire. Discours prononcé [...] à l'assemblée solennelle de clôture du Congrès. — *Compte rendu des travaux du Congrès national de l'enseignement moyen libre de Belgique, tenu à Bonne-Espérance les 11, 12, 13 septembre 1911*, Roeselare, J. De Meester, 1911, vol. 1, 123-138.
    - Reprint: no. 108, vol. 1, 39-55.
28. Discours prononcé au grand auditoire du Collège du Pape Adrien VI, le 18 octobre 1910, jour de l'ouverture des cours, après la messe du Saint-Esprit. — *AUCL* 75 (1911) III-XX.
    - Reprint: no. 108, vol. 1, 25-38.

29. Frédéric Ozanam. Les origines et l'esprit de la Conférence de S. Vincent de Paul. Allocution prononcée le 8 décembre 1912 [...] à l'assemblée générale des Conférences de S. Vincent de Paul de Louvain. Louvain, Van Linthout, [1912], 17 pp.
30. Discours prononcé, le 10 septembre 1911, à l'occasion de la remise du buste de M. Timmermans, sur le rôle scientifique de l'ingénieur. — *Union des Ingénieurs sortis des Écoles spéciales de Louvain* 2nd ser. 6 (1912) 178-181.
31. Discours prononcé au grand auditoire du Collège du Pape Adrien VI, le 17 octobre 1911, jour de l'ouverture des cours, après la messe du Saint-Esprit. — *AUCL* 76 (1912) III-XXIX.
    – Partial reprint: no. 108, vol. 1, 57-63.
32. Discours prononcé [...], le jeudi 19 octobre 1911, à la mortuaire de M. le professeur Lecart. — *AUCL* 76 (1912) XXX-XLVII.
33. Discours prononcé au grand auditoire du Collège du Pape Adrien VI, le 15 octobre 1912, jour de l'ouverture des cours, après la messe du Saint-Esprit. — *AUCL* 77 (1913) III-XXVII.
    – Reprint: no. 108, vol. 1, 65-86.
34. Discours prononcé [...], le vendredi 17 mai 1912, à la mortuaire de M. le chanoine Hemeryck, professeur à la Faculté de philosophie et lettres. — *AUCL* 77 (1913) XXVIII-XXXI.
35. Discours prononcé [...], le jeudi 29 août 1912, aux funérailles de M. le professeur L. de Lantsheere. — *AUCL* 77 (1913) XXXII-XXXVI.
36. Discours de Mgr Ladeuze, Recteur de l'Université. — *Souvenir des fêtes jubilaires du Très Révérend Chanoine Ceulemans, Curé-Doyen de Louvain. Aandenken der jubelfeesten van den Z. Eerw. Kanunnik Ceulemans, Pastoor-Deken van Leuven. 1883-1913*, Louvain, F. Ceuterick, [1913], 18-24.
37. Discours de Monseigneur Ladeuze, Recteur magnifique de l'Université catholique. [23 November 1913]. — *Revue Générale Agronomique* 22 (1913) 456-459.
    – Reprint: no. 108, vol. 1, 105-108.
38. Assemblée générale du Denier de St-Pierre à Gand. Discours de Mgr Ladeuze, Recteur magnifique de l'Université de Louvain. — *Le Bien Public*, 28 January 1913.
39. Discours prononcé au grand auditoire du Collège du Pape Adrien VI, le 21 octobre 1913, jour de l'ouverture des cours, après la messe du Saint-Esprit. — *AUCL* 78 (1914) III-XXX.
    – Reprint: no. 108, vol. 1, 87-104.
40. Discours prononcé aux funérailles de M. Louis Henry, professeur à l'Université catholique, [...], le 12 mars 1913. — *AUCL* 78 (1914) XXXI-XXXVIII.
41. Inauguration dans l'église d'Assche, le 26 juillet 1914, d'une plaque commémorative en l'honneur de Léon de Lantsheere, professeur de droit pénal à l'Université catholique, décédé le 26 août 1912. Discours de Mgr Ladeuze, Recteur magnifique de l'Université. — *AUCL* 79 (1915-19) 77-83.
42. Réunion du 24 décembre 1914. Réponse de Mgr Ladeuze, Recteur magnifique de l'Université. — *AUCL* 79 (1915-19) 121-133.
43. Réunion du 24 décembre 1915. Réponse de Mgr Ladeuze, Recteur de l'Université. — *AUCL* 79 (1915-19) 138-147.
44. Réunion du 23 décembre 1916. Réponse de Mgr Ladeuze, Recteur de l'Université. — *AUCL* 79 (1915-19) 155-166.

45. Réunion du 20 mars 1917 à l'occasion de la promotion du Recteur de l'Université à la dignité de Protonotaire apostolique. Réponse de Mgr Ladeuze, Recteur de l'Université. — *AUCL* 79 (1915-19) 170-174.
46. Réunion du 24 décembre 1917. Réponse de Mgr Ladeuze, Recteur de l'Université. — *AUCL* 79 (1915-19) 179-187.
47. Réunion du 24 décembre 1918. Réponse de Mgr Ladeuze, Recteur de l'Université. — *AUCL* 79 (1915-19) 191-201.
48. M. le professeur Ernest Masoin. Discours prononcé à Bruxelles, le 24 avril 1915, aux funérailles de M. le professeur E. Masoin. — *AUCL* 79 (1915-19) 383-389.
49. M. le professeur Léon Bossu. Discours prononcé aux funérailles de M. le chanoine Bossu, à Louvain, le 27 octobre 1916. — *AUCL* 79 (1915-19) 407-414.
50. M. le professeur Alphonse Meunier. Discours prononcé aux funérailles de M. le chanoine A. Meunier, à Louvain, le 22 février 1918. — *AUCL* 79 (1915-19) 484-492.
51. *Le crime allemand contre l'Université de Louvain. Les leçons de la guerre. Discours prononcé au grand auditoire du Collège du Pape Adrien VI à Louvain, le 21 janvier 1919, pour l'ouverture solennelle des cours de l'Université après la grande guerre.* Louvain, Nova et Vetera, 1919, 16 pp.
   – Reprint: *AUCL* 79 (1915-19) 201-219; no. 108, vol. 1, 109-119.
52. *Nos espoirs et nos craintes. Un an après la guerre. Discours prononcé au grand auditoire du Collège du Pape Adrien VI, à Louvain, le 18 novembre 1919, pour l'ouverture solennelle des cours de l'Université pendant l'exercice 1919-1920.* Louvain, Nova et Vetera, 1919, 35 pp.
   – Reprint: *AUCL* 80 (1920-26) 513-538; partial reprint: no. 108, vol. 1, 121-127.
53. Pourquoi Louvain a été brûlé en 1914. Discours prononcé à l'assemblée générale de la Société Scientifique de Bruxelles, le 27 novembre 1919. — *Bulletin de la Société Scientifique de Bruxelles* 39/1 (1919-20) 172-174.
54. *Le rôle de le jeunesse universitaire dans les conditions actuelles de la Société. Discours prononcé au grand auditoire du Collège du Pape Adrien VI à Louvain le 19 octobre 1920 pour l'ouverture solennelle des cours de l'Université pendant l'exercice 1920-1921.* Louvain, F. Ceuterick, 1920, 44 pp.
   – Reprint: *AUCL* 80 (1920-26) 546-575; partial reprint: no. 108, vol. 1, 129-152.
55. L'incendie de la Bibliothèque. — *Œuvre Internationale de Louvain. Bulletin* no. 4 (1920) 97-101.
56. [Speech at Paris, 16 May 1920].— *Œuvre Internationale de Louvain. Bulletin* no. 4 (1920) 118-120.
57. Discours prononcé par Monseigneur Ladeuze, Recteur magnifique de l'Université catholique de Louvain. — *Revue Générale Agronomique* 24 (1920) 149-150.
58. *Les avantages assurés au travail scientifique par la foi et la vie chrétiennes. Discours prononcé le 18 octobre 1921, pour l'ouverture de l'exercice 1921-1922.* Louvain, Ceuterick, 1921, 31 pp.
   – Reprint: *AUCL* 80 (1920-26) 587-613; partial reprint: no. 108, vol. 1, 153-170.

59. Discours de Mgr. Ladeuze. [28 July 1921]. — *Œuvre Internationale de Louvain. Bulletin* nos. 7-8-9 (1921) 207-212.
60. *L'éducation de la volonté par le travail intellectuel à l'Université. Discours prononcé, le 17 octobre 1922, pour l'ouverture de l'exercice 1922-1923.* Louvain, Ceuterick, 1922, 36 pp.
    - Reprint: *AUCL* 80 (1920-26) 616-647; partial reprint: no. 108, vol. 2, 1-26.
61. *Fêtes du 50ᵉ Anniversaire de l'Union des Ingénieurs sortis des Écoles Spéciales de Louvain 1872-1922*, Brussels, J. Schicks, [1922], [3 speeches, pp. 13-15 (reprinted in no. 108, vol. 2, 27-29), 71-72, 99-105].
62. Les devoirs actuels de l'étudiant catholique. Discours d'ouverture des Journées d'Études de la Fédération Belge des Étudiants Catholiques, le 25 février 1922. — *L'Effort. Organe hebdomadaire de l'A.C.J.B.*, 4 March 1922.
63. *L'influence du milieu estudiantin sur la formation de l'étudiant universitaire. Discours prononcé, le 15 octobre 1923, pour l'ouverture de l'exercice 1923-1924.* Louvain, Nova et Vetera, 1923, 39 pp.
    - Reprint: *AUCL* 80 (1920-26) 651-679; partial reprint: no. 108, vol. 2, 41-60.
64. Discours de Mgr Ladeuze. [17 July 1923]. — *Œuvre Internationale de Louvain. Bulletin* no. 13 (1923) 375-377.
65. L'action catholique des étudiants universitaires. Allocution prononcée, le 27 janvier 1923, à l'ouverture du premier Congrès de la Fédération Belge des Étudiants Catholiques. — *L'Effort. Organe hebdomadaire de l'A.C.J.B.*, 3 February 1923.
    - Reprint: no. 108, vol. 2, 31-39.
66. *La joie du travail intellectuel à l'Université. Discours prononcé, le 20 octobre 1924, pour l'ouverture de l'exercice 1924-1925.* Louvain, Nova et Vetera, 1924, 39 pp.
    - Reprint: *AUCL* 80 (1920-26) 680-705; partial reprint: no. 108, vol. 2, 71-84.
67. *Le rôle des intellectuels dans l'Action Catholique*. Louvain, Secrétariat de l'A.C.J.B., 1924, 6 pp.
    - Reprint: no. 108, vol. 2, 61-69.
68. Discours de Mgr Ladeuze. [6 June 1923]. — *Œuvre Internationale de Louvain* nos. 14-15 (1924) 419-421.
69. *L'attention dans la vie universitaire. Discours prononcé, le 19 octobre 1925, pour l'ouverture de l'exercice 1925-1926.* Louvain, Nova et Vetera, 1925, 46 pp.
    - Reprint: *AUCL* 80 (1920-26) 714-744; partial reprint: no. 108, vol. 2, 85-111.
70. *La messe paroissiale. Le chant grégorien*. Loppem, Abbaye de S. André, 1925, 22 pp.
71. Lettre aux Cahiers de la Jeunesse Catholique. Leur programme. — *Les Cahiers de la Jeunesse Catholique* 1 (1925) 7-11.
72. *La lecture dans la vie universitaire. Discours prononcé, le 18 octobre 1926, pour l'ouverture de l'exercice 1926-1927.* Louvain, Nova et Vetera, 1926, 40 pp.
    - Reprint: *AUCL* 81 (1927-29) 299-319; partial reprint: no. 108, vol. 2, 113-128.

73. Visite de M. le président de la République du Brésil (9 mai 1919). Discours de Mgr Ladeuze. — *AUCL* 80 (1920-26) 539-541.
74. Visite du président Woodrow Wilson (19 juin 1919). Discours de Mgr Ladeuze. — *AUCL* 80 (1920-26) 542-543.
75. Visite du Nonce apostolique à Bruxelles, S. E. Monseigneur Nicotra (18 mars 1920). Discours de Mgr le Recteur. — *AUCL* 80 (1920-26) 576-580.
76. Discours prononcé le jour de la visite du Prince héritier du Japon, le 20 juin 1921. — *AUCL* 80 (1920-26) 614-615.
77. Visite de S. E. Mgr Micara, Nonce apostolique à Bruxelles (6 mars 1924). — *AUCL* 80 (1920-26) 706-713 [2 speeches, pp. 706-707, 707-711].
78. Discours prononcé [...], le 10 mars 1920, aux funérailles de M. le professeur Auguste Theunis. — *AUCL* 80 (1920-26) LIII-LVIII.
79. Discours prononcé [...], le 16 septembre 1920, aux funérailles de M. le professeur Louis Helleputte. — *AUCL* 80 (1920-26) LXXV-LXXVII.
80. Discours prononcé [...], le 6 novembre 1920, aux funérailles de M. le professeur André Dumont. — *AUCL* 80 (1920-26) LXXVIII-LXXXIII.
81. Inauguration de la statue d'André Dumont à la Place de l'Université, à Louvain, le 12 novembre 1922. Discours de Monseigneur le Recteur. — *AUCL* 81 (1927-29) CXXXV-CXXXVII.
82. Discours prononcé [...], le 27 avril 1922, aux funérailles de M. le professeur Jean Corbiau. — *AUCL* 80 (1920-26) CXXXVII-CXL.
83. Discours prononcé [...], le 30 mai 1923, aux funérailles de M. le professeur Gustave-Marie-Albert Demarcel. — *AUCL* 80 (1920-26) CXC-CXCIV.
84. Discours prononcé [...], le 2 juin 1925, aux funérailles de M. le professeur Fernand Ranwez. — *AUCL* 80 (1920-26) CCLI-CCLVI.
85. Discours prononcé [...], le 27 juin 1925, aux funérailles de M. le professeur L. Becker. — *AUCL* 80 (1920-26) CCLXVII-CCLXIX.
86. La crise de la culture générale. Discours prononcé, le 5 décembre 1926, au Congrès de la Fédération Belge des Étudiants Catholiques. — *Les Cahiers de la Jeunesse Catholique* 2 (1926) 676-681.
    – Reprint: no. 108, vol. 2, 129-135.
87. Lettre-Préface. — V. HONNAY, *Les cercles sociaux de doctrine catholique. Méthode de formation sociale*, Louvain, Éditions de la Jeunesse Catholique; Paris, A. Giraudon, 1926, VI-VIII.
88. *Discours d'ouverture de l'exercice académique 1927-1928. Les leçons du jubilé de l'Université. La prière et le travail scientifique. Rapport sur l'exercice 1926-1927*. Louvain, F. Ceuterick, [1927], 32 pp.
    – Reprint: *AUCL* 81 (1927-29) 320-348; partial reprint: no. 108, vol. 2, 137-144.
89. *L'inauguration de la Bibliothèque de l'Université. La mission supranationale de l'Université catholique. Discours prononcé, le 15 octobre 1928, pour l'ouverture de l'exercice 1928-1929*. Brussels, Lesigne, [1928], 32 pp.
    – Reprint: *AUCL* 81 (1927-29) 354-382; partial reprint: no. 108, vol. 2, 144-150.
90. Discours de Mgr Ladeuze. [4 July 1928]. — *Œuvre Internationale de Louvain. Bulletin* nos. 19-20 (1928) 557-558.
91. Discours de Mgr Ladeuze. [4 July 1928]. — *Œuvre Internationale de Louvain. Bulletin* nos. 19-20 (1928) 560-562.

92. Discours de Mgr Ladeuze [4 July 1928]. — *Œuvre Internationale de Louvain. Bulletin* nos. 19-20 (1928) 563-569.
93. Mort de S. E. le Cardinal Mercier. S. G. Monseigneur Ernest Van Roey, Archevêque de Malines. — *AUCL* 81 (1927-29) 279-284 [speech, pp. 280-283].
94. Première visite de S. G. Mgr Van Roey à l'Université, le 18 octobre 1926. — *AUCL* 81 (1927-29) 287-298 [speech, pp. 287-291].
95. Discours prononcé le 21 décembre 1926, [...], à la réception des premiers Évêques Chinois. — *AUCL* 81 (1927-29) 349-351.
96. Discours prononcé, le 27 janvier 1927, [...], à la réception du premier Évêque Japonais, Mgr Hyasaka. — *AUCL* 81 (1927-29) 383-386.
97. Fêtes du Cinquième Centenaire de l'Université de Louvain. — *AUCL* 81 (1927-29) 391-638 [7 speeches, pp. 398-405, 443-445, 446-448, 457-461, 464-466, 499-501, 515-516].
    – Reprints: *Université catholique de Louvain. Fêtes du Cinquième Centenaire*, Tongeren, G. Michiels, 1931, pp. 8-15, 53-54, 56-58, 67-71, 74-76, 109-111, 125-126.
    – Pp. 398-405 also published separately: *L'Université de Louvain 1426-1927*. Louvain, F. Ceuterick, 1927, 16 pp., and in *RQS* 92 (1927) 5-16.
98. M. le professeur Aimé Morelle, de la Faculté de médecine. Discours prononcé aux funérailles [...], le 20 janvier 1926. — *AUCL* 81 (1927-29) XXXVIII-XLII.
99. M. le professeur François-Louis-Ghislain Collard, de la Faculté de philosophie et lettres. Discours prononcé aux funérailles [...], le 19 octobre 1927. — *AUCL* 81 (1927-29) LXXII-LXXV.
100. M. le professeur Stanislas Demanet, de la Faculté des sciences. Discours prononcé aux funérailles [...], le 3 mars 1928. — *AUCL* 81 (1927-29) CXVIII-CXXII.
101. Discours prononcé, le 27 février 1921, à l'inauguration d'une plaque commémorative en l'honneur de M. le professeur H. Ponthière, à l'Institut Électro-Mécanique à Louvain. — *AUCL* 81 (1927-29) CXXXIII-CXXXIV.
102. Inauguration du monument Léon Mabille au Rœulx, le 10 juillet 1927. Discours de Monseigneur le Recteur. — *AUCL* 81 (1927-29) CXXXVII-CXLII.
103. Inauguration du buste de M. le professeur T. Debaisieux à la Clinique des Sœurs Franciscaines de Louvain, le 20 mai 1928. — *AUCL* 81 (1927-29) CXLII-CXLVI [speech, p. CXLVI].
104. *L'ampleur du travail universitaire et les qualités qu'il en tire. Les dangers de l'émiettement de l'enseignement. Discours prononcé, le 21 octobre 1929, pour l'ouverture de l'exercice 1929-1930*. n.p., [1929], 24 pp.
    – Reprint: *AUCL* 82 (1930-33) 558-579; partial reprint: no. 108, vol. 2, 151-162.
105. Discours de S. G. Monseigneur Ladeuze, Recteur magnifique de l'Université. — *Agricultura. Numéro jubilaire des Fêtes du Cinquantenaire de l'Institut Agronomique*, Louvain, F. Ceuterick, 1929, 5-10.
    – Reprint: *AUCL* 82 (1930-33) 533-537.
106. *La vie intellectuelle et l'action catholique. Discours prononcé, le 20 octobre 1930, pour l'ouverture de l'exercice 1930-1931*. n.p., [1930], 35 pp.
    – Reprint: *AUCL* 82 (1930-33) 602-633; partial reprint: no. 108, vol. 2, 163-179.

107. Discours prononcé, le 27 juin 1930, pour l'inauguration du buste de M. Francqui au Xe anniversaire de la Fondation Universitaire. — *Manifestation académique en l'honneur de M. Émile Francqui, Ministre d'État*, Brussels, Bureau de la Fondation Universitaire, 1930, 3-10.
108. *La vie universitaire*. Louvain - Paris, Éditions Rex, 1931, 2 vols., [VI]-171, 181 pp. [reprints from nos. 20, 25, 27, 28, 31, 33, 37, 39, 51, 52, 54, 58, 60, 61, 63, 65-67, 69, 72, 86, 88, 89, 104, 106].
109. *L'exercice de la mémoire et l'examen dans la vie universitaire. Discours prononcé, le 19 octobre 1931, pour l'ouverture de l'exercice 1931-1932*. n.p., [1931], 29 pp.
    – Reprint: *RCIF* 11 (1931-32) no. 31, 3-10; *AUCL* 82 (1930-33) 675-699.
110. L'Aucam et les étudiants. — *Revue de l'Aucam* 6 (1931) 253-254.
111. *Discours d'ouverture de l'exercice académique 1932-1933. La mission des bons étudiants auprès des autres. Rapport sur l'exercice 1931-1932*. n.p., [1932], 31 pp.
    – Reprint: *AUCL* 82 (1930-33) 705-729.
112. Le rôle organique de la Faculté de théologie à l'Université de Louvain. — *Le cinquième centenaire de la Faculté de théologie de l'Université de Louvain (1432-1932)*, Bruges, C. Beyaert; Louvain, Ephemerides Theologicae Lovanienses, 1932, 166-172.
    – Reprint: *ETL* 10 (1933) 20-26; *AUCL* 83 (1934-36) 623-629.
113. L'Université de Louvain couronnement de l'enseignement libre en Belgique. — *Un Siècle d'Enseignement Libre*, Brussels, La Revue catholique des idées et des faits, 1932, XIX-XX.
114. Saint Éleuthère dans la communion des Saints. Sermon prononcé à la cathédrale de Tournai, le 30 juin 1931. — *Album-Souvenir des solennités du XIVe Centenaire de la mort de Saint Éleuthère, premier évêque de Tournai (531-1931)*, Tournai, Casterman, 1932, 65-80.
115. Ce que l'Église attend de l'Action catholique. — *RCIF* 11 (1931-32) nos. 22-23, 1-3.
116. Littérature et religion. — *RCIF* 11 (1931-32) no. 24, 10-12.
117. Éloge funèbre de M. Jean Jadot, gouverneur de la Société Générale de Belgique, prononcé le 13 mars 1932 à l'Assemblée générale de l'Union des Ingénieurs sortis des Écoles Spéciales de Louvain. — *Bulletin de l'Union des Ingénieurs sortis des Écoles Spéciales de l'Université de Louvain* 58 (1932), bulletin administratif, 141-143.
118. À Sa Sainteté Pie IX. Adresse de Monseigneur Ladeuze. — *Revue de l'Aucam* 7 (1932) 321, 325-327.
119. L'idéal intellectuel de l'étudiant catholique. — *Les Cahiers de la J.U.C.* 8 (1932) 95-97.
120. Inauguration de la statue de Themis et de la collection de moulages d'œuvres d'art antique offertes à l'Université par le Gouvernement Hellénique. Jeudi 22 mai 1930, à 15 heures. — *AUCL* 82 (1930-33) 584-600 [speech, pp. 585-590].
121. Inauguration du monument érigé au Cardinal Mercier à l'Institut Supérieur de Philosophie de l'Université de Louvain, le jeudi 7 mai 1931. — *AUCL* 82 (1930-33) 634-673 [speech, pp. 659-663].
122. M. le chanoine Henry de Dorlodot, professeur à la Faculté des sciences. Discours prononcé aux funérailles célébrées à Louvain le 9 janvier 1929. — *AUCL* 82 (1930-33) X-XV.

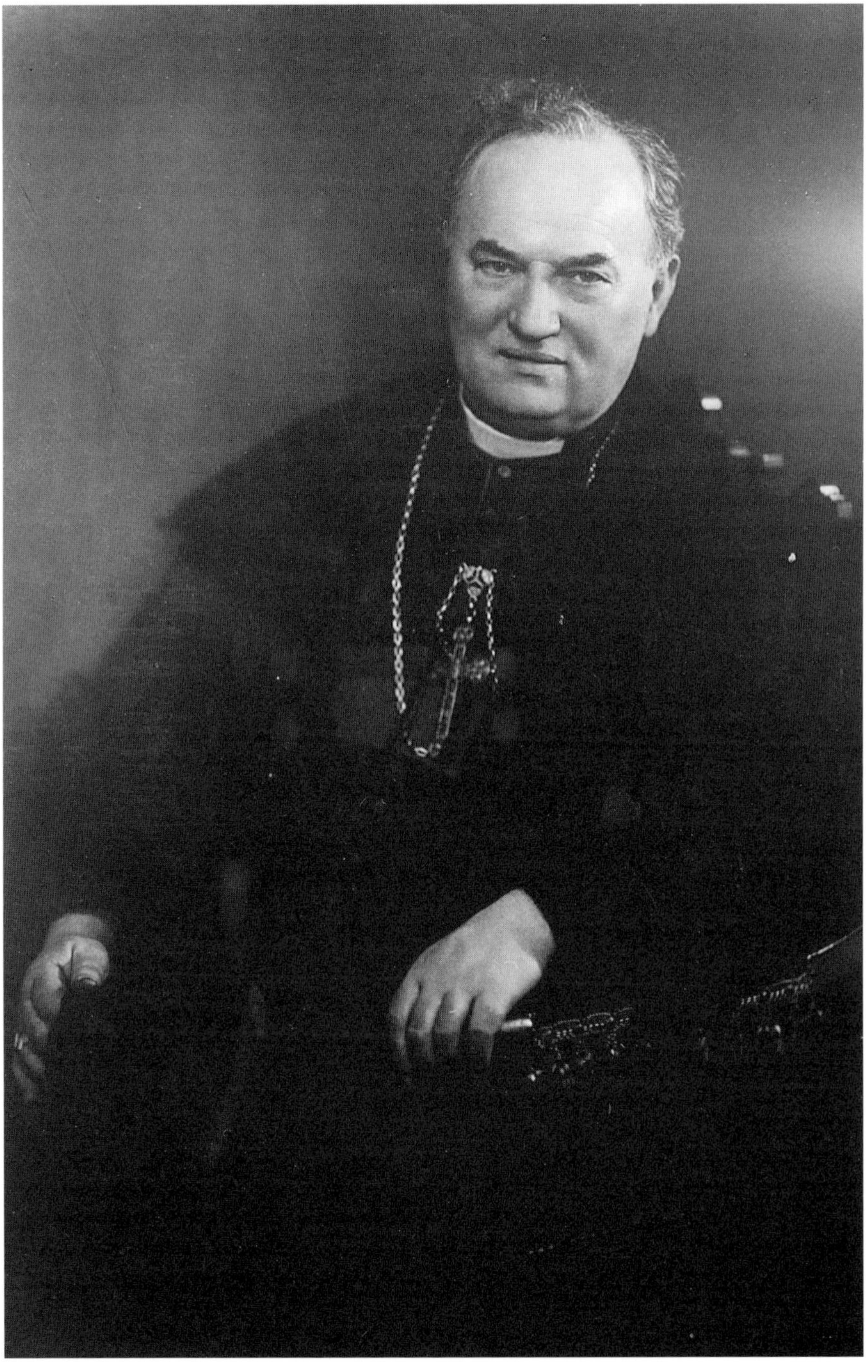

123. M. Emmanuel Lemaire, professeur à la Faculté des sciences. Discours prononcé aux funérailles célébrées à Erbisœul le 21 août 1929. — *AUCL* 82 (1930-33) LI-LIV.
124. M. le chanoine Édouard Tobac, professeur à la Faculté de théologie. Discours prononcé à l'église de Op-Heylissem, le 8 mai 1930, après la messe des funérailles. — *AUCL* 82 (1930-33) LXXII-LXXVII.
125. M. Maurice Alliaume, professeur à la Faculté des sciences. Discours prononcé aux funérailles célébrées à Louvain le 29 octobre 1931. — *AUCL* 82 (1930-33) CXXI-CXXIV.
126. *Discours d'ouverture de l'exercice académique 1933-1934. L'examen, le surmenage, l'étude des détails dans la vie universitaire. Rapport sur l'exercice 1932-1933.* Brussels, Lesigne, [1933], 40 pp.
   – Reprint: *AUCL* 83 (1934-36) 649-677.
127. Justice sociale et charité sociale. Allocution prononcée, le 19 décembre 1932, à la séance de clôture de la Xe Semaine Sociale Universitaire Catholique. — *Les Cahiers de la J.U.C.* 9 (1933) 111-116.
128. *Discours d'ouverture de l'exercice académique 1934-1935. Le désir de connaître à l'Université. Les caractéristiques des divers degrés d'enseignement. Rapport sur l'exercice 1933-1934.* Brussels, Lesigne, [1934], 38 pp.
   – Reprint: *AUCL* 83 (1934-36) 718-744.
129. L'oblation dans le Sacrifice Eucharistique. — *La Vie Eucharistique de l'Église. Cours et Conférences des Semaines Liturgiques* 12 (1934) 50-71.
130. *Discours d'ouverture de l'exercice académique 1935-1936. Rapport sur l'exercice 1934-1935. Le centenaire de l'Université. L'effort personnel dans le travail de l'étudiant.* Brussels, Lesigne, [1935], 44 pp.
   – Reprint: *RCIF* 15 (1935) no. 31, 1-12; *AUCL* 83 (1934-36) 791-822.
131. Discours de S. Exc. Mgr Ladeuze, Recteur magnifique de l'Université. — *Université catholique de Louvain. Centième anniversaire de sa restauration. 2 juin 1935. Jubilé rectoral de Son Excellence Monseigneur Ladeuze, Recteur magnifique, Évêque de Tibériade*, Louvain, Imprimerie Saint-Alphonse, [1935], 62-71.
   – Dutch version: Rede van Z. Exc. Mgr Ladeuze, Rector magnificus van de Universiteit. — *Katholieke Universiteit te Leuven. Eeuwfeest der Heropening. 2 Juni 1935. Zilveren rectoraatsjubileum van Zijne Excellentie Monseigneur Ladeuze, Rector magnificus, Bisschop van Tiberiades*, Louvain, Imprimerie Saint-Alphonse, [1935], 62-71.
   – Reprint: *AUCL* 83 (1934-36) 778-783.
132. Inauguration du Mémorial Salée (13 mars 1933). Discours de Mgr le Recteur. — *AUCL* 83 (1934-36) 829-833.
133. Hommage académique à la mémoire de S. M. le Roi Albert. Academische hulde aan de nagedachtenis van Z. M. Koning Albert. — *AUCL* 83 (1934-36) 834-858 [speech, pp. 854-856].
134. M. Albert Lemaire, professeur à la Faculté de médecine. Discours prononcé aux funérailles célébrées à Louvain, le 21 janvier 1933. — *AUCL* 83 (1934-36) XIII-XVII.
135. M. Alfred Schickx, professeur à la Faculté de droit. Discours prononcé aux funérailles célébrées à Louvain, le 5 avril 1933. — *AUCL* 83 (1934-36) XXX-XXXIV.

136. M. Charles Nelis, professeur à la Faculté de médecine. Discours prononcé aux funérailles célébrées à Louvain, le 4 mai 1935. — *AUCL* 83 (1934-36) CXXXVI-CXXXIX.
137. *Discours d'ouverture de l'exercice 1936-1937. Les directives du Congrès de Malines. L'idéal catholique et l'abnégation dans la vie des étudiants et des professeurs. Rapport sur l'exercice 1935-1936.* Brussels, Lesigne, [1936], 55 pp.
    – Reprint: *AUCL* 84/2 (1936-39) 102-145.
138. Éloge de M. Émile Francqui. — *Séance académique solennelle consacrée à la mémoire de M. É. Francqui. Bruxelles, Palais des Académies, 15 février 1936*, Brussels, 1936, 13-30.
    – Reprint: *AUCL* 84/2 (1936-39) 21-33.
139. Discours de Son Excellence Monseigneur P. Ladeuze [...], prononcé à l'occasion de l'assemblée générale de notre société. — *Vereeniging tot het bevorderen van de beoefening der wetenschap onder de katholieken in Nederland. Annalen* 28/1 (1936) 79-85.
140. *Discours d'ouverture de l'exercice académique 1937-1938. Comment le travail de l'étudiant universitaire diffère du travail du collégien. Rapport annuel.* Brussels, Lesigne, [1937], 45 pp.
    – Reprint: *AUCL* 84/2 (1936-39) 165-199.
141. L'Université de Louvain. — *RCIF* 17 (1937-38) no. 50, 1-2.
142. *Discours d'ouverture de l'exercice académique 1938-1939. La leçon des événements de 1938. L'importance du travail scientifique pour former des conducteurs d'hommes. Les dangers de la spécialisation scientifique. Rapport sur l'exercice 1937-1938.* Brussels, Lesigne, [1938], 53 pp.
    – Reprint: *AUCL* 84/2 (1936-39) 213-256.
143. L'Université et sa Faculté de droit à l'Institut National de Radiodiffusion. Causerie de S. Exc. Mgr. Ladeuze, Recteur magnifique. [5 Febr. 1938]. — *Annales de Droit et de Sciences Politiques* 6 (1937-38) 528-533.
144. Méditation aux pieds de Notre-Dame de Bonne-Espérance. — *Bulletin des Anciens Étudiants de Bonne-Espérance*, 25 March 1938.
145. La chaire Francqui à l'Université de Louvain en 1936-1937. Le professeur Taylor, de l'Université de Princeton, titulaire de la chaire Francqui à Louvain en 1936-1937. Séance inaugurale le 4 février 1937. Discours de S. Exc. Mgr Ladeuze. — *AUCL* 84/2 (1936-39) 154-157.
146. Rapport sur l'exercice 1938-1939. — *AUCL* 84/2 (1936-39) 304-329 [compiled by H. V*an* W*aeyenbergh*].
147. M. le chanoine Victor Grégoire, doyen de la Faculté des sciences. Discours prononcé aux funérailles célébrées à Louvain, le 16 décembre 1938. — *AUCL* 84/2 (1936-39) XCV-CI.
    – Reprint: *RQS* 115 (1939) 5-14.
148. Éloge académique de Monseigneur A. Hebbelynck, Recteur magnifique honoraire, prononcé en la salle des promotions, le 28 février 1939. — *AUCL* 84/2 (1936-39) CXXVIII-CXLIV.
    – Also in: *RCIF* 18 (1938-39) no. 51, 1-7; *Annuaire de l'étudiant* (1938-39) 1-18.
149. M. le chanoine Edmond Remy, professeur à la Faculté de philosophie et lettres. Discours prononcé aux funérailles célébrées à Héverlé, le 30 mars 1939. — *AUCL* 84/2 (1936-39) CXLV-CL.
    – Also in: *RCIF* 19 (1939) no. 2, 10-12.

150. Discours de Son Excellence Monseigneur Ladeuze, Recteur magnifique de l'Université de Louvain. — *Agricultura* 42 (1939) nos. 2-3, 40-51.
– Reprint: *AUCL* 84/2 (1936-39) 281-290.
151. Ne rien relâcher. — *RCIF* 19 (1939) no. 46, 5-6.

Course texts published posthumously

152. *Notulen van een les over het Modernisme*. Edited by J. COPPENS, *Paulin Ladeuze*, Brussels, 1941, 95-101 [see below, Literature].
153. *Ladeuze's besluiten aangaande den oorsprong van het vierde Evangelie*. Student notes, edited by J. COPPENS, *ibid.*, 106-108.

Direction

Revue d'histoire ecclésiastique.

Doctoral dissertations:
H. COPPIETERS, *De historia textus Actorum Apostolorum* (Dissertationes, 1st ser., 53). Louvain, J. Van Linthout, 1902. XXVI-226 pp.
G. RASNEUR, L'homoousianisme dans ses rapports avec l'orthodoxie. — *RHE* 4 (1909) 189-206, 411-431.
É. TOBAC, *Le problème de la justification dans saint Paul. Étude de théologie biblique* (Dissertationes, 2nd ser., 3).
Louvain, J. Van Linthout, 1908, XXIII-273 pp.

Collaboration

Le Muséon; *Revue d'histoire ecclésiastique.*

Literature

Bibliography: *UCLB*, p. 88; Sup. 1, pp. 10-11; Sup. 2, pp. 15-16; Sup. 3, p. 13; Sup. 4, pp. 76-78; Sup. 5, pp. 11-12; Sup. 6, pp. 8-9; *BA* 6, pp. (69)-(75); *BA* 7, pp. 267-269; *ANL* 4 (1937-39) 89-90.
VAN DER ESSEN, L., Le sacre de Monseigneur P. Ladeuze, nommé Évêque titulaire de Tibériade, 2 février 1929. — *AUCL* (1930-33) 513-524.
COPPENS, J., L'Écriture sainte. — *Le cinquième centenaire de la Faculté de théologie* (cf. p. 18), 21-47, pp. 33-35; = *ETL* 9 (1932) 608-634, pp. 620-622.
Université catholique de Louvain. Centième anniversaire de sa restauration. 2 juin 1935. Jubilé rectoral de Son Excellence Monseigneur Ladeuze, Recteur magnifique, Évêque titulaire de Tibériade. Louvain, 1935.
In Memoriam Illustrissimi ac reverendissimi Domini Paulini Ladeuze, Episcopi tit. Tiberiensis, Rectoris magnifici Universitatis catholicae in oppido Lovaniensi. Louvain, 1940 (speeches by L. VAN DER ESSEN, H. VAN WAEYENBERGH, L. CERFAUX, and others); also published in *AUCL* 84/2 (1940-41) VII-LXVI.
Son Excellence Mgr Paulin Ladeuze. — *RHE* 36 (1940) 5-7.
VAN WAEYENBERGH, H., Monseigneur Ladeuze. — *RCIF* 20 (1940) nos. 6-7, 1-5.

CERFAUX, L., La carrière scientifique de Mgr Ladeuze. — *RCIF* 20 (1940) nos. 6-7, 6-8.
COCHEZ, H. & NAILIS, C., In Memoriam. — *Philologische Studien* 11-12 (1939-40) 3-24 (13-24: "Bibliographie P. Ladeuze", including 19 book reviews in *RHE* and *Le Muséon*).
COPPENS, J., Excellentissimus atque Illustrissimus Dominus Paulinus Ladeuze. — *ANL* 4 (1940) 68-71.
COPPENS, J., *Paulin Ladeuze, oriëntalist en exegeet 1870-1940. Een bijdrage tot de geschiedenis van de Bijbelwetenschap in het begin van de XXe eeuw* (Koninklijke Vlaamsche Academie voor Wetenschappen, Letteren en Schoone Kunsten van België. Klasse der Letteren en der Moreele en Staatkundige Wetenschappen, 3/1). Brussels, 1941.
LEFORT, L.T., Paulin Ladeuze 1870-1940. — *Le Muséon* 53 (1940) 151-153.
CERFAUX, L., Mgr Ladeuze, fils ainé de Bonne-Espérance. — *Bona Spes* 23-24 (1946) 11-22.
CERFAUX, L., Un grand recteur: Mgr Ladeuze. — *RGBelge* 1 (1945-46) 315-333.
CERFAUX, L., Hommage à Mgr Ladeuze. — *ETL* 25 (1949) 325-331.
COPPENS, J., Ladeuze, Paulin. — *EC* 7 (1951) 798.
LEFORT, L.T., Notice sur Mgr Paulin Ladeuze, membre de l'Académie. — *Annuaire de l'Académie Royale de Belgique. Notices biographiques* 120 (1954) 119-153.
COPPENS, J., Son Excellence Mgr Paulin Ladeuze. Notice biographique. — *ANL* 10 (1954-55) 197-215.
VIETTI, V., Ladeuze Paolino. — *DE* 2 (1955) 573-574.
COPPENS, J., Ladeuze (Mgr Paulin). — *DBS* 5 (1957) 229-231.
COPPENS, J., Ladeuze, Paulin. — *LTK* 6 (1961) 728.
AUBERT, R., Le grand tournant de la Faculté de Théologie de Louvain (cf. p. 18), pp. 99-103.
AUBERT, R., Ladeuze (Paulin). — *Catholicisme* 6 (1967) 1587-1590.
AUBERT, R., Ladeuze (Paulin). — *DTC Tables* 2 (1967) 2847-2848.
MURPHY, F.X., Ladeuze, Paulin. — *NCE* 8 (1967) 309.
DE GOEYSE, M., Ladeuze, Paulin. — *EVB* 1 (1973) 814.
DESCAMPS, A.-L., Ladeuze (Paulin-Pierre-Jean-Marie-Joseph). — *BN* 39 (1976) 541-563.
SCHIVELBUSCH, W., *Die Bibliothek von Löwen. Eine Episode aus der Zeit der Weltkriege*. Munich - Vienna, 1988.
Leuven University 1425-1985, Louvain, 1991, pp. 207-217.

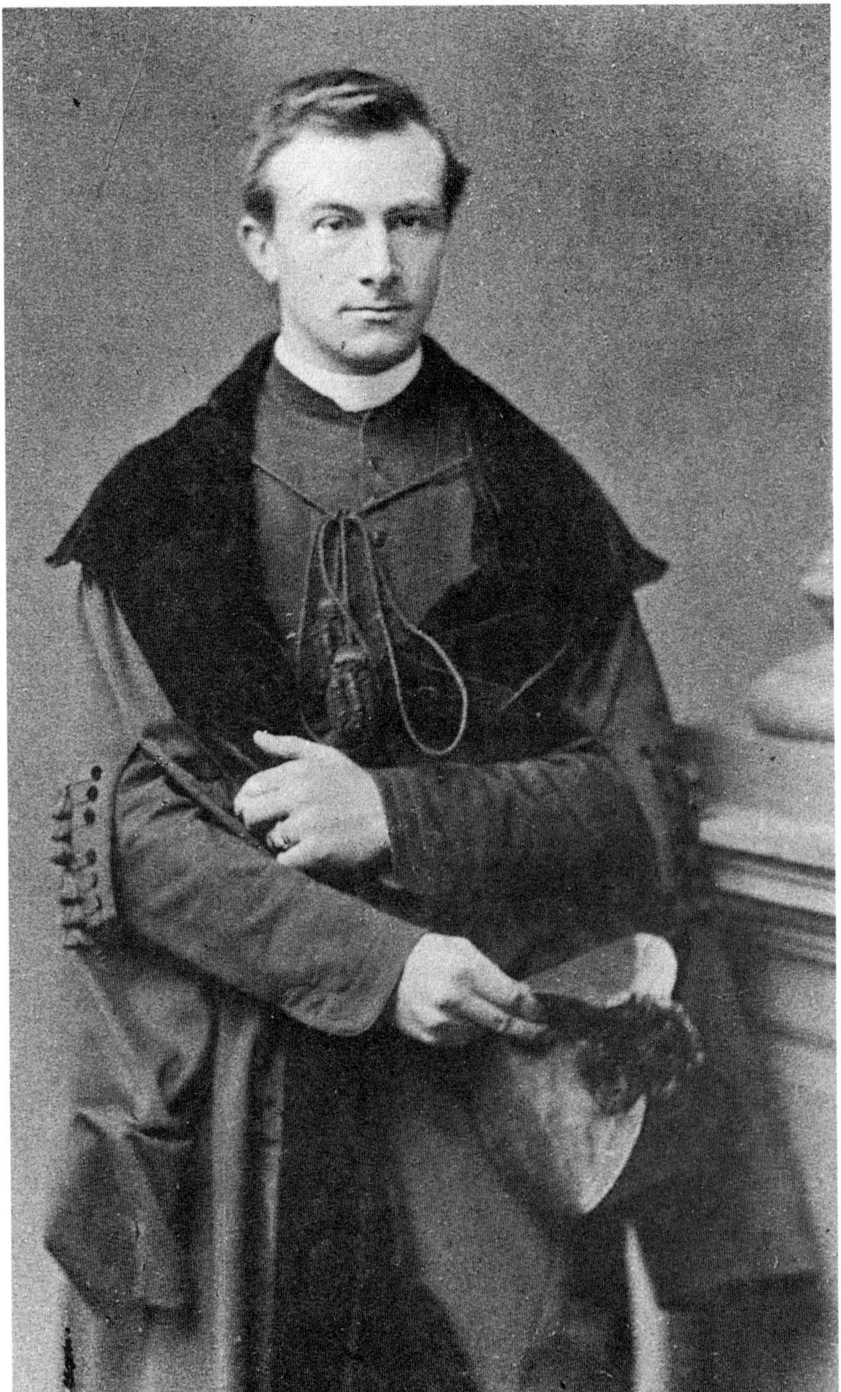

Henri Charles Camille LAMBRECHT

Welden, 26 January 1848 – Denderleeuw, 2 July 1889

Henri Lambrecht received his secondary education and a one year philosophy training at the minor seminary of Sint-Niklaas. In October 1866 he entered the major seminary at Ghent. Three years later, before his ordination to the priesthood (8 April 1871), he was sent to Louvain to complete his theological studies. He earned the licentiate degree in 1873. In the academic year 1875-76 he was appointed to teach two introductory courses in Scripture, a course in canon law, and a course in church history in the *Schola minor*. On 14 July 1875 he was promoted to a doctorate in theology. The following academic year he taught, in addition to the Scripture courses, the course in elementary Hebrew in the *Schola minor*, but as early as January 1877 he was recalled to his diocese. He was appointed professor of dogmatic theology and President of the major seminary at Ghent. In 1880 he became an honorary canon of Saint Bavon Cathedral and Director of a psychiatric institute. From 1883 he was the first in the Ghent seminary to publish his courses in a series of tractates. On 16 March 1886 he was assigned coadjutor with right of succession to Henri Bracq, the Bishop of Ghent, and nominated titular Bishop of Geras. On 17 June 1888, on the death of Bracq, he became Bishop of Ghent. One year after his installation as a bishop he died unexpectedly during pastoral visitation.

Courses

1875-1877	*Schola minor*: Scripture (two courses)
1875-1876	*Schola minor*: Canon Law
1875-1876	*Schola minor*: Church History
1876-1877	Elementary Hebrew

Works

1. *De Sanctissimo Missae sacrificio dissertatio dogmatica quam cum subjectis thesibus, annuente summo numine et auspice beatissima Virgine Maria, ex auctoritate Rectoris Magnifici Alexandri Josephi Namèche, [...], et consensu S. Facultatis Theologicae, pro gradu doctoris S. Theologiae in Universitate catholica, in oppido Lovaniensi, rite et legitime consequendo, publice propugnabit*. Louvain, Vanlinthout fratres, 1875, xv-357 pp. [dir.: A.H.H. Dupont].

2. *Verklaring van den Mechelschen Catechismus.* Ghent, C. Poelman, 1881-1883, 3 vols., XIX-1502 pp.
   – *Tweede Uitgaaf.* 1890-1892, 3 vols., XIX-1425 pp.
3. *Enige aanmerkingen over methodeleer.* Ghent, S. Leliaert, A. Schiffer en Cie, 1881, 10 pp. [reprint from *Het Katholiek Onderwijs*].
4. *Het Roomsch-katholiek geloof in 't kort bewezen.* Ghent, C. Poelman, 1883, 80 pp. [excerpts from no. 2].
5. *Theologiae dogmaticae specialis liber primus et secundus. Tractatus de Deo uno secundum naturam et trino secundum personas quem in usum suorum auditorum conscripsit.* Aalst, Aem. Vernimmen, 1883, 400 pp.
   – Reprint: Ghent, C. Poelman, 1891, 412 pp. [posthumous].
6. *Een woord over de plicht en de onzijdige zedenleer.* — *Het Katholiek Onderwijs* 5 (1883-84) 483-584; 6 (1884-85) 97-100.
7. *Beknopte verklaring van den Mechelschen Catechismus ten gebruike van het middelbaar onderwijs.* Ghent, C. Poelman, 1885, 395 pp.
   – *Tweede uitgave.* Ghent, S. Leliaert, A. Siffer & Cie, 1885, 394 pp.
   – *Derde uitgave.* Ghent, C. Poelman, 1888, 395 pp.
   – *Achtste uitgave.* Ghent, A. Huyshauwer & L. Scheerder, [1909], 397 pp.
   – French transl.: *Le Catéchisme de Malines expliqué. Traduction de l'ouvrage du Chanoine Lambrecht: Beknopte verklaring van den Mechelschen Catechismus, par le chanoine F. de Vos.* Ghent, C. Poelman, 1886, 112 pp. [2nd ed. 1894, 383 pp.].
8. *Voorschriften van zedenleer, kortbondig voorgesteld.* Ghent, S. Leliaert, A. Schiffer en Cie, 1885, 20 pp. [reprint from *Het Katholiek Onderwijs* 6 (1884-85) 289-293, 337-341, 385-390, 433-434].
   – *Tweede uitgave.* 1885, 20 pp.
   – *Derde uitgave.* 1887, 20 pp.
9. *Analysis tractatus de incarnatione quam in gratiam alumnorum Seminarii Gandavensis conscripsit.* Ghent, C. Poelman, 1887, 172 pp.
10. *Analysis tractatus de gratia quam in gratiam alumnorum Seminarii Gandavensis conscripsit.* Ghent, C. Poelman, 1887, 192 pp.
11. *Analysis tractatus de novissimis quam in gratiam alumnorum Seminarii Gandavensis conscripsit.* Ghent, C. Poelman, 1888, 205 pp.
12. *Theologiae fundamentalis liber primus. Demonstratio christiana seu Tractatus de veritate revelationis Christi quam in gratiam alumnorum Seminarii Gandavensis conscripsit.* Ghent, C. Poelman, 1889, 2 vols., 443 pp.
13. *Theologiae fundamentalis liber secundus. Tractatus de locis theologicis seu de S. Scriptura et Traditione quem in usum suorum auditorum conscripsit.* Ghent, C. Poelman, 1890, 147 pp.
14. *Theologiae fundamentalis liber tertius. Demonstratio catholica seu Tractatus de Ecclesia quem in usum suorum auditorum conscripsit.* Ghent, C. Poelman, 1890, 304 pp. [posthumous].
15. *Theologia dogmatica. Introductio et demonstratio christiana. Index analyticus quem in usum suorum alumnorum confecit Ad. Hebbelynck.* Ghent, C. Poelman, 1890, 67 pp. [posthumous; see A. Hebbelynck, no. 3].
16. *Recueil des mandements, lettres pastorales, instructions et autres documents, publiés par S. G. Henri-Charles-Camille Lambrecht, XXIIIe évêque de Gand, 1888-1889.* Ghent, C. Poelman, 1890, [VII]-166-45 pp. [posthumous].

17. *Theologia dogmatica. Tractatus de Deo uno secundum naturam et trino secundum personas. Index analyticus in usum alumnorum Seminarii.* Ghent, C. Poelman, 1892, 59 pp. [posthumous].
18. *Theologiae dogmaticae specialis liber tertius. Tractatus de Deo Creatore et ordinis supernaturalis Institutore deque lapsu creaturae elevatae quem inchoavit [...] Henricus-Carolus Lambrecht [...] et complevit B. Haelterman.* Ghent, C. Poelman, 1893, 784 pp. [posthumous].

Course texts in autograph

19. *Tractatus de Ecclesia seu Demonstratio catholica in gratia alumnorum Seminarii Gandavensis conscriptus.* Ghent, 1877-78, 400 pp.
20. *Analysis tractatus de Deo incarnato quam conscripsit in gratiam alumnorum Seminarii Gandavensis.* Ghent, 1878, 188 pp.
21. *Analysis tractatus de gratia quam conscripsit in gratiam alumnorum Seminarii Gandavensis.* Ghent, 1879, 238 pp.
22. *Tractatus de gratia.* [Ghent], n.d., 324 pp.

Literature

Bibliography: *UCLB*, pp. 65-66; DE POTTER, 12, 160, 170, 622.
DAENS, P., *Leven van Z.H. Henricus-Carolus Lambrecht, Doctor in de Godsgeleerdheid, XXIIIen bisschop van Gent.* Aalst, 1889.
STILLEMANS, A., *Lijkrede van Z. H. H.C.C. Lambrecht.* Ghent, 1889.
Décès de Sa Grandeur Mgr Lambrecht, évêque de Gand. — *AUCL* (1890) III-VI.
BITTREMIEUX, J., La théologie dogmatique. — *Le cinquième centenaire de la Faculté de théologie* (cf. p. 18), 48-58, pp. 56-57; = *ETL* 9 (1932) 635-645, pp. 643-644.
PIOLANTI, A., Lambrecht, Henry-Charles. — *EC* 7 (1951) 843.
VIETTI, V., Lambrecht Eugenio Carlo. — *DE* 2 (1955) 584.
Lambrecht (Henri-Charles). — *DTC Tables* 2 (1967) 2873.
KERKVOORDE, A., Lambrecht (Henri). — *Catholicisme* 6 (1967) 1708.
MAES, A., Een oud-leerling. Henricus-Carolus Lambrecht, Bisschop van Gent. — *Ic Hou* 13 (1967) no. 2, 12-20.
VAN LANDSCHOOT, R., Lambrecht, Henri Charles Camille. — *EVB* 1 (1973) 819.
COLLIN, L., Mgr. Lambrecht, een sociaal voelend bisschop. — *Godsdienstige Week van het bisdom Gent*, 15 June 1973.
STRYCKERS, I., Lambrecht, Henricus Carolus. — *NBW* 6 (1974) 536-539.
COLLIN, L., Monseigneur Henri Lambrecht, Bisschop van Gent 1888-1889. — *Godsdienstige Week van het bisdom Gent*, 1 and 15 May 1989.
COLLIN, L., Lambrecht, Henri Charles. — *NBW* 13 (1990) 459-465.
BOUDENS, R., Henri Lambrecht (1888-1889). — M. CLOET (ed.), *Het bisdom Gent (1559-1991). Vier eeuwen geschiedenis*, Ghent, 1991, pp. 348-350.
KENIS, L., *De Theologische Faculteit te Leuven in de negentiende eeuw* (cf. p. 18), esp. pp. 453-455.

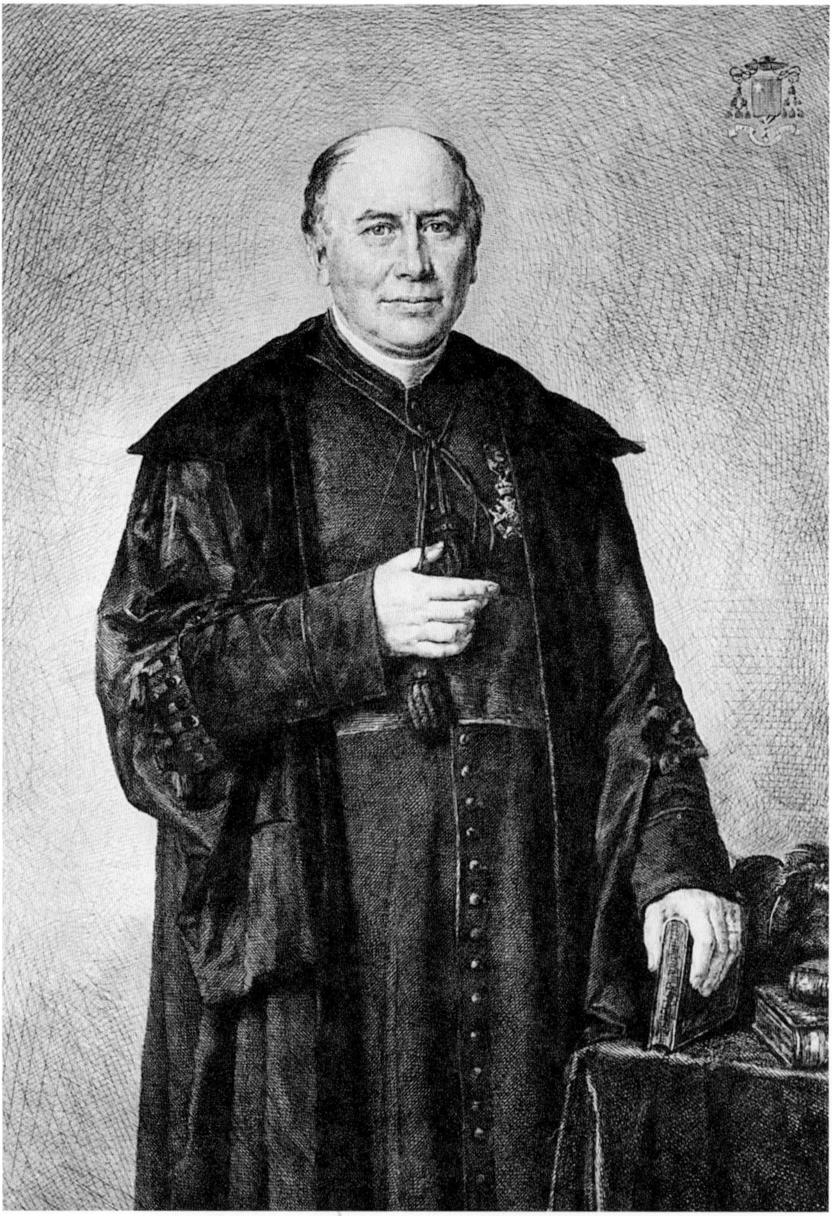

Thomas Joseph LAMY

Ohey, 27 January 1827 – Louvain, 30 July 1907

After completing his secondary education at Floreffe, Thomas Lamy entered the seminary at Namur. In 1852 he was ordained to the priesthood. From 1853 he studied at Louvain where, in 1859, he earned a doctorate in theology with a dissertation on the doctrine and discipline of the Eucharist in the Syrian Church (no. 3). Meanwhile, in 1858, he was appointed to teach elementary Hebrew and Syriac in the Theological Faculty. From 1859 he also taught an introductory Scripture course in the Faculty's *Schola minor*. He was named extraordinary professor in 1860 and became a full professor in 1863.

In 1875 Lamy succeeded J.T. Beelen to the chair of Sacred Scripture in the *Schola maior*. In addition he continued to teach Hebrew and Syriac. Lamy published numerous studies on such diverse subjects as both the Old and New Testament, Patristics, the history and present state of the oriental churches, and the history of the University of Louvain. His major biblical works were an introduction to Scripture (no. 23) and a commentary on Genesis (no. 48). He wrote various replies to the main parts of Ernest Renan's *Origines du christianisme* (nos. 19, 22, 25, 35). Whereas in biblical studies he confined himself to a rather traditional exegesis, his more important achievements were in the field of orientalism, where he continued the tradition of the Louvain Orientalist School, especially in Syriac philology. His principal publications were the editions of the *Chronicon ecclesiasticum* of Gregory Barhebraeus (with J.B. Abbeloos, no. 31), of the Acts of the Council of Seleucia-Ctesiphon (no. 26) and, particularly, of the hymns and sermons of Ephrem the Syrian (no. 55).

Lamy was a member of the Royal Academy of Belgium (1879) and of various foreign academies and sat on the managing board of Belgium's Royal Library. He was an honorary canon of the Cathedral of Namur, domestic prelate to the Pope (1885) and commander of the Order of Leopold. In 1900 he retired and three years later he was appointed as a member of the Pontifical Biblical Commission. At Louvain he was President of Maria Theresia College for more than thirty years.

Courses

1858-1889	Elementary Hebrew
1858-1900	Syriac
1859-1875	*Schola minor*: Scripture

1875-1900   Scripture
1875-1900   Hebrew

Works

1. Notice sur la vie et les écrits de l'abbé Corneille Stevens. — *RCath* 15 (1857) 267-276, 345-355, 391-401, 459-464.
2. M. Renan, la révélation et les langues sémitiques. — *RCath* 16 (1858) 317-331, 377-390, 441-453.
3. *Dissertatio de Syrorum fide et disciplina in re Eucharistica; Accedunt veteris ecclesiae Syriacae monumenta duo: Joannis Telensis Resolutiones canonicae Syriace nunc primum editae et latine redditae; Jacobi Edesseni Resolutiones canonicae Syriace cum versione latina nunc primum elaborata. Adduntur adnotationes variae, theologicae, historicae, archeologicae aliae, ad utrumque illud monumentum elucidandum compositae: Quae omnia, annuente summo numine, et auspice beatissima Virgine Maria, ex auctoritate Rectoris Magnifici Petri Franc. Xav. De Ram, [...], et consensu Facultatis Theologicae, pro gradu doctoris in S. Theologia in Universitate catholica, in oppido Lovaniensi, rite et legitime consequendo, prodeunt.* Louvain, Vanlinthout et socii, 1859, XVI-273 pp. [dir.: J.T. Beelen].
4. Les inscriptions du Sinaï et leur origine. — *RCath* 17 (1859) 177-180.
5. Review: C.E. FREPPEL, *Les Pères apostoliques et leur époque. Cours d'éloquence sacrée fait à la Sorbonne*. — *RCath* 17 (1859) 535-543.
6. L'Église syriaque et la procession du Saint-Esprit. Décision inédite d'un concile tenu à Seleucie en 410. Témoignages divers. — *RCath* 18 (1860) 166-175.
7. Les épitres de S. Ignace et la critique moderne. — *RCath* 18 (1860) 234-243.
8. Études sur la Vulgate. — *RCath* 18 (1860) 522-535, 569-579.
9. De Guilielmi Damasi Lindani vita et scriptis. Oratio, quam more majorum habuit [...] dum die 11 julii 1859 solemnis fiebat ad gradus academicos in theologia promotio. — *AUCL* 24 (1860) 298-320.
10. Études sur les écrits de S. Hippolyte. (Migne, *Patrologie grecque*, t. X.). — *RCath* 19 (1861) 5-15, 80-94.
11. Review: D.D. BARTHOLINI, *Les Actes du Martyre de Ste Agnès*. — *RCath* 19 (1861) 175-182.
12. Origines des écrits du Nouveau Testament. Histoire du Canon. — *RCath* 19 (1861) 253-267.
13. Saint Grégoire Thaumaturge et ses écrits. (Migne, *Patrologie grecque* t. X, col. 963-1232). — *RCath* 20 (1862) 26-34.
14. Le discours de M. Renan, à l'ouverture du cours de langues hébraïque, chaldaïque et syriaque au Collége de France. — *RCath* 20 (1862) 180-189.
15. Les vingt-six martyrs japonais. — *RCath* 20 (1862) 276-290 [anon.].
16. La chaire d'hébreu au Collége de France. Courtes observations sur un nouvel écrit de M. Renan. — *RCath* 20 (1862) 552-565.
17. Jean Molanus et son Histoire de Louvain. — *RCath* 20 (1862) 573-581, 633-651 [anon. review of P.F.X. De Ram, no. 210].
18. La Souveraineté Pontificale devant l'histoire. — *RCath* 21 (1863) 365-373, 406-424.

19. La Vie de Jésus par M. Ernest Renan. Examen critique. — *RCath* 21 (1863) 470-485, 545-568, 653-671, 724-741.
    – Revised and enlarged edition: *Examen critique de la Vie de Jésus de M. Ernest Renan*. Louvain, C. Peeters, 1863, 76 pp.
    – *Deuxième édition*: *L'Évangile et la critique. Examen de la Vie de Jésus de M. Ernest Renan*. Malines, H. Dessain, 1864, IV-130 pp.
    – *Troisième édition* (Brochures publiées par le Comptoir universel d'imprimerie & de librairie, 7th ser., 1). Brussels, V. Devaux et Cie, 1871, VIII-196 pp.
    – German transl.:
        – *Renan's 'Leben Jesu', kritisch beleuchtet. Mit Autorisation des Verfassers aus dem Französischen übersetzt von C. Ferrier*. Mainz, F. Kirchheim, 1864, IV-156 pp.
        – *Renan's 'Leben Jesu' vor dem Richterstuhle der Kritik. Uebersetzt von Aug. Rohling*. Münster, Brunn, 1864, 87 pp.
20. Études de critique sacrée. — *RCath* 22 (1864) 501-512.
21. L'histoire et les monuments du droit ecclésiastique des Grecs par Son Ém. le cardinal Pitra. — *RCath* 22 (1864) 700-714.
22. Les Apôtres. Examen critique du second écrit de M. Renan sur les origines du christianisme. — *RCath* 24 (1866) 275-291, 313-323, 377-391.
    – Reprint: (Brochures publiées par le Comptoir universel d'imprimerie & de librairie, 10th ser., 1). Brussels, M. Closson et Cie, 1874, VI-101 pp. [cf. no. 35].
23. *Introductio in sacram Scripturam*. Malines, H. Dessain, 1866-1867, 2 vols., VI-275, 429 pp. [cf. no. 134].
    – *Editio secunda aucta et emendata*. 1873, VI-357, 422 pp.
    – *Editio tertia denuo recognita*. 1877, VI-360, 427 pp.
    – *Editio quarta denuo recognita*. 1886-1887, VI-362, 426 pp.
    – *Editio quinta denuo recognita*. 1893, XI-364, 427 pp.
    – *Editio sexta denuo recognita*. 1901, VI-371, 440 pp.
24. Études de patrologie orientale. S. Jacques de Sarug. — *RCath* 25 (1867) 513-525.
25. La treizième édition de la Vie de Jésus. — *RCath* 25 (1867) 665-672.
26. *Concilium Seleuciae et Ctesiphonti habitum anno 410. Textum Syriacum edidit, Latine vertit notisque instruxit*. Louvain, C. Peeters, 1868, IV pp., 120 cc.
27. Études de patrologie orientale. S. Rabulas, évêque d'Édesse. — *RCath* 26 (1868) 519-531, 584-592.
28. La primauté de S. Pierre dans les hymnes liturgiques de l'Église grecque et de l'Église russe. — *RCath* 26 (1868) 693-707.
29. In *BN* 2 (1868): Bonfrère (Jacques), 678-681.
30. Les Orientaux et le concile œcuménique. — *RCath* 27 (1869) 152-178, 241-258, 566-588; 28 (1869) 195-211.
31. *Gregorii Barhebraei chronicon ecclesiasticum quod e codice Musei britannici descriptum conjuncta opera ediderunt, Latinitate donarunt annotationibusque theologicis, historicis, geographicis et archaeologicis illustrarunt J.-B. Abbeloos et T.-J. Lamy*. Louvain, Peeters, 1872-1877, 3 vols., XXXII pp.-936 cc., VI pp.-652 cc.
32. *Funérailles de Monseigneur Laforet. Discours prononcés par Mgr Namèche, Vice-Recteur, Messieurs Lamy, Président du Collége Marie-Thérèse à Louvain, Wauttriche, curé à Graide, Thonissen, représentant et professeur à*

l'Université, de Baisieux, étudiant en médecine, et le Comte Ad. de Ribaucourt, Louvain, Ch. Peeters, [1872], 11-13 [speech, reprinted from *l'Ami de l'Ordre*].
33. In *BN* 3 (1872): Bukentop (Henri de ou van), 155-156.
34. *L'infaillibilité pontificale. Réponse à M. de Bismarck par les évèques suisses, suivie de la constitution "Pastor aeternus"*. Brussels, V. Devaux, 1873, x-107 pp.
35. L'Antechrist de M. Renan. — *RCath* 36 (1873) 135-157, 275-300, 364-387.
   – Published separately: *L'Antechrist et la critique. Examen du quatrième volume des Origines du Christianisme de M. Renan*. Louvain, C. Peeters, 1873, 172 pp.
   – Reprint: *L'Antechrist. Examen critique de l'Antechrist de M. Renan* (Brochures publiées par le Comptoir universel d'imprimerie & de librairie, 10th ser., 2). Brussels, M. Closson et Cie, 1874, 132 pp.
   – Published with *Les Apôtres* (no. 22) under the title: *Les Apôtres et l'Antechrist. Examen critique des deux volumes publiés par M. Renan sous le même titre*. Brussels, M. Closson et Cie, 1874, VIII-226 pp.
36. Duae epistolae de impedimentis matrimonii apud Hebraeos. — P. HARPER, *Peace through the Truth*, London, 1874.
37. Le prophète Jonas. — *RCath* 37 (1874) 276-302.
38. Review: É. BOUGAUD, *Le christianisme et les temps présents*. — *RCath* 37 (1874) 663-669.
39. La question arménienne. — *RCath* 38 (1874) 153-175, 583-613; 39 (1875) 34-63.
40. Monseigneur de Mérode. — *RCath* 38 (1874) 371-397.
   – Published separately: Louvain, C. Peeters, 1874, 32 pp.
   – *Deuxième édition* (Brochures publiées par le Comptoir universel d'imprimerie & de librairie, 11th ser., 5). Brussels, M. Closson et Cie, 1875, 49 pp.
   – German transl.: Ein katholischer Mann. — *Die katholische Bewegung*, 1875.
41. *Discours prononcé en l'église de Tongrinnes, le 15 avril 1875, aux funérailles de M. le chanoine Adrien-Joseph Docq, professeur de physique et d'astronomie à l'Université catholique de Louvain*. Louvain, C. Peeters, 1875, 10 pp.
42. Une exploration récente de la Terre-Sainte. — *RCath* 42 (1876) 555-567; 43 (1877) 69-80, 242-258.
43. Les moines d'Occident. — *RCath* 44 (1877) 247-266, 325-349, 481-507.
44. Hymnographie de l'Église grecque. — *RCath* 45 (1878) 541-557; 46 (1878) 5-29 [the first part is entitled: Hymnography].
45. Poésie des Hébreux. — *RCath* 47 (1879) 65-75.
46. The Christians of the East: Their Present Condition and Their Hopes. — *DR* 32 (1879) 397-425.
   – French version: Les chrétiens d'Orient, leur état actuel et leurs espérances. — *RCath* 48 (1879) 4-25, 123-139.
47. The Education Question in Belgium. — *DR* 33 (1879) 154-187.
48. *Commentarium in Genesin*. Louvain, C. Peeters, 1880, 788 cc.
   – 2nd ed.: *Commentarium in librum Geneseos*. Malines, H. Dessain, 1883-1884, 2 vols., VIII-398, [VII]-417 pp.

49. Les manuscrits syriaques du Musée britannique. — *BASB* 2nd ser. 49 (1880) 223.
50. The Greek Church: Its History, Dogma, Discipline, Rites, Organisation, and its Future. — *DR* 35 (1880) 22-59.
    – French version: L'Église grecque, son histoire, ses dogmes, sa discipline, ses rites, son organisation, son avenir. — *RCath* 50 (1880) 105-132, 209-231.
51. Les premières versions latines de la Bible. — *RCath* 51 (1881) 309-324.
52. Les prophéties messianiques et la critique rationaliste. — *La Controverse* 2 (1881) 513-542.
53. The Russian Church: Its History and Present Organisation. — *DR* 36 (1881) 422-450.
    – French version: L'Église russe, son histoire et son organisation actuelle. — *RCath* 51 (1881) 513-535; 52 (1882) 27-39.
54. Discours et hymnes de S. Éphrem d'après les manuscrits de la Bibliothèque Nationale de Paris et du Musée Britannique de Londres. — *Les Lettres chrétiennes* 3 (1881) 203-230; 4 (1881-82) 57-78.
55. *Sancti Ephraem Syri Hymni et Sermones, quos e codicibus Londinensibus, Parisiensibus et Oxoniensibus descriptos edidit, Latinitate donavit, variis lectionibus instruxit, notis et prolegomenis illustravit.* Malines, H. Dessain, 1882-1902, 4 vols., LXXXVIII pp.-718 cc., XXVIII pp.-832 cc., XI pp.-XLV-101 cc., XLVIII-856 cc.
56. La Congrégation de l'Index et la formule *dimittatur*. — *RCath* 53 (1882) 423-424.
57. Sainte Hildegarde. — *RCath* 53 (1882) 523-534.
58. La prophétie de Jacob. — *La Controverse* 3 (1882) 129-151, 228-243, 274-288.
59. Une erreur de M. Lenormant sur l'inspiration des livres saints. — *La Controverse* 3 (1882) 288-293.
60. Deux questions sur l'inspiration des livres saints. — *La Controverse* 3 (1882) 689-699.
61. Le prophète Jonas. — *La Controverse* 4 (1882) 658-692.
62. Le christianisme en Roumanie. — *RCath* 54 (1883) 585-600.
63. L'universalité du déluge. — *La Controverse* 6 (1883) 296-334.
64. Les Pères anténiciens conservés dans les manuscrits orientaux. — *RCath* 55 (1884) 386-397, 471-483.
65. Elohistes & Jéhovistes. — *La Controverse* 7 (1884) 1-25, 131-154.
66. À propos de l'universalité du déluge. — *La Controverse et le Contemporain* n. ser. 1 (1884) 162-172.
67. Réponse de Mgr Lamy. — *1860-1885. Jubilé de vingt-cinq années de Présidence du Collège Marie-Thérèse. Souvenir de la remise du portrait au jubilaire Monseigneur Lamy, [...]*, Louvain, C. Peeters, 1885, 26-36.
68. Une Bibliothèque royale en Assyrie au VIIe siècle avant Jésus Christ. — *BASB* 3rd ser. 9 (1885) 460-484.
69. Notice sur la vie et les travaux de Mgr Beelen. — *AUCL* 49 (1885) CVI-CLIV.
70. Studies in Oriental Patrology: St. Ephrem. — *DR* 3rd ser. 14 (1885) 20-44.
71. Le prophète Daniel. — *La Controverse et le Contemporain* n. ser. 5 (1885) 545-572.
72. Le prophète Daniel et les soixante-dix semaines. — *La Controverse et le Contemporain* n. ser. 6 (1886) 205-237.

73. Le proto-Évangile. — *La Science catholique* 1 (1887) 137-154.
74. Les livres liturgiques des Chaldéens. — *La Science catholique* 1 (1887) 436-440.
75. Thèses et promotions en théologie à l'Université de Louvain. — *La Science catholique* 1 (1887) 508-514.
76. Élie de Nisibe, sa Chronologie. — *BASB* 3rd ser. 15 (1888) 547-586.
77. Notice sur la vie et les écrits du chanoine Jean-Baptiste Lefebve, professeur émérite de théologie dogmatique. Louvain, J. Vanlinthout, 1889, 31 pp.
    – Reprint: *AUCL* 54 (1890) VII-XXXIII.
78. Jab-Alaha ou une page de l'histoire du nestorianisme au XIIIe siècle sous les Mongols. — *BASB* 3rd ser. 17 (1889) 223-243.
79. In *DAFC*, ed. J.-B. JAUGEY (1889): Abraham (Promesses du Messie faites à), 10-19; Aggée (Prophétie messianique d'), 30-36; Daniel (Prophétie des soixante-dix semaines), 698-721; Jacob (Prophétie de), 1624-1649; Jonas, 1705-1714; Malachie (Prophétie messianique de), 1927-1932; Prophéties messianiques (réalité et force probante des), 2628-2660; Proto-évangile, 1669-1688; Zacharie (Prophéties de), 3186-3192.
80. Jésus-Christ devant la critique, ou Jésus-Christ du P. Didon et la Vie de Jésus de M. Renan. — *RGen* 52 (1890) 707-732.
81. L'Église russe et l'Église romaine. — *La Science catholique* 4 (1890) 137-148, 201-216, 273-285, 337-348, 409-424.
82. Études de patrologie orientale. — *Université catholique*, May, June 1890.
83. Acta beati Abrahae Kidunaiae monachi aramaice nunc primum edidit. — *Analecta Bollandiana* 10 (1891) 5-49.
    – Reprint: Brussels, Société belge de librairie, 1891, 49 pp.
84. Notice sur Jean-Joseph-Englebert-Aloïs Van Weddingen, membre de l'Académie, né à Louvain, le 18 août 1841, mort à Laeken, le 7 juillet 1890. — *AASB* 57 (1891) 395-436.
85. Discours prononcé aux funérailles de M. J.-J. Thonissen. — *BASB* 3rd ser. 22 (1891) 250-254.
86. Le nom divin Jéhova ou Jahvé devant l'exégèse chrétienne et devant la critique rationaliste. — *La Science catholique* 5 (1891) 193-215.
87. Des progrès réalisés dans la littérature syriaque au XIX[e] siècle. — *La Science catholique* 5 (1891) 577-604.
    – The first part is also published in *Compte rendu du 2[d] Congrès scientifique international des catholiques, tenu à Paris du 1er au 6 avril 1891, 2[e] section*, Paris, A. Picard, 1891, 187-202.
88. On Syrian Prosodie and the Metre of the Hymns of S. Ephrem. — *Congrès des orientalistes, tenu à Londres en 1891*, n.p., n.d., 21 pp.
89. Notice sur la vie et les travaux de Jean-Joseph Thonissen, membre de l'Académie, né à Hasselt le 10 janvier 1816, décédé à Louvain le 17 août 1891. — *AASB* 58 (1892) 377-477 [+ portrait].
90. La Bible royale en cinq langues, imprimée par Plantin. — *BASB* 3rd ser. 23 (1892) 628-668.
91. Le prophétisme en Israël, Élie. — *La Science catholique* 6 (1892) 415-436.
92. L'Apocalypse, son auteur et son autorité divine. — *La Science catholique* 6 (1892) 1057-1077.
93. Charles-Antoine-Ghislain, comte de Mérode-Westerloo. Louvain, Peeters, 1893, 100 pp.

94. L'exégèse en Orient au IVᵉ siècle ou les commentaires de saint Éphrem. — *RB* 2 (1893) 5-26, 161-181, 465-486.
95. Le jubilé épiscopal de Léon XIII. — *RGen* 57 (1893) 577-591.
96. Notice sur la vie et les travaux de Félix-Jean-Baptiste-Joseph Nève, membre de l'Académie, né à Ath le 13 juin 1816, décédé à Louvain le 23 mai 1893. — *AASB* 60 (1894) 499-584 [+ portrait].
    – Published separately: *Un orientaliste belge. Félix-Jean-Baptiste-Joseph Nève. Notice sur sa vie et ses travaux*. Brussels, M. Hayez, 1894, 90 pp. [+ portrait].
97. Léon XIII. — *RGen* 60 (1894) 649-673, 839-862.
98. Le troisième Congrès scientifique international des catholiques. — *La Science catholique* 8 (1894) 557-563.
99. Le concile tenu à Séleucie-Ctésiphon l'an 410. — *La Science catholique* 8 (1894) 917-926, 1017-1034.
100. Interprétation de l'Apocalypse. — *Le Prêtre* 5 (1893-94) 7-12, 54-59, 103-108, 151-156, 199-204, 246-248, 295-299, 344-350, 391-393, 438-443, 487-491, 536-540, 583-586, 630-635, 678-682, 726-729, 774-776, 817-820, 868-870, 916-922, 1014-1019, 1085-1088, 1157-1163, 1207-1210; 5 (1894-95) 1-3, 41-44, 89-93, 137-143, 196-199, 284-292, 334-337, 382-386, 430-436, 480-483, 526-529, 573-577, 622-625 [the first two parts are entitled: Explication de l'Apocalypse].
101. Le concile de Séleucie-Ctésiphon en 410. — *Compte rendu du 3ᵐᵉ Congrès scientifique international des catholiques, tenu à Bruxelles du 2 au 7 septembre 1894, 2ᵉ section*, Brussels, 1895, 230-276.
102. In *BN* 13 (1894-95): Maes (André), ou Masius, 120-125; Malou (Jean-Baptiste), 253-258; Marchant (Jacques), plus connu sous le nom de Marchantius, 447-450; Marchant (Pierre), ou Marchantius, 450-454.
103. Les Églises orientales et le Saint-Siège. — *RGen* 61 (1895) 411-434, 523-550.
104. Discours. — *Assemblée générale des anciens étudiants du séminaire de Floreffe le 17 octobre 1895. Compte rendu*, Namur, Douxfils, 1895, 4-8.
105. Commentaire sur la Genèse. — *Le Prêtre* 6 (1894-95) 670-674, 718-723, 765-769, 814-817, 862-870, 909-912, 958-965, 1053-1056, 1101-1106, 1150-1155, 1198-1201, 1246-1249; 7 (1895-96) 21-24, 69-71, 140-143, 190-195, 238-241, 286-290, 334-338, 382-387, 430-433, 478-483, 510-513, 526-531, 574-582, 600-603, 646-654, 694-702, 742-749, 791-801, 839-851, 871-875, 902-908, 934-940, 967-979, 999-1005, 1030-1034, 1094-1107, 1128-1136, 1255-1267, 1285-1291, 1319-1324, 1351-1357; 8 (1896) 38-46, 103-111, 167-178, 231-243, 295-304, 359-362, 423-428, 486-492, 551-555, 610-614, 630-634, 662-672, 727-735, 790-795, 854-858, 918-923, 990-998, 1050-1058, 1110-1115; 9 (1896-97) 38-42, 103-107, 173-179, 229-235, 295-306, 361-367, 422-425, 486-496.
106. Appendix. Patres scriptoresve ecclesiastici Syri et Armeni saec. V-VI. — B. JUNGMANN, *Josephi Fessler, quondam episcopi S. Hippolyti, Institutiones Patrologiae*, Vol. I/2. Vienna, F. Rauch; Regensburg - New York - Cincinnati, F. Pustet, 1896, pp. 610-669 [see A. Hebbelynck, no. 7; B. Jungmann, no. 37].
107. *Le monument chrétien de Si-ngan-fou. Son texte et sa signification* (MASB, 53). Brussels, M. Hayez, 1897, 125 pp., 10 fig., 2 pl. [with A. GUELUY].

108. Rapport sur le progrès des études syriaques depuis le dernier congrès. — *Congrès des orientalistes, tenu à Paris en 1897. Section sémitique A*, Paris, Imprimerie Nationale, 1897, 25 pp.
109. Profession de foi adressée par les abbés des couvents de la province d'Arabie à Jacques Baradée. — *Congrès des orientalistes, tenu à Paris en 1897 Section sémitique A*, Paris, Imprimerie Nationale, 1897, 21 pp.
110. Les commentaires de S. Éphrem sur le prophète Zacharie. — *RB* 6 (1897) 380-395, 535-546; 7 (1898) 89-97.
111. Études sur les œuvres complètes de S. François de Sales. — *La Science catholique* 11 (1897) 161-178.
112. In *BN* 14 (1897): Moeller (Jacques-Nicolas), 935-938; Moeller (Jean), 938-942.
113. Le Testament de saint Éphrem le Syrien. — *Compte rendu du 4me Congrès scientifique international des catholiques, tenu à Fribourg (Suisse) du 16 au 20 août 1897*, Fribourg (Switz.), Œuvre de St.-Paul, 1898, 37 pp.
114. Discours prononcé aux funérailles de M. Pierre Willems. — *BASB* 3rd ser. 35 (1898) 297-300.
115. La décision du Saint Office sur I. Joan. V. 7. — *La Science catholique* 12 (1898) 97-123.
    – English transl.: The Decision of the Holy Office on the "Comma Joanneum". — *American Ecclesiastical Review* 17 (1897) 449-483.
116. Commentaire sur l'Exode. — *Le Prêtre* 11 (1897-98) 327-334, 360-368, 393-398, 455-463, 488-492, 617-624, 680-690, 743-752, 775-781, 808-812; 12 (1898) 12-17, 38-44, 71-78, 103-106, 135-140, 169-172, 200-206, 231-236, 264-270, 296-303, 326-331, 358-363, 422-426, 454-457, 521-524, 551-555, 618-623, 679-684, 711-715, 744-748, 775-780, 809-813; 13 (1898-99) 9-13, 38-43, 71-77, 103-107, 140-146, 266-271, 326-329, 361-366, 391-395, 424-432, 457-461, 560-565, 617-621, 679-685, 715-719, 752-757, 783-788; 14 (1899) 45-51, 141-145, 168-172, 201-205, 233-237, 267-273, 296-306.
117. Discours prononcé aux funérailles de M. le chevalier Charles-Joseph de Harlez de Deulin. — *BAB.L* (1899) 599-602.
118. Questions actuelles d'Écriture sainte. — *Le Prêtre* 14 (1899) 393-399, 428-435 [La version palestinienne des Évangiles], 554-558, 584-591 [Le Commentaire de Théodore de Mopsueste sur l'Évangile de saint Jean], 807-815; 15 (1899-1900) 12-17, 39-50 [Les versions syriaques de la Bible], 73-79, 211-218 [Le texte hébreu de l'Ecclésiastique], 265-273 [Les enseignements du Saint-Siège sur la critique biblique]; 16 (1900) 39-47, 77-82, 114-118, 143-147, 178-182, 201-206, 233-238 [Les anciennes versions et la Vulgate], 487-492, 529-535, 552-556, 626-632, 656-661 [Le texte hébreu]; 17 (1900-01) 23-29, 43-48, 119-123, 148-153, 198-205, 248-256, 278-286, 333-338 [Le texte grec], 489-495, 554-559, 722-728 [Le dernier chapitre de saint Marc et la critique], 784-789; 18 (1901) 11-17, 74-80 [L'agonie de Jésus au Jardin des Olives, la sueur de sang et l'apparition de l'ange (S. Luc, XXII, 43-44)], 177-182, 235-243 [L'histoire de la femme adultère], 295-301, 359-365 [Le verset des trois témoins (Joan., V,7)]; 19 (1901-02) 297-305, 329-335, 368-375, 399-405, 660-667, 748-756; 20 (1902) 8-13 [L'Inspiration].
119. In *DTC* 1/1 (1899): Abraham Ecchellensis, 116-118; Absolution chez les syriens, 205-211; Absolution chez les arméniens, 211; Abstinence chez les syriens, 267-269; Abstinence chez les arméniens, 269-270.

120. Notice sur Mgr Jean-Baptiste Decrolière, évêque de Namur. — *AUCL* 64 (1900) III-X [anon.].
121. In *DTC* 1/2 (1900): Adana (Concile d'), 393; Agathange, 558-559; Ame chez les Arméniens, 1019-1021.
122. *Oraison funèbre prononcée en l'Église de Sclayn à l'occasion des funérailles de M. le Dr Lefebvre, professeur à l'Université, le mardi 29 juillet 1902*. Louvain, 1902.
123. Discours prononcé à l'assemblée générale du 12 novembre 1902. — *Association des anciens étudiants du petit seminaire de Floreffe*, [1902], 14 pp.
124. Commentaire sur le Lévitique. — *Le Prêtre* 20 (1902) 77-84, 102-108, 145-153, 170-175, 198-203, 232-238, 264-271, 300-306, 461-466, 492-498, 517-521, 549-554, 583-588, 647-652, 679-687, 713-719, 752-757; 21 (1902-03) 45-49, 71-73, 101-105, 136-141, 181-186, 236-240, 264-268, 301-307, 342-346, 362-367, 400-404, 439-444, 459, 495-500, 565-571, 595-599.
125. Léon XIII et son pontificat. — *RGen* 78 (1903) XII-XXVII.
126. Commentaire sur le livre des Nombres. — *Le Prêtre* 22 (1903) 83-90, 106-111, 140-145, 182-186, 203-208, 238-242, 302-308, 327-331, 399-404, 467-471, 490-495, 522-527, 551-556, 582-587, 617-621, 679-684, 749-754; 23 (1903-04) 13-18, 51-56, 123-127, 134-139, 165-168, 198-202, 232-237, 339-344, 461-467, 592-598, 651-657, 742-748, 777-783; 24 (1904) 39-45, 70-74, 102-108, 182-187, 200-205, 234-239, 262-265, 286-290, 312-315, 343-345, 377-381, 439-450.
127. In *DTC* 2/11 (1903): Belgique, 536-558.
128. Commentaire sur le Deutéronome. — *Le Prêtre* 24 (1904) 518-524, 543-550, 577-583, 605-610, 642-646, 680-687, 702-708, 747-752; 25 (1904-05) 12-19, 660-663, 690-695, 714-720, 743-749, 782-788; 26 (1905) 8-13, 40-47, 136-142, 200-206, 246-252, 296-302, 326-332, 358-363, 389-395, 423-428, 453-461, 495-501, 517-522, 545-552, 581-590, 614-619, 645-648, 679-684, 709-715, 742-746, 774-778; 27 (1905-06) 11-12, 37-41, 57-63, 88-94, 190-199, 213-221, 312-317, 358-368, 383-394, 451-457.
129. *La Sainte Bible, Ancien et Nouveau Testament. Texte de la Vulgate. Traduction et commentaires par F.P. Vivier, revus et enrichis de notes par Mgr Lamy*. Tome I: *Genèse, Exode*. Tome II: *Lévitique, Nombres, Deutéronomie, Josué, Juges*. Tome III: *Ruth, Les Rois*. Louvain, C. Peeters; Paris, Vie et Amat, 1905-1906, 3 vols.
130. Commentaire sur Josué. — *Le Prêtre* 27 (1905-06) 600-606, 632-637, 667-672, 721-727, 745-754, 788-793; 28 (1906) 40-44, 71-80, 136-142, 239-245, 271-278, 389-393, 436-439, 449-453, 491-492, 511-518, 543-549; 29 (1906-07) 43-48, 75-81, 204-210, 240-246, 263-266, 293-300, 370-375.
131. Commentaire sur le livre des Juges. — *Le Prêtre* 29 (1906-07) 16-22.
132. *La Vie de Notre-Seigneur Jésus Christ. Nouvelle édition illustrée. Traduction harmonisée de la "Vulgate" par feu Mgr T.J. Lamy*. Braine-le-Comte, Zech et fils, [1909], 112 pp. [posthumous].
133. *S. Cyrilli Alexandrini commentarii in Lucam. Pars prior edidit I.-B. Chabot* (Corpus Scriptorum Christianorum Orientalium, 70. Scriptores Syri, 24). Paris, C. Poussielgue; Leipzig, O. Harrassowitz, 1912, 330 pp. [work for this edition was started by Lamy].

Course texts in autograph

134. *Cours d'Écriture sainte. Apocalypsis I-XVI.* n.d.
135. *Introductio in S. Scripturam.* [1861-62], 242 pp.
136. *Introductio specialis in libros sacros.* [1862-63], 199 pp.
137. *Introductio specialis in libros Novi Testamenti.* n.d., 276 pp.

Direction

Doctoral dissertations:

A.J. LIAGRE, *Interpretatio epistolae catholicae S. Iacobi* (Dissertationes, 1st ser., 10).
  Louvain, Vanlinthout et socii, 1860, 131 pp. [co-promotor: J.T. Beelen].
J.F. DEMARET, *De origene Evangeliorum deque eorum historica auctoritate* (Dissertationes, 1st ser., 18).
  Louvain, Vanlinthout fratres, 1865, XVI-319 pp. [co-promotor: J.T. Beelen].
J.B. ABBELOOS, *De vita et scriptis sancti Iacobi, Batnarum Sarugi in Mesopotamia episcopi* (Dissertationes, 1st ser., 19).
  Louvain, Vanlinthout fratres, 1867, XX-344 pp. [co-promotor: J.T. Beelen].
J. FORGET, *De vita et scriptis Aphraatis, sapientis Persae* (Dissertationes, 1st ser., 31).
  Louvain, Vanlinthout fratres, 1882, XIV-377 pp. [cf. p. 93].
J.B. CHABOT, *De sancti Isaaci Ninivitae vita, scriptis et doctrina* (Dissertationes, 1st ser., 44).
  Louvain, Lefever, 1892, XIV-106-41*-20 pp.
A. CAMERLYNCK, *De quarti evangelii auctore* (Dissertationes, 1st ser., 49).
  Louvain, J. Vanlinthout, 1899, XVI-330 pp.

Collaboration

Revue catholique; *Revue bibliographique belge*; *Bulletin de l'Académie Royale des sciences, des lettres et des beaux-arts de Belgique*: the list of Lamy's reports is given in *UCLB*, pp. 67-68, Sup. 2, pp. 11, 13, Sup. 3, p. 11.

Literature

Bibliography: *UCLB*, pp. 66-72, Sup. 1, p. 8, Sup. 2, pp. 11-13, Sup. 3, p. 11, Sup. 4, p. 316; *BiblNat* 2 (1896) 416-417.
HENRY, L., Monseigneur Lamy. Un théologien et un orientaliste. — *Écho religieux de Belgique* 2 (1900) 400-408.
HENRY, L., Discours prononcé aux funérailles de Mgr Lamy, membre de la Classe des lettres et des sciences morales et politiques. — *BAB.L* (1907) 521-526.
Décès. — *RHE* 8 (1907) 868-870.
LADEUZE, P., Notice sur la vie et les travaux de Mgr Lamy. — *AUCL* 72 (1908) CXXXI-CLIX.
FENLON, J.F., Lamy, Thomas Joseph. — *CE* 8 (1910) 772.
REINHOLD, G., Lamy, Thomas Jo. — *Kirchliches Handlexikon* 2 (1912) 552.

DE LA VALLÉE POUSSIN, L., Notice sur Thomas-Joseph Lamy, membre de l'Académie. — *AASB* 80 (1914) 559-567.
COPPENS, J., L'Écriture sainte. — *Le cinquième centenaire de la Faculté de théologie* (cf. p. 18), 21-47, pp. 24-26; = *ETL* 9 (1932) 608-634, pp. 611-613.
RYCKMANS, G., Les langues orientales. — *Ibid.*, 101-117, pp. 103-105; = *ETL* 9 (1932) 688-704, pp. 690-692.
COPPENS, J., Lamy, Thomas-Joseph. — *EC* 7 (1951) 874.
BORELLI, M.A., Lamy. 3, Tommaso Giuseppe. — *DE* 2 (1955) 590.
COPPENS, J., Lamy (Mgr Thomas-Joseph). — *DBS* 5 (1957) 252.
AUBERT, R., Lamy, Thomas-Joseph. — *LTK* 6 (1961) 770-771.
RYCKMANS, G., L'orientalisme à Louvain avant 1936. — *Trentième anniversaire de l'Institut orientaliste*, Louvain, 1966, 9-29, p. 19; = *Le Muséon* 79 (1966) 13-33, p. 19.
AUBERT, R., Le grand tournant de la Faculté de Théologie de Louvain (cf. p. 18), pp. 76-78.
AUBERT, R., Lamy (Thomas-Joseph). — *DTC Tables* 2 (1967) 2881-2882.
MARSOT, G., Lamy (Thomas-Joseph). — *Catholicisme* 6 (1967) 1755.
SOLA-SOLE, J.M., Lamy, Thomas Joseph. — *NCE* 8 (1967) 356.
RYCKMANS, G., Lamy (Thomas-Joseph). — *BN* 38 (1973) 435-437.
KENIS, L., The Louvain Faculty of Theology and Its Professors (cf. p. 18), pp. 400-401.
KENIS, L., *De Theologische Faculteit te Leuven in de negentiende eeuw* (cf. p. 18), esp. pp. 355, 413-415, 469-473.

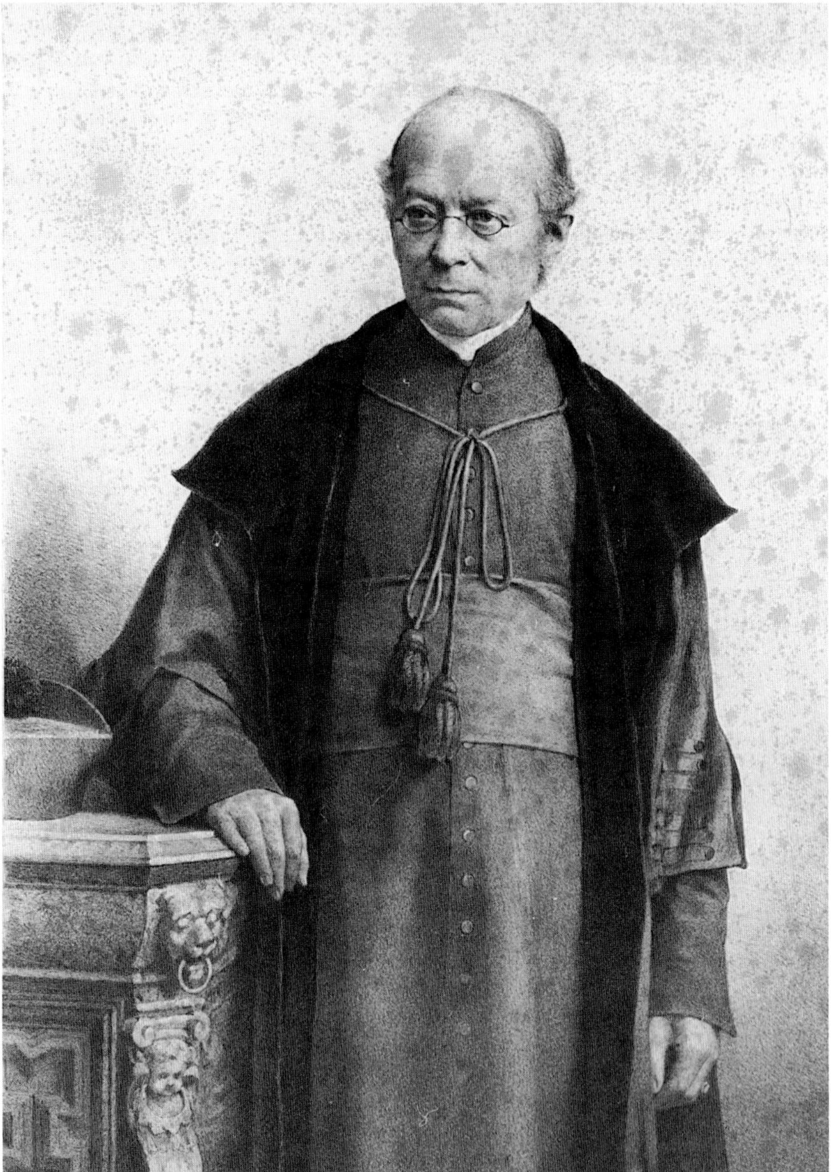

Ferdinand Joseph LEDOUX

Tavier, 24 May 1819 – Louvain, 2 November 1894

After an early education by the parish priest of his native village, Ferdinand Ledoux studied in the secondary schools of Saint Roch and Saint Servais. At the age of seventeen he went to Rome where he was accepted as a student in the *Collegium Germanicum* and began his studies in the *Collegium Romanum* in June 1836. He was granted a doctorate in philosophy in November 1839, in theology in September 1844. On 25 September 1843 he was ordained to the priesthood. At his return to Belgium, his superior, Cornelis van Bommel, Bishop of Liège, declined the offer from the Papal Nuncio Pecci (later Pope Leo XIII) to assign Ledoux as secretary to the nunciature in Brussels, but instead appointed him as professor of Sacred Scripture in his seminary.

In 1862 Ledoux was given the chair of general dogmatic theology in the Theology Faculty at Louvain and named honorary canon of the Liège Cathedral by his bishop, Théodore de Montpellier. This appointment was part of a strategy by the anti-traditionalist faction in the Belgian episcopate to replace traditionalist professors with trustworthy theologians who were trained in Rome. Ledoux lived in tense relations with some of his colleagues, especially with the other dogma professor, J.B. Lefebve, who knew that Ledoux had informed his superiors about the traditionalist tendency of his teaching. In 1873 Lefebve was dismissed, mainly as a consequence of Ledoux's accusations. Ledoux taught general dogma until his retirement in 1891. As textbooks for his teaching he published four tractates, which were generally inspired by the theology of the 'Roman School' (nos. 2-5).

Courses

1862-1891   General Dogmatic Theology

Works

1. De vita et scriptis Thomae Stapleton oratio, quam die 13 mensis julii 1863 habuit [...] quum ad gradum doctoris ss. canonum promoveretur vir eruditissimus Ludovicus Henry, presb. dioecesis Namurcensis. — *AUCL* 29 (1865) 290-312.
2. *Tractatus de Verbo incarnato quem in usum suorum auditorum composuit.* Louvain, C. Peeters, 1877, 264 pp.
   – *Editio altera ab auctore emendata.* Louvain, J.B. Lefever, 1881, [IV]-315 pp.

3. *Demonstratio christiana sive Tractatus de vera religione quem in usum suorum auditorum composuit.* Louvain, C. Peeters, 1878.
   – *Editio altera ab auctore emendata.* Louvain, J.B. Lefever, 1882, [IV]-439 pp.
4. *Demonstratio catholica.* Tomus I: *Tractatus de Ecclesia quem in usum suorum auditorum composuit.* Louvain, C. Peeters, 1879, 380 pp.
   – *Editio altera ab auctore emendata*: *Demonstratio catholica.* Pars prima: *Tractatus de Ecclesia quem in usum suorum auditorum composuit.* Louvain, J.B. Lefever, 1883, [IV]-451 pp.
5. *Demonstratio catholica.* Tomus II: *De Romano Pontifice; de Traditione et Scriptura; de fide et ratione.* Louvain, J.B. Lefever, 1884, 516 pp.
   – *Editio altera ab auctore emendata*: *Demonstratio catholica.* Pars secunda et tertia: *Tractatus de Romano Pontifice et de locis theologicis quos in usum suorum auditorum composuit.* 1884, [IV]-517 pp.

Course texts in autograph

6. *Tractatus de Ecclesia.* [1862-63], 409 pp.
7. *Tractatus de locis theologicis.* [1863-64], 480 pp.
8. *Demonstratio christiana.* [1864-65], 639 pp.
9. *Demonstratio catholica. I. Tractatus de Ecclesia.* [1865-66], 586 pp.
10. *Demonstratio catholica.* [1870-71?], 695 pp.

Direction

Doctoral dissertations:
J.E. HIZETTE, *Definitionis Vaticanae de infallibili Romani Pontificis magisterio commentarium theologicum* (Dissertationes, 1st ser., 32).
Louvain, Vanlinthout fratres, 1883, XII-254 pp.
G.J. CRETS, *De divina bibliorum inspiratione* (Dissertationes, 1st ser., 37).
Louvain, Vanlinthout fratres, 1886, XII-354 pp.

Literature

Bibliography: *UCLB*, pp. 62-63; *BiblNat* 2 (1892) 459.
HEBBELYNCK, A., Notice sur M. F.-J. Ledoux, professeur émérite de la Faculté de théologie. — *AUCL* 60 (1896) CV-CXIX.
BITTREMIEUX, J., La théologie dogmatique. — *Le cinquième centenaire de la Faculté de théologie* (cf. p. 18), 48-58, pp. 54-55. = *ETL* 9 (1932) 635-645, pp. 641-642.
AUBERT, R., Le grand tournant de la Faculté de Théologie de Louvain (cf. p. 18), p. 74.
KENIS, L., The Louvain Faculty of Theology and Its Professors (cf. p. 18), p. 405.
KENIS, L., *De Theologische Faculteit te Leuven in de negentiende eeuw* (cf. p. 18), esp. pp. 138-139, 281-282, 370-373, 396-397, 399-403, 405-407, 463-465.

Jean Baptiste Joseph LEFEBVE

Bertrix, 17 December 1821 – Sclayn, 13 June 1889

After receiving his secondary education and one year of philosophical instruction at the minor seminary of Bastogne, Jean Baptiste Lefebve studied theology at the major seminary at Namur for three years. He was then sent to Louvain to continue his theological studies. In 1846 he was ordained a priest (6 June) and granted the baccalaureate in theology. On 30 July 1849 he was promoted to the licentiate degree. One year later, before completing his doctorate, he was appointed "professeur agrégé" in the Faculty of Theology, and took over the chair of special dogma from J.B. Malou, who had been named Bishop of Bruges. In 1851 Lefebve was granted a doctorate in theology. In 1854 he became a full professor and in 1856 was named honorary canon of the Cathedral of Namur. In the academic years 1854-55 and 1858-62 he also taught a course in moral theology in the *Schola minor* (in 1861-62 he was replaced by F.J. Moulart and A.B. Van der Moeren).

In the 1850's Lefebve was the spokesman for his like-minded colleagues in defending the traditionalist orientation of philosophy at Louvain. In several articles (nos. 4-11) he rejected the accusations that were directed against traditionalism by Joseph Lupus, secretary to Bishop de Montpellier of Liège, in his book *Le Traditionalisme et le Rationalisme examinés au point de vue de la philosophie et de la doctrine catholique* (3 vols., 1858). In 1860 Lefebve was among the four signatories of the so-called *Exposé*, the principal statement made by the Louvain professors in defense of their position, which they sent for approval to the Congregation of the Index. After the condemnation of Louvain traditionalism in 1866, Lefebve was, with J.T. Beelen, the most hesitant among his colleagues to meet the demand of the Belgian bishops to explicitly renounce their former ideas.

From the 1860's Lefebve was repeatedly accused by his colleague, F.J. Ledoux, of holding unacceptable traditionalist opinions. In 1871 both dogma professors clashed in a decisive conflict at a faculty meeting. Following a new accusation by Ledoux and an investigation organized by the bishops, Lefebve was forced to resign in 1873.

As a preparation for the Vatican Council, Lefebve published a series of articles on papal infallibility in the *Revue catholique* (nos. 17-18). With regard to the Theological Faculty of Louvain, he argued that infallibility had been the continuous doctrine held at Louvain for centuries. This argumentation was repeated in a letter in favor of the definition of the dogma which the Faculty addressed to the Belgian bishops on 22 December 1869.

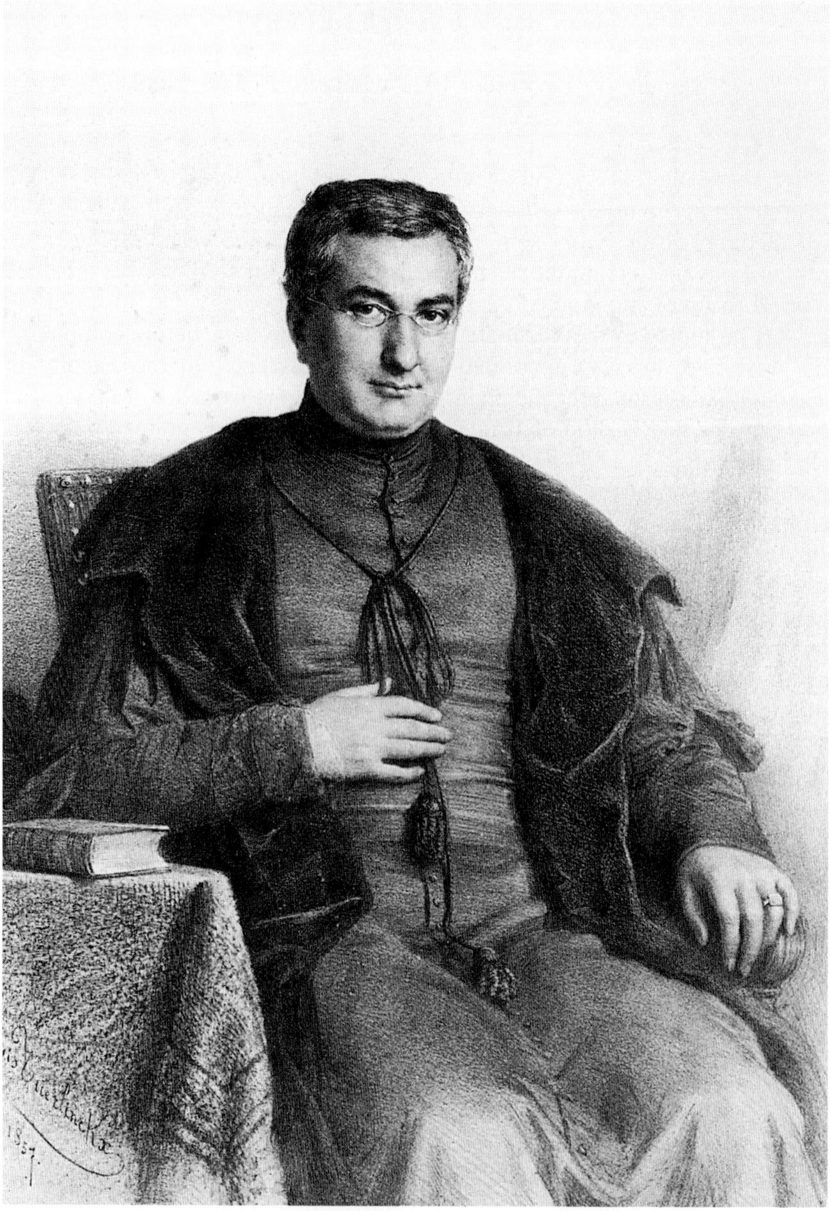

Courses

1850-1873 Special Dogmatic Theology
1854-1855, 1858-1862 *Schola minor*: Moral Theology

Works

1. De l'origine et du progrès des connaissances religieuses. — *Revue de la Flandre* 3 (1848) 167-180, 205-215.
2. Essai sur l'origine, la nature et la chute de l'idolâtrie. — *Société littéraire de l'Université de Louvain. Choix de mémoires* 4 (1848) 221-296.
3. Études sur l'histoire de l'humanité, par F. Laurent, professeur à l'Université de Gand. — *RCath* 13 (1855) 469-481, 513-529, 613-621, 669-684, 723-736; 14 (1856) 20-32, 80-91, 150-162, 197-204, 321-336; 16 (1858) 27-37, 77-89.
   - Reprint: *Coup d'œil sur la théorie rationaliste du progrès en matière de religion. Réponse à M. A.M. Laurent, Professeur de l'Université de Gand.* Brussels - Louvain, C.-J. Fonteyn, 1856, 125 pp. [excluding *RCath* 16 (1858) 27-37, 77-89].
4. Deux sortes de traditionalisme, observations sur un ouvrage de M. le chanoine Lupus. — *RCath* 17 (1859) 69-103.
5. [Commentary on a letter to the editor by J. Lupus, À Monsieur Verbiest, imprimeur-éditeur de la *Revue catholique*]. — *RCath* 17 (1859) 212-225 [Lupus' letter on pp. 206-212].
6. [Commentary on a letter to the editor by J. Lupus, À Monsieur P.-J. Verbiest, éditeur de la *Revue catholique*]. — *RCath* 17 (1859) 335-347 [Lupus' letter on pp. 321-335].
7. Supplément à la lettre de M. le chanoine Lupus. — *RCath* 17 (1859) 366-370 [commentary, pp. 369-370, on a letter by J. Lupus, pp. 366-369].
8. Lettre du R. P. Perrone à M. le chanoine Lupus. — *RCath* 17 (1859) 680-688 [anon.].
9. Une nouvelle lettre de M. le chanoine Lupus. Réponse à cette lettre et au *Journal historique*. — *RCath* 17 (1859) 730-761 [commentary, pp. 741-761, on a letter by J. Lupus, pp. 730-741].
10. Un mot au *Journal historique*. — *RCath* 18 (1860) 34-38.
11. Attaques du *Journal historique* contre la *Revue*. — *RCath* 18 (1860) 113-119.
12. Le cardinal Maï. – Nouveaux témoignages en faveur du dogme de la présence réelle dans l'eucharistie. — *RCath* 18 (1860) 161-166, 261-267, 381-387, 580-585.
13. Le schisme d'Orient et la Russie. Théologie dogmatique orthodoxe, par Macaire, docteur en théologie, évêque de Vinnitza, recteur de l'académie écclésiastique de Saint-Pétersbourg, traduite par un Russe. — *RCath* 19 (1861) 206-217, 453-465, 563-574.
14. Discours prononcé à la salle des promotions, le 5 novembre 1862, [...] après les obsèques de M. Vanden Broeck. — *RCath* 20 (1862) 705-709.
   - Reprint: *AUCL* 27 (1863) 253-259.
15. Review: T. de Montpellier, *Oraison funèbre de Mgr J.-B. Malou évêque de Bruges, prononcée en l'église cathédrale de Bruges, le 12 avril 1864.* — *RCath* 22 (1864) 297-302 [anon.].
   - Reprint: Décès de sa Grandeur Mgr J.B. Malou, évêque de Bruges. — *AUCL* 29 (1865) 257-272, pp. 263-272 [anon.].

16. Notice sur la vie et les écrits de Mgr de Ram. — *RCath* 23 (1865) 317-330 [anon.].
17. L'infaillibilité du Pape et le concile œcuménique. — *RCath* 27 (1869) 601-630; 28 (1869) 173-194, 266-294, 503-533, 623-649.
18. De l'infaillibilité du Pape. Première lettre du P. Gratry à Mgr Dechamps, archevêque de Malines. — *RCath* 29 (1870) 193-214.
19. L'auteur des *Philosophumena* et le pape saint Calliste. — *RCath* 31 (1871) 345-376; 32 (1871) 5-28.
20. *Le Syllabus et les plaies de la société moderne. Ouvrage posthume de Monseigneur Laforet, Recteur magnifique de l'Université de Louvain, précédé du testament de l'auteur et orné de son portrait.* Louvain, C. Peeters, 1872, XII-247 p. [ed., with F.J.M. LEFEBVRE].
21. Le progrès indéfini en matière de religion. — *La Controverse* 1 (1880-81) 748-764, 829-843; 2 (1881) 1-17, 141-162, 212-223.
22. Théorie générale de l'évolution d'après M. Herbert Spencer. — *La Controverse* 3 (1882) 724-745; 4 (1882) 14-35, 641-659, 733-749.

Course texts in autograph

23. *De Deo*: *In theologiam prolegomena. Theologiae notio, divisio, objectum, fontes, ac methodus* (pp. 1-24); *Tractatus de Deo* (pp. 25-175; 30 Jan. 1851); *Tractatus de S.S. Trinitate* (pp. 159-392).
24. *Tractatus de Incarnatione*. n.d., 314 pp.
25. *Tractatus de Ecclesia*. n.d., 359 pp.
26. *De Sacramentis. Quaestiones selectae*. n.d., 521 pp.
27. *Tractatus de gratia, justificatione et merito*. n.d., 283 pp.

Direction

Doctoral dissertations:
E.H.J. REUSENS, *Syntagma doctrinae catholicae Adriani sexti, Pont. Max.* (Dissertationes, 1st ser., 12).
 Louvain, Vanlinthout et socii, 1862, LVI-264 pp. [cf. pp. 153, 178].
A.B. VAN DER MOEREN, *De processione Spiritus Sancti ex Patre Filioque* (Dissertationes, 1st ser., 17).
 Louvain, Vanlinthout et socii, 1864, VIII-226 pp. [cf. p. 203].
J.L.J. LIAGRE, *De hominis exaltatione ad ordinem supernaturalem* (Dissertationes, 1st ser., 21).
 Louvain, Vanlinthout fratres, 1871, VIII-268-22 pp.

Collaboration

Revue catholique; *L'Univers*.

Literature

Bibliography: *UCLB*, pp. 61-62; *BiblNat* 2 (1892) 460.
LAMY, T.J., Notice sur la vie et les écrits du chanoine Jean-Baptiste Lefebve, professeur émérite de théologie dogmatique. — *AUCL* 54 (1890) VII-XXXIII.
BITTREMIEUX, J., La théologie dogmatique. — *Le cinquième centenaire de la Faculté de théologie* (cf. p. 18), 48-58, pp. 49-50; = *ETL* 9 (1932) 635-645, pp. 636-637.
KENIS, L., The Louvain Faculty of Theology and Its Professors (cf. p. 18), pp. 404-405.

KENIS, L., *De Theologische Faculteit te Leuven in de negentiende eeuw* (cf. p. 18), esp. pp. 223-224, 226, 238-248, 251-254, 284-285, 292-296, 301-305, 354-357, 396-411.

SYNTAGMA
DOCTRINÆ THEOLOGICÆ
ADRIANI SEXTI, PONT. MAX.,

QUOD UNA CUM APPARATU DE VITA ET SCRIPTIS ADRIANI

ET SUBJECTIS THESIBUS

ANNUENTE SUMMO NUMINE,

ET AUSPICE BEATISSIMA VIRGINE MARIA,

EX AUCTORITATE RECTORIS MAGNIFICI

PETRI FRANC. XAV. DE RAM,

SUÆ SANCTITATIS PRÆLATI DOMESTICI, PROTON. APOST. AD INSTAR PART.,
S. C. IND. CONSULT., ECCL. METROP. MECHL. ET PARIS. CAN. HON.,
S. TH. ET SS. CAN. DOCT., ORDD. LEOP., AQUIL. RUBR. BORUSS.,
S. MICHAEL. BAV. ET SAX. ERNEST. EQ., ORDD. CHRISTI
ET ISAB. CATH. DEC., ACAD. CATH. ROM.
REG. BELGII ET BAVARIÆ SODALIS,

ET CONSENSU S. FACULTATIS THEOLOGICÆ,

PRO GRADU DOCTORIS IN S. THEOLOGIA

IN UNIVERSITATE CATHOLICA OPPIDI LOVANIENSIS RITE ET LEGITIME CONSEQUENDO

PUBLICE PROPUGNABIT

EDMUNDUS HENRICUS JOSEPHUS REUSENS, EX WYNEGHEM,
PRESB. ARCHIDIOEC. MECHL., S. THEOL. LICENT.
ET BIBLIOTHECÆ ACADEMICÆ PRÆFECTUS.

Diebus I, III et V mensis Julii, ab hora X ad I, an. MDCCCLXII.

ACCEDUNT ANECDOTA ADRIANI PARTIM EX CODICE IPSIUS ADRIANI AUTOGRAPHO, PARTIM EX APOGRAPHIS NUNC PRIMUM EDITA.

LOVANII
EXCUDEBANT VANLINTHOUT ET SOCII,
UNIVERSITATIS TYPOGRAPHI.

1862

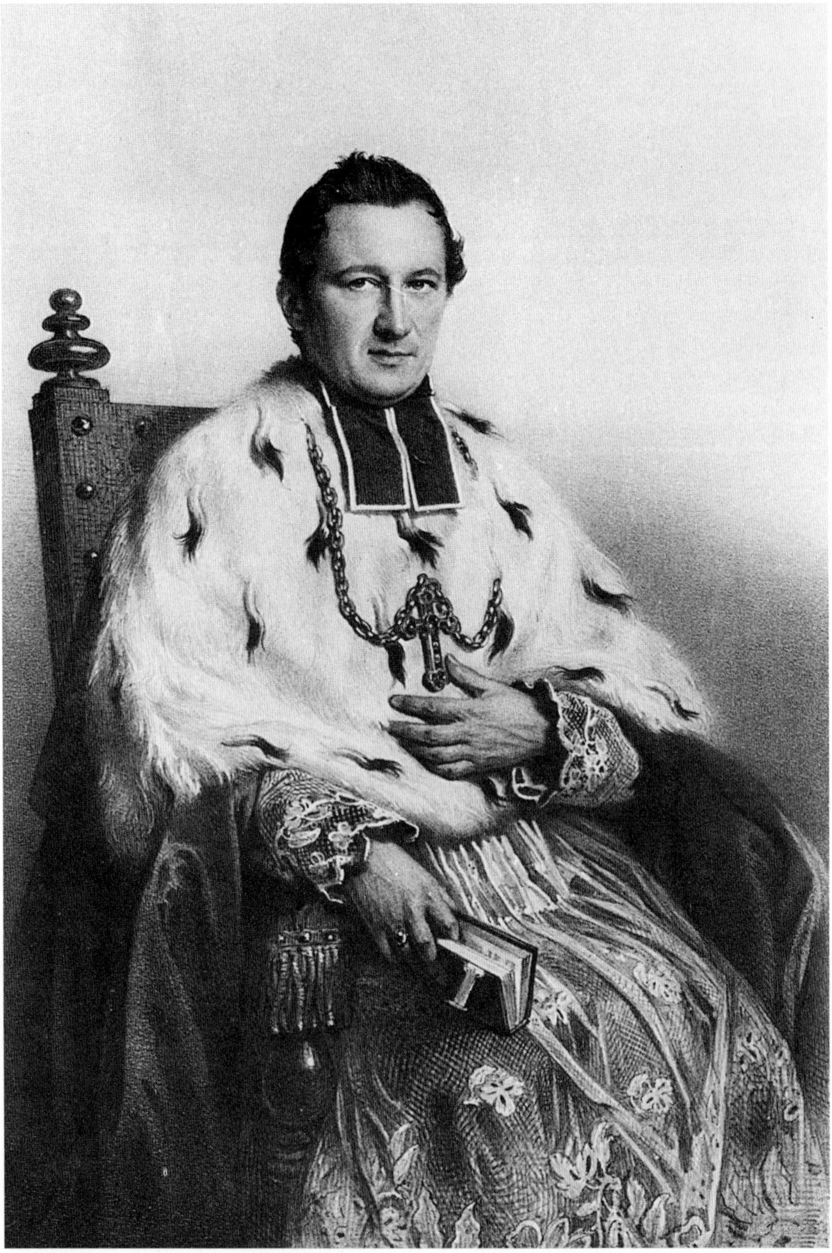

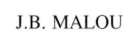

Jean Baptiste MALOU

Ypres, 30 June 1809 – Bruges, 23 March 1864

From 1819 to 1828 Jean Baptiste Malou was a student at the famous Jesuit minor seminary of Saint-Acheul near Amiens. In 1831, after following private lessons for a short time, he continued his studies in Rome where he lived in the *Accademia dei Nobili Ecclesiastici*, and from 15 October 1832, in the *Collegium Germanicum* while studying at the *Collegium Romanum*. On 2 November 1834 he was ordained a priest and on 29 April 1835 he was promoted to the doctorate in theology. After his return to Belgium, from October 1835, he stayed in the major seminary of Bruges and taught at the scholasticate of the Capuchins. Having declined an offer to become a professor of philosophy in the State University of Ghent, he was named extraordinary professor of dogmatic theology in the Faculty of Theology at Louvain where he became a full professor in 1842. In 1838, when the dogma chair was split into a general and a special part, he continued to teach special dogma. From 1838 to 1848 he served as librarian to the University.

From the beginning of his academic career, Malou strongly disapproved of Mennaisian influences at the University. He particularly opposed the traditionalist teaching of the philosopher G.C. Ubaghs and, in the Faculty of Theology, the dogmatician A. Tits. Malou considered the discussion of Tits with modern philosophy as disastrous for theology, and reproached it for causing dissensions among the clergy. In 1848 he left Louvain to become the new Bishop of Bruges. He was consecrated on 1 May 1849. Henceforth he continued his action against traditionalism by pleading among his colleagues for appropriate disciplinary measures. However, within the episcopate his stance met with opposition, especially on the part of Archbishop Sterckx. In 1860 Malou addressed a direct accusation against Louvain by sending various anti-traditionalist dossiers to Rome and thus urged the Holy See to make a decision (see nos. 39-41). In 1866, two years after Malou's death, the writings of Ubaghs were condemned and all traditionalist teaching at the University was forbidden.

Malou was a typical 'positive' theologian, trained in the 'Roman School'. His lectures at Louvain where based on the *Praelectiones Theologicae* of the Roman Jesuit Giovanni Perrone, which he himself had published in a Louvain edition (no. 4). He possessed a thorough knowledge of Byzantine theology, which became apparent in his collaboration on Migne's *Patrology*. Malou advised Migne and Dom Pitra concerning the organization of the collection and he himself delivered or prefaced a number of text editions (nos. 43, 44, 48-51). In 1854 Malou played a role in the discussions on the definition of the dogma of the Immaculate Conception in Rome. Three years later he treated the dogma in his principal work, which was long considered a standard work on the question (no. 34). During his episcopate he continued to publish polemical works against Protestantism (nos. 24, 35) and pamphlets against liberal opponents on issues that agitated Belgian political life (nos. 30, 32, 42). As a bishop he showed a particular concern for the spiritual and intellectual formation of the youth and the clergy of his diocese.

Courses

1837-1849   Special Dogmatic Theology

Works

1. État des études à Rome. — *JHL* 1 (1834-35) 195-201 [anon.].
2. Des mariages mixtes en Allemagne. — *JHL* 1 (1834-35) 559-576 [anon.].
3. Raoul ROCHETTE, *Tableau des catacombes de Rome. Réimpression avec avertissement et notes de J.-B. Malou.* Brussels, Société nationale pour la propagation des bons livres, 1837, 416 pp. [+ 17 pl.]
4. *Praelectiones Theologicae, quas in Collegio Romano S.J. habebat Joannes Perrone e Societate Jesu, in eod. Coll. Theol. Prof. Editio Lovaniensis, diligenter emendata, et variis accessionibus ab auctore locupletata.* Louvain, Vanlinthout et Vandenzande, 1838-1843, 9 vols., xx-381, 472, 427, 435, 400, 490, 427, VIII-543, 596 pp. [anon. ed.].
5. Review: J. PERRONE, *Praelectiones Theologicae.* — *JHL* 4 (1837-38) 618-619; 5 (1838-39) 164-167, 599-603; 6 (1839-40) 227-231; 7 (1840-41) 75-77; 8 (1841-42) 79-81; 9 (1842-43) 25-26, 583-585; 10 (1843-44) 556-560 [anon.].
6. Doctrines d'Hermes. — *JHL* 5 (1838-39) 327-333 [anon.].
7. Review: J.A. DMOWSKI, *Institutiones Philosophicae.* — *JHL* 6 (1839-40) 602-604; 7 (1840-41) 240-243; 8 (1841-42) 78-79 [anon.].
8. Review: H. AHRENS, *Cours de psychologie.* — *JHL* 6 (1839-40) 605-620 [anon.].
9. *Chronique du monastère d'Oudenburg, de l'ordre de S. Benoit, publiée pour la première fois d'après un vieux manuscript, avec des notes et des éclaircissements* (Recueil de Chroniques, Chartes et autres Documents concernant l'Histoire et les Antiquités de la Flandre-Occidentale, publié par la Société d'Émulation de Bruges. Première série. Chroniques des monastères de Flandre). Bruges, Vandecasteele-Werbrouck, 1840, 95 pp. [+ 1 pl.].
   – 2nd title page: *Chronicon monasterii Aldenburgensis.*
10. Massacre du R. P. Thomas à Damas. Doctrines des juifs sur le mal qu'ils peuvent faire aux chrétiens. — *JHL* 7 (1840-41) 70-74 [anon.; cf. no. 12].
11. Review: F.-X.-J. RECEVEUR, *Histoire de l'Église depuis son établissement jusqu'au pontificat de Grégoire XVI.* — *JHL* 7 (1840-41) 176-178 [anon.].
12. Doctrine des juifs sur le mal qu'ils peuvent faire aux chrétiens, opposée à la doctrine des chrétiens sur le bien qu'ils sont tenus de faire aux juifs. — *JHL* 7 (1840-41) 443-459, 586-605 [anon.; continuation of no. 10].

13. *Pieuse explication des principales prières du chrétien, proposée à la jeunesse chrétienne.* Louvain, Vanlinthout et Vandenzande, 1841, VI-203 pp.
    – *Seconde édition revue et augmentée par l'auteur.* Tournai, J. Casterman et fils, 1854, VIII-326 pp.
    – 3rd ed. (Petite bibliothèque chrétienne). Brussels, Vromant & C°, 1905, III-303 pp.
    – Dutch transl.: *Godvruchtige uytlegging der byzonderste gebeden van den christenen. Gevolgd door godvruchtige bemerkingen over eenige waerheden van den godsdienst door den H. Alphonsus de Liguori. Uyt het Fransch vertaeld door P.-J. Gevaert.* Roeselare, D. Vanhee, 1841, XII-252 pp.
    – German transl.: *Fromme Erklärung der vorzüglichsten Gebete des Christen. Zunächst der reiferen Jugend gewidmet. Nach dem Französischen bearbeitet von Dr. Wilhelm Smets.* Neuß, L. Schwann, 1843, [VI]-158 pp.
14. Review: A. TITS, *Un dernier mot à M. Ahrens.* — *JHL* 8 (1841-42) 19-20 [anon.; see A. Tits, no. 7].
15. Review: J.T. BEELEN, *Chrestomathia Rabbinica et Chaldaica.* — *JHL* 8 (1841-42) 265-268; 10 (1843-44) 138-139 [anon.; see J.T. Beelen, no. 2].
16. Review: J. PEEMANS & J. DE DECKER, *Institutiones logicae, seu philosophiae rationalis.* — *JHL* 9 (1842-43) 216-218 [anon.].
17. Review: H.G. WOUTERS, *Historiae Ecclesiasticae compendium. Tomus primus.* — *JHL* 9 (1842-43) 238-239 [anon.; see H.G. Wouters, no. 1].
18. Review: *Instruction pastorale de Mgr l'archevêque de Paris, sur la composition, l'examen et la publication des livres en faveur desquels les auteurs et éditeurs sollicitent une approbation.* — *JHL* 9 (1842-43) 470-474 [anon.].
19. Chant grégorien. — *JHL* 10 (1843-44) 80-85 [anon.].
20. Review: F. NÈVE, *Études sur les hymnes du Rig-Véda.* — *JHL* 10 (1843-44) 139-140 [anon.].
21. Review: *Rapport général sur l'Université de Bruxelles depuis 1839 jusqu'à la fin de l'année 1841-42.* — *JHL* 10 (1843-44) 289-294 [anon.].
22. Review: *The Truth Unveiled, or A Calm and Impartial Exposition of the Origin and Immediate Cause of the Terrible Riots in Philadelphia, on May 6th, 7th, and 8th A.D. 1844.* — *JHL* 11 (1844-45) 372-380 [anon.].
23. Review: P.F.X. DE RAM, *Idatii episcopi chronicon.* — *JHL* 12 (1845-46) 501-504 [anon.; see P.F.X. De Ram, no. 120].
24. *La lecture de la Sainte Bible en langue vulgaire, jugée d'après l'Écriture, la tradition et la saine raison. Ouvrage dirigé contre les principes, les tendances et les défenseurs les plus récents des Sociétés bibliques; comprenant une histoire critique du canon des livres saints du Vieux Testament, des versions protestantes de la Bible et des missions protestantes parmi les payens; suivi des documents relatifs à la lecture de la Ste Bible en langue vulgaire, émanés du St Siége depuis Innocent III jusqu'à Grégoire XVI.* Louvain, Fonteyn; Paris, J. Lecoffre et Cie; Bonn, A. Marcus, 1846, 2 vols., XIV-374, 550 pp. [+ table].
    – German transl.:
      – *Das Lesen der Bibel in den Landessprachen, beurtheilt nach der Schrift, der Ueberlieferung und der gesunden Vernunft. Eine Abwehr der Grundsätze, Bestrebungen und neuesten Vertheidigungen der Bibelgesellschaften [...]. Uebersetzt von Ludwig Clarus.* Regensburg, G.-J. Manz, 1848, 2 vols., XXII-338, VI-537 pp.

- *Das Bibellesen in der Volkssprache, beurtheilt nach der heil. Schrift, der Tradition und der gesunden Vernunft. Eine Streitschrift wider die Principien [...] der Bibelgesellschaften [...]. Übersetzt von Hermann Stoeveken.* Schaffhausen, Hurter, 1849, 2 vols., XVI-364, VIII-542 pp. [+ table].
25. *Bibliotheca ascetica, in qua praestantissima sanctorum Patrum opuscula exhibentur ad usum cleri.* Louvain, Ickx et Geets, 1846-1850, 19 vols., X-81, XI-94, VIII-90, XXIII-513, XI-108, IX-103, IX-102, X-94, VIII-116, VIII-103, XV-210, XIII-270, XI-194, VIII-124, XIV-115, XI-166, X-183, VII-154, VI-148 pp.
26. *Le martyre de sainte Stratonice et de son fiancé saint Séleucus, qui eut lieu à Cyzique en l'an 297. Traduit en français d'après la version latine publiée dans le troisième volume de la* Bibliotheca ascetica *de Louvain.* Louvain, Ickx et Geets, 1847, XI-94 pp.
27. *D. Algeri, canonici et scholastici Leodiensis, de Sacramentis Corporis et Sanguinis Dominici libri tres. Accedit libellus de sacrificio Missae, eidem D. Algero adscriptus. Emendatius in lucem denuo edidit adjectis notis ad praefatione.* Louvain, C.J. Fonteyn, 1847, XLIII-367 pp.
28. *Recherches historiques et critiques sur le véritable auteur du livre de l'Imitation de Jésus-Christ; examen des droits de Thomas à Kempis, de Gersen et de Gerson, avec une réponse aux derniers adversaires de Thomas à Kempis, MM. Napione, Cancellieri, de Gregory, Gence, Daunou, Onésime Leroi et Thomassy; suivi de documents inédits.* Brussels, M. Hayez, 1848, 250 pp.
    - *Seconde édition, revue et augmentée.* Louvain, C.J. Fonteyn, 1849, XII-240 pp.
    - *Troisième édition, revue et augmentée.* Tournai, H. Casterman; Paris, J. Lecoffre et Ce & B. Duprat; Bonn, A. Marcus; Bois-le-Duc, Frères Verhoeven, 1858, XX-423 pp. [the subtitle is changed: *examen des droits de Thomas à Kempis et de Gerson, avec une réponse aux derniers adversaires de Thomas à Kempis, MM. Napione, Cancellieri, de Gregory, Gence, Daunou, Onésime Leroi, Thomassy, Vert, Veratti, etc. etc., suivi de documents inédits*].
    - Italian transl. [by Giovanni STROZZI]: *Disquisizioni istorico-critiche sul vero autore dell'Imitazione di G. Cristo.* Rome, Tip. Forense, 1854.
29. Biographie de Mgr. François-René Boussen, XVIIIme évêque de Bruges, prélat domestique de Sa Sainteté, évêque assistant au trône pontifical, comte romain, l'un des six évêques fondateurs de l'Université catholique de Louvain. — AUCL 13 (1849) 125-139.
    - Dutch transl.: *Levensschets van zyne hoogweerdigheid Franciscus-Renatus Boussen, XVIIIe bisschop van Brugge.* Bruges, Vandecasteele-Werbrouck, [1849].
30. *Les vices radicaux du projet de loi sur l'instruction moyenne présenté aux Chambres belges le 14 février 1850, démontrés en peu de mots.* Ghent, P. Van Hifte, 1850, 75 pp. [anon.].
    - *Nouvelle édition, revue et corrigée.* 1850, 75 pp.
31. *Du culte du Saint-Sang de Jésus-Christ et de la relique de ce Sang qui est conservée à Bruges, avec une courte histoire du septième jubilé séculaire célébré à Bruges en l'honneur du Saint-Sang, l'année 1850.* Bruges, Vanhee-Wante, 1851, IV-97 pp.
    - 2nd ed. 1869.
    - Dutch transl.: *Van den eeredienst van het H. Bloed van Jesus-Christus en van het overblyfsel van dit Bloed, dat bewaerd wordt te Brugge, met eene korte beschryving van het zevenhonderdjarig jubelfeest, gevierd te Brugge*

ter eere van het Heilig Bloed, ten jare 1850; [...]. Uit het Fransch vertaeld door Ant. D[e] V[uyst]. Bruges, E. Gailliard en Cie, 1865, VI-118 pp.
32. *De la liberté de la charité en Belgique*. Brussels, H. Goemaere, 1854, 245 pp. [2 editions].
33. *Iconographie de l'Immaculée Conception de la Très-Sainte Vierge Marie ou de la meilleure manière de représenter ce mystère*. Brussels, H. Goemaere, 1856, VIII-152 pp.
34. *L'Immaculée Conception de la bienheureuse Vierge Marie, considérée comme dogme de foi*. Brussels, H. Goemaere, 1857, 2 vols., XXVIII-435, IV-536 pp.
   – Italian transl.: *L'Immacolata Concezione della beata Vergine Maria considerata come dogma di fede [...]. Versione dal francese di Gio.-Agostino Pizio*. Turin, G. Marietti, 1857, XIX-376 pp.
35. *La fausseté du protestantisme démontrée*. Brussels, H. Goemaere, 1857, VIII-167 pp.
   – *Deuxième édition, revue et augmentée, suivie d'une réponse de la Société évangélique ou église chrétienne missionnaire belge, établie à Bruxelles*. 1858, VIII-192 pp.
   – *Troisième édition, revue et augmentée, suivie d'une réponse de la Société évangélique ou église chrétienne missionnaire belge, établie à Bruxelles, et d'un Appendice sur l'Apostolat d'argent et le trafic des consciences*. 1861, XIV-256 pp.
   – Dutch transl.: *De dwaling van het protestantisme bewezen. Uit het Fransch vertaald door A.J. van Bemmel*. 's-Hertogenbosch, P.N. Verhoeven, 1857, XIII-167 pp.
   – English transl. by W.C.A. MCLAURIN. London, C. Dolman, 1858.
   – Danish transl. by W.J. KARUP. Copenhagen, 1859.
36. *R. P. Francisci Suaresii Granatensis e Soc. Jesu Theologi Opuscula sex inedita, nunc primum ex codicibus Romanis, Lugdunensibus ac propriis eruit et praefationibus instruxit. Omnium operum tomus XXIV*. Brussels, A. Greuse; Paris, J. Demichelis, 1859, XIX-372 pp.
37. *S. Anselmi archiepiscopi Cantuariensis Meditationes XXI, olim a D. Gerberonio editae. Quibus in hac editione accedit Meditatio, seu liber, de quatuordecim beatitudinibus quem e cod. mss. eruit et, praemissa praefatione, nunc primum edit*. Liège, H. Dessain, 1859, 335 pp.
38. *Règles pour le choix d'un état de vie proposées à la jeunesse chrétienne*. Brussels, H. Goemaere, 1860, VI-252 pp.
   – Dutch transl.: *Kiesregels om eenen levensstaat te omhelzen aen de kristene jeugd voorgeschreven [...]. Uyt het Fransch vertaeld door L. Van Haecke*. Ghent, Vander Schelden, 1861, 280 pp.
   – German transl.: *Regeln für die Wahl eines Lebensstandes [...] übersetzt von Dr B. Jungmann*. Mainz, F. Kirchheim, 1863, VIII-262 pp. [see B. Jungmann, no. 1].
   – English transl.: *On the Choice of a State of Life. Translated [...] by Aloysius de Vittorio* [pseud. of L.C. CASARTELLI]. *With a preface by the Bishop of Salford*. London, Burns and Oates, 1874, XLIV-208 pp.
39. *De Traditionalismo Belgico ad SS. Dominum Pium PP. IX Liber Memorialis*. Brussels, [H. Goemaere], 1860, 36 pp.
   – Pp. 1-15 are reprinted in A. FRANCO, La première réaction systématique dans l'épiscopat belge contre l'enseignement du traditionalisme à

l'Université de Louvain. Commentaire et étude critique du *Liber Memorialis* de Mgr Malou. — *ETL* 34 (1958) 453-495, pp. 472-480.

40. *De Traditionalismi in Belgio propugnati falsitate intrinseca, ad SS. Dominum nostr. Pium PP. IX, Epistola.* Brussels, [H. Goemaere], 1860, 64 pp.

41. *Theses ex scriptis Traditionalistarum Belgii pleraeque ad verbum excerptae.* Brussels, H. Goemaere, 1860, 20 pp. [anon.].

42. *De l'administration des cimetières catholiques en Belgique. Droit de propriété. Bénédiction des cimetières. Refus de sépulture ecclésiastique. Concessions de terrains. Police des cimetières.* Brussels, H. Goemaere, 1860, III-184 pp.

43. In Opera Photii nunc primum collecta Editorum Patrologiae Graecae praefatio. — *Photii, Constantinopolitani Patriarchae, Opera omnia in classes quinque distributa* (Patrologia Graeca, 101), Paris, J.-P. Migne, 1860, vol. 1, cc. I-X.

44. Monitum Editorum. — *Nicetae Paphlagonis, qui et David, Nicetae Byzantini Opera quae reperiri potuerunt omnia* (Patrologia Graeca, 105), Paris, J.-P. Migne, 1862, cc. 583-584.

45. Review: V. DECHAMPS, *Lettres théologiques sur la démonstration de la foi.* — *JHL* 28 (1861-62) 20-30 [anon.].

46. Préface. — François BLOT, *Au ciel on se reconnaît.* Paris, Ruffet et Cie, 1862.

47. *Rogeri Episcopi quondam Londinensis (ut fertur) de bono paupertatis seu de contemptu et vanitate mundi aureus libellus, erutus olim a membranis scholiisque illustratus, opera et studio R. P. Andreae Schott, Soc. Jes. sac. et ab eodem Coloniae an. MDCXIX editus, nunc vero novis curis in lucem emissus.* Liège, H. Dessain, 1863, XXXII-479 pp.
    – French transl.: *De la vanité du monde et des richesses. Ouvrage du XIIIe siècle attribué à Roger, évêque de Londres, découvert par le P. Schott, de la Compagnie de Jésus, édité par Mgr Malou, évêque de Bruges, traduit pour la première fois par l'abbé Picherit.* Paris, Ruffet et Cie, 1865.

48. Patrologiae Editorum Praefatio. — *Symeonis Logothetae, cognomento Metaphrastae, Opera omnia* (Patrologia Graeca, 114), Paris, J.-P. Migne, 1864, vol. 1, cc. 9-18.

49. Monitum Editorum. — *Euthymii Zigabeni Opera quae reperiri potuerunt omnia* (Patrologia Graeca, 128), Paris, J.-P. Migne, 1864, vol. 1, cc. 9-10.

50. Monitum Editorum. — *Sapientissimi et eloquentissimi Theophanis Archiepiscopi Tauromenii in Sicilia cognomento Ceramei Homiliae in Evangelia dominicalia et festa totius anni* (Patrologia Graeca, 132), Paris, J.-P. Migne, 1864, cc. 9-12.

51. Monitum Editorum. — *Laonici Chalcocondylae historiarum libri decem. Accedunt Josephi Methonensis episcopi seu Joannis Plusiadeni scripta quae exstant* (Patrologia Graeca, 159), Paris, J.-P. Migne, 1866, cc. 1107-1108.

52. *Traité de l'amour de Dieu, où la nature, la pureté et la perfection de la charité sont expliquées selon les principes des Pères, surtout de S. Thomas, par le R. P. Antonin Massoulié [...]. Nouvelle édition avec une préface de Mgr J.B. Malou, évêque de Bruges.* Brussels, H. Goemaere, 1866, XXIII-519 pp. [Préface: I-VI].

53. *Collectio epistolarum pastoralium, instructionum, statutorum et ceterorum documentorum ad regimen ecclesiasticum spectantium.* I: *1848-1851*; II: *1852-1853*; III: *1854-1856*; IV: *1857-1858*; V: *1856-1864*. Bruges, Vanhee-Wante, 1854-1867, 5 vols. [vols. VI-X in the collection of pastoral letters by the bishops of Bruges].

– Partial reprint: Mandements et instructions de monseigneur Malou, évêque de Bruges. — *Collection des orateurs sacrés*, vol. 83, Paris, J.-P. Migne, 1856, cc. 481-578.

Course texts in autograph

54. *De locis theologicis. De Deo uno.* 1844-45.
55. *De Sanctissima Trinitate.* 1845.
56. *De angelis. De mundo. De homine.* 1845-48.
57. *De Deo creatore.* 1845-46.
58. *De incarnatione.* 1846-47.
59. *De incarnatione. De cultu sanctorum.* 1847-48.
60. *De gratia actuali et habituali.* 1847-48.
61. *De Ecclesia Christi.* 1848.
62. *Juridiction universelle et autorité souveraine du St.-Siège Apostolique de Rome. La hiérarchie base de la constitution de l'Église. Du schisme grec et de l'union des églises. La procession du St.-Esprit a Filio* [uncompleted manuscript, 1856?-1863?].

Direction

Doctoral dissertation:
C. DE BLIECK, *De Unitate Ecclesiae Catholicae* (Dissertationes, 1st ser., 3). Louvain, Vanlinthout et Vandenzande, 1847, [VIII]-196 pp.

Collaboration

Journal historique et littéraire.

Literature

Bibliography: *UCLB*, pp. 55-58, Sup. 3, p. 9; *BiblNat* 2 (1892) 578-581, 4 (1910) 586; DE POTTER, 13, 79-80, 144, 782.
[NÈVE, É.], État de la Bibliothèque académique de Louvain, de 1836 à 1849. — *AUCL* 14 (1850) 282-313.
JUNGMANN, B., Johannes Baptista Malou, Bischof von Brügge. — *Der Katholik* 46/1 (1866) 716-741; 46/2 (1866) 74-90, 129-156.
DE MONTPELLIER, T., Oraison funèbre de Mgr J.-B. Malou, évêque de Bruges, prononcée en l'église cathédrale de Bruges, le 12 avril 1864. — *Collectio epistolarum pastoralium*, vol. 5, Bruges, 1867, 441-467 (see no. 53).
LAMY, T.J., Malou (Jean-Baptiste). — *BN* 13 (1894-95) 253-258.
DE TRANNOY, J., *Jules Malou, 1810 à 1870*. Brussels, 1905, *passim*.
HURTER, H., *Nomenclator literarius theologiae catholicae theologos exhibens aetate, natione, disciplinis distinctos*, 3rd ed., vol. V/1, Innsbruck, 1911, cc. 1155-1159.
BITTREMIEUX, J., La théologie dogmatique. — *Le cinquième centenaire de la Faculté de théologie* (cf. p. 18), 48-58, pp. 48-49; = *ETL* 9 (1932) 635-645, pp. 635-636.

PIOLANTI, A., Malou, Jean-Baptiste. — *EC* 7 (1951) 1925.
AUBERT, R., L'épiscopat belge et la proclamation du dogme de l'Immaculée Conception en 1854. — J. COPPENS et al., *Études sur l'Immaculée Conception. Sources et sens de la doctrine* (BETL, 9), Gembloux - Bruges, 1955, 63-99.
VIETTI, V., Malou Giovanni Baptista. — *DE* 2 (1955) 796.
FRANCO, A. *Het traditionalisme en het ontologisme aan de Universiteit te Leuven, 1836-1867*. Unpublished licentiate thesis, Louvain, 1955.
FRANCO, A., *Geschiedenis van het Traditionalisme aan de Universiteit te Leuven (1835-1867)*. Unpublished doctoral dissertation, 2 vols., Louvain, 1956.
FRANCO, A., La première réaction systématique dans l'épiscopat belge contre l'enseignement du traditionalisme à l'Université de Louvain. Commentaire et étude critique du *Liber Memorialis* de Mgr Malou. — *ETL* 34 (1958) 453-495.
CAUWE, R., Malou, Jean-Baptiste. — *LTK* 6 (1961) 1335.
CAUWE, R., Mgr. Malou en de dogmatische definitie van de Onbevlekte Ontvangenis in 1854. — *CBG* 10 (1964) 433-462.
Malou (Jean-Baptiste). — *DTC Tables* 2 (1967) 3080.
HAMMAN, A., *Jacques-Paul Migne. Le retour aux Pères de l'Église* (Le point théologique, 16), Paris, 1975, pp. 115-139.
BAUDRY, G.-H., Malou (Jean-Baptiste). — *Catholicisme* 8 (1979) 272-273.
MICHIELS, G., Malou (Jean-Baptiste). — *DSpir* 10 (1980) 183-184.
VAN BIERVLIET, L., Een Engelse getuigenis van de bisschopswijding van J.B. Malou te Brugge 1849. — *Biekorf* 83 (1983) 62-63.
VERHELST, D., Mgr. Jean-Baptiste Malou, bisschop van Brugge en de stichting van Scheut. — *Ibid.*, 209-220.
CAUWE, R., Jan-Baptist Malou (1848-1864). — M. CLOET (ed.), *Het bisdom Brugge (1559-1984). Bisschoppen, priesters, gelovigen*, Bruges, 1984, pp. 357-364.
HAMMAN, A., Les principaux collaborateurs des deux Patrologies de Migne. — A. MANDOUZE & J. FOUILHERON (eds.), *Migne et le renouveau des études patristiques. Actes du colloque de Saint-Flour 7-8 juillet 1975* (Théologie historique, 66), Paris, 1985, 180-191.
JANSSENS DE BISTHOVEN, B., Brief van J.B. Malou, bisschop van Brugge, aan professor J. Moeller over het onderricht in de geschiedenis in de colleges, 20 september 1853. — *Genootschap voor Geschiedenis. Handelingen* 122 (1985) 105-106.
KENIS, L., The Louvain Faculty of Theology and Its Professors (cf. p. 18), pp. 403-404.
KENIS, L., *De Theologische Faculteit te Leuven in de negentiende eeuw* (cf. p. 18), esp. pp. 105-107, 171-172, 176-178, 202-207, 214-221, 229-231, 257-275, 284-285.
KENIS, L., The Faculty of Theology in the 19th Century on Augustine and Augustinism. — M. LAMBERIGTS & L. KENIS (eds.), *L'augustinisme à l'ancienne Faculté de théologie de Louvain* (BETL, 111), Louvain, 1994, 399-417, pp. 404-407.

Désiré Joseph MERCIER

Braine-l'Alleud, 21 November 1851 – Brussels, 23 January 1926

Désiré Mercier studied at the episcopal college (1863), the minor seminary (1868) and the major seminary (1870) in Malines. In 1873 he continued his theological studies at Louvain. On 4 April 1874 he was ordained to the priesthood. After obtaining the licentiate degree in theology (25 July 1877) he was appointed a professor of philosophy and psychology at the Malines major seminary. In 1882, at the insistence of Pope Leo XIII, the Belgian bishops created a chair of Thomistic philosophy at the University of Louvain. Mercier was chosen for this position, which was incorporated into the Faculty of Theology. He was named a full professor and, in addition, was assigned assessor to the vice-rector. In 1887 he moved from the Theological Faculty to the Faculty of Arts. Later, in 1889 he was named professor of logic and psychology and in 1890 he taught an introductory course in philosophy and a course entitled "Étude approfondie des questions de psychologie, de logique ou de morale" which was, in fact, a continuation of the chair of Thomistic philosophy.

In 1889 Mercier established the *Institut Supérieur de Philosophie*. Although the project met with opposition from Rector Abbeloos, he succeeded in developing the Institute into an internationally renowned center of neo-Thomist research, including the creation of the *Revue néo-scolastique* (1894) and the publication of a successful series of philosophy handbooks (nos. 6-9). In 1892 he founded and was appointed first President of the Leo XIII Seminary. Previously he had received the titles of honorary canon (1882) and domestic prelate to the Pope (1887). From 1899 he was a member of the Royal Academy of Belgium.

On 7 February 1906 Mercier was elected Archbishop of Malines and on 15 April 1906 he was created a cardinal. As leader of the Belgian Church he promoted the spiritual formation of the clergy and the development of Catholic community life. In theological questions he was relatively open-minded, which became clear from his position during the Modernist crisis. He gained international prestige through his resistance to German occupation in World War I. At the ecumenical level he organized the Malines Conversations between representatives from the Roman Catholic and Anglican churches (1921-1925). In internal Belgian politics he displayed a realistic position towards democracy and the rise of socialism. With regard to the linguistic controversies, which were also affecting university life at Louvain, his attitude lacked sympathy for the claims of the Flemish Movement.

Courses

1882-1887   Thomistic Philosophy

Works

1. *Observations à propos d'un article de la Revue sur les Œuvres complètes de Son Éminence le Cardinal Dechamps, Archevêque de Malines.* — *RCath* 47 (1879) 481-483 [anon.: "UN ABONNÉ"].
2. *Réponse à M. le professeur Bossu à l'occasion d'un article de la Revue catholique.* Malines, Van Velsen, 1879 [anon.].
3. *Discours d'ouverture du cours de philosophie de S. Thomas.* Louvain, C. Peeters, 1882, 35 pp.
4. La philosophie de saint Thomas. — *RCath* 53 (1882) 736-758 [partial reprint of no. 3].
5. Le déterminisme mécanique et le libre arbitre. — *RCath* 54 (1883) 687-704, 830-850; 55 (1884) 50-59, 108-123.

Nos. 6-9 are the printed volumes of Mercier's *Cours de Philosophie*. Some of the first editions in this series were multiplied in autograph under a slightly varying common title, such as *Cours de Philosophie de saint Thomas d'Aquin*, or *Sommaire du cours de Philosophie selon saint Thomas d'Aquin*. For ease of survey, we include these editions here and not under the heading "Course texts in autograph". Our main title is the title of the first separate edition of the printed text.

6. *Logique.* 2nd ed., Louvain, Uystpruyst-Dieudonné; Paris, Alcan, 1897, VIII-285 pp.
   – 1st ed. as part 1 of *Cours de Philosophie*, vol. 1, entitled *Logique et Notions d'Ontologie ou de Métaphysique générale.* 1894, VIII-291 pp.
   – 3rd ed. 1902, XIV-367 pp.
   – 4th ed. 1905, XVI-407 pp.
   – 5th ed. 1909, VII-407 pp.
   – 6th ed. 1919, VIII-408 pp.
   – 7th ed. 1922, XII-408 pp.
   – Transl. in Polish (1900), Spanish (1902), Portuguese (1903), Italian (1906), English (1912).
7. *Métaphysique générale ou Ontologie.* 3rd ed., Louvain, Uystpruyst-Dieudonné; Paris, Alcan, 1902, XX-580 pp.
   – 1st ed. in autograph, 1886.
   – 2nd ed. as part 2 of *Cours de Philosophie*, vol. 1, entitled *Logique et Notions d'Ontologie ou de Métaphysique générale*, 1894, 342 pp.
   – 4th ed. 1905, XXIII-620 pp.
   – 5th ed. 1910, XXIII-620 pp.
   – 6th ed. 1919, XXIII-620 pp.
   – 7th ed. 1923, XXIII-620 pp.
   – Transl. in Polish (1903), Spanish (1903), Portuguese (1904), Italian (1911), Arabic (1912).
8. *Psychologie.* 5th ed., Louvain, Uystpruyst-Dieudonné; Paris, Alcan, 1899, XX-583 pp.

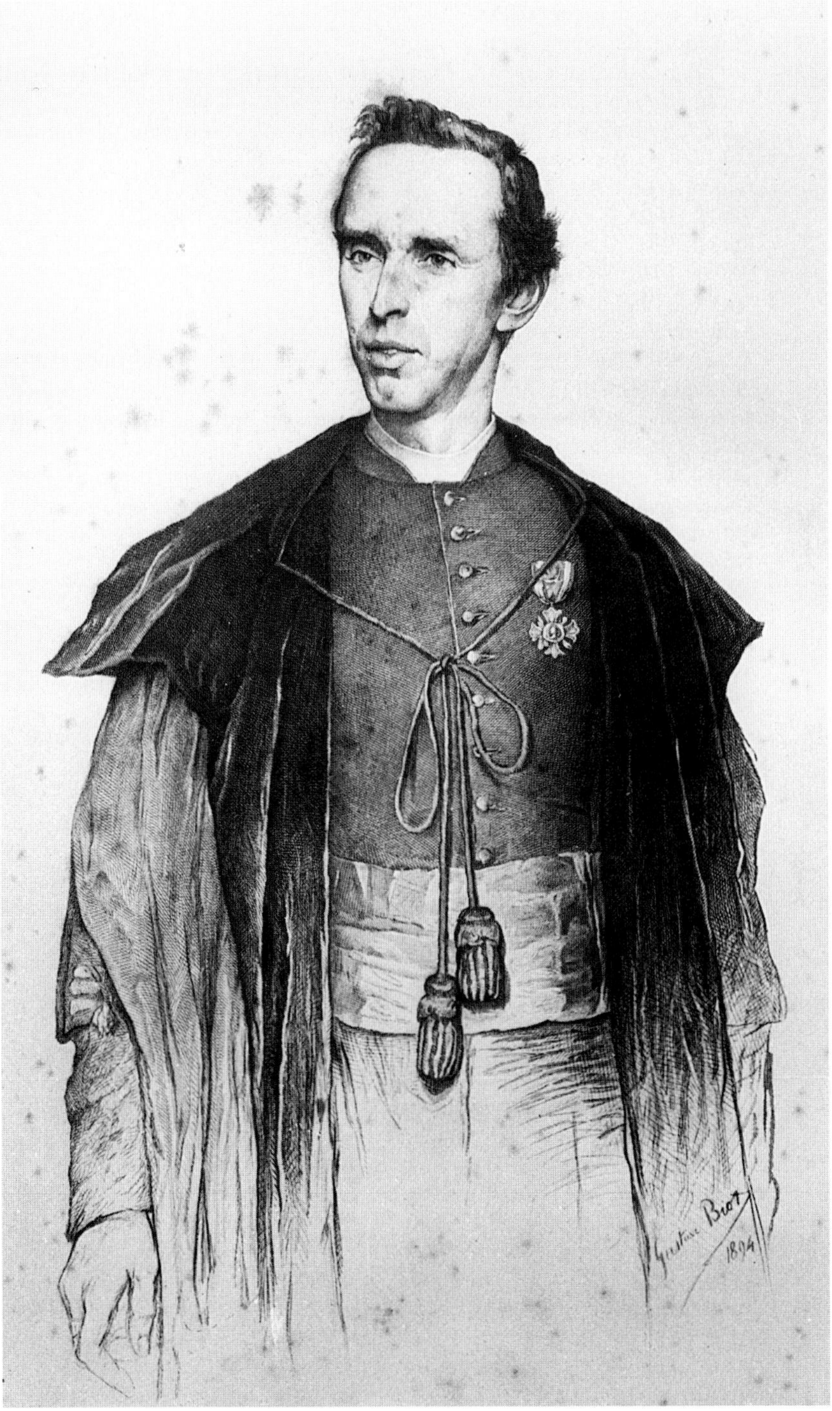

- 1st ed. in autograph, 1883.
- 2nd ed. in autograph, 1888.
- 3rd ed. as vol. 2 of *Cours de Philosophie*. Louvain, Peeters-Ruelens; Paris, Alcan; Brussels, Société belge de librairie, 1892, 520 pp.
- 4th ed. as 2nd ed. of *Cours de Philosophie*, vol. 2. Louvain, Uystpruyst-Dieudonné; Paris, Alcan, 1894, VIII-542 pp.
- 6th ed. 1903-1904, 2 vols., VII-377, 394 pp.
- 7th ed. 1905, 2 vols., VIII-377, 394 pp.
- 8th ed. 1908, 2 vols., VIII-380, 400 pp.
- 9th ed. 1912, 2 vols., XII-380, 400 pp.
- 10th ed. 1920, 2 vols., XII-396, 400 pp.
- 11th ed. 1923, 2 vols., XII-397, 400 pp.
- Transl. in Polish (1902), Spanish (1902), Italian (1903), Portuguese (1904), German (1906-1907; 3rd ed., 1923).

9. *Critériologie ou Théorie générale de la certitude*. 3rd ed., Louvain, Institut Supérieur de Philosophie, 1899, XII-371 pp.
    - 1st ed. in autograph, entitled *Théorie de la connaissance certaine*, 1884.
    - 2nd ed. in autograph, entitled *Du fondement de la certitude*, 1889.
    - 4th ed. 1900, XII-426 pp.
    - 5th ed. 1906, XVI-428 pp.
    - 6th ed. 1911, VII-407 pp.
    - 7th ed. 1918, IV-408 pp.
    - 8th ed. 1923, IV-444 pp.
    - Transl. in Polish (1901), Spanish (1902), Portuguese (1904), Arabic (1912).
10. La pensée et la loi de la conservation de l'énergie. — *Le Muséon* 6 (1887) 215-223.
11. Léon XIII et la restauration des études philosophiques. — *Le Livre d'Or du Pontificat de Léon XIII*, Brussels, Société belge de librairie, 1888, 67-131 [with A. Van Weddingen].
12. La parole. — *RQS* 23 (1888) 545-567.
13. La création d'une École supérieure de Philosophie à l'Université de Louvain. — *La Science catholique* 5 (1890-91) 1-16.
14. *Rapport sur les études supérieures de philosophie, présenté au Congrès de Malines, le 9 septembre 1891*. Louvain, Institut Supérieur de Philosophie, 1891, 32 pp.
    - 2nd ed. 1898.
    - Transl. in Italian (1901) and Spanish (1902).
15. Les deux critiques de Kant. — *Annales de philosophie chrétienne* 122 (1891) 269-287.
16. Les congrès scientifiques internationaux des catholiques. Sciences philosophiques. — *RQS* 32 (1892) 198-202.
17. La définition philosophique de la vie. — *RQS* 32 (1892) 398-466.
18. La perception et la psychologie thomiste de Domet de Vorges. — *RQS* 32 (1892) 622-631.
19. De instauratione doctrinae S. Thomae Aquinatis. — *Divus Thomas* (1893) 385-388, 417-421, 449-454.
20. La philosophie néo-scolastique. — *RNS* 1 (1894) 5-18.
21. Du beau dans la nature et dans l'art. — *RNS* 1 (1894) 263-285, 339-348.

22. Discours prononcé par Mgr Mercier [...] à l'occasion de la remise de son portrait le 2 décembre 1894. — *Manifestation en l'honneur de Mgr Mercier, Prélat domestique de Sa Sainteté Léon XIII, Président de l'Institut Supérieur de Philosophie et du Séminaire Léon XIII, professeur à l'Université catholique. – 2 décembre 1894 – Souvenir publié par le Comité organisateur*, Louvain, A. Uystpruyst-Dieudonné, 1895, 33-53, 67-72.
   – Published separately: Louvain, A. Uystpruyst-Dieudonné, 1895, 21 pp.
23. La théorie des trois vérités primitives. — *RNS* 2 (1895) 7-26.
24. La localisation du sens musculaire. — *RNS* 2 (1895) 206-209.
25. L'agnosticisme. À propos du livre de A. Balfour, "Les fondements de la foi". — *RNS* 2 (1895) 402-419.
26. La psychologie de Descartes et l'anthropologie scolastique. — *RNS* 3 (1896) 183-199, 229-241; 4 (1897) 386-407; 5 (1898) 193-199.
27. *Les origines de la psychologie contemporaine*. Louvain, Institut Supérieur de Philosophie; Paris, Alcan, 1897, XII-486 pp.
   – 2nd ed. 1908, XVI-493 pp.
   – 3rd ed. 1925, XVI-470 pp.
   – Transl. in Polish (1900), Italian (1903; 2nd ed., 1910), Spanish (1904), Portuguese (1904).
28. Discussion de la théorie des trois vérités primitives. — *RNS* 4 (1897) 56-72.
29. Pourquoi le doute méthodique ne peut être universel. — *RNS* 4 (1897) 182-198.
30. Les suggestions criminelles. Débat contradictoire au Congrès de neurologie de Bruxelles. — *RNS* 4 (1897) 408-415.
31. *L'enseignement chrétien. Allocution prononcée en l'église de Wavre le 11 octobre 1898*. Nivelles, Imprimerie classique, C. Guignardé, 1898, 21 pp.
32. La philosophie de Herbert Spencer. — *RNS* 5 (1898) 5-29.
33. Le positivisme et les vérités nécessaires des sciences mathématiques. — *RNS* 6 (1899) 12-29.
34. "Ecco l'allarme" – Un cri d'alarme. — *RNS* 6 (1899) 144-158.
35. La notion de la vérité (À propos d'un article de la *Revue Thomiste*, intitulé: Jugement et vérité). — *RNS* 6 (1899) 371-403.
36. La psychologie expérimentale et la philosophie spiritualiste. — *BASB* (1900) 421-450.
   – English transl. New York - Chicago, 1902.
37. Le bilan philosophique du XIXe siècle. — *RNS* 7 (1900) 5-32, 315-329.
   – Spanish transl. 1904.
38. Le commencement du siècle. — *RNS* 7 (1900) 104-107.
39. Observations et discussion: § 1. La nature de la vérité. § 2. Induction complète et induction scientifique. § 3. La science moderne et la philosophie thomiste. — *RNS* 7 (1900) 190-231.
40. L'induction scientifique. Seconde réponse à M. Bersani. — *RNS* 7 (1900) 422-434.
41. L'unité et le nombre d'après saint Thomas d'Aquin. — *RNS* 8 (1901) 258-275.
42. Le phénoménisme et l'ancienne métaphysique. — *RNS* 8 (1901) 321-337.
43. De distinctione essentiae ab existentia. — *Divus Thomas* 7 (1901) 254-265.
44. [Report on the Catholic University of Louvain]. — *Royal Commission on University Education in Ireland. Appendix to the Second Report. Minutes of*

evidence, taken in Nov. and Dec., Dublin, A. Thom & Co., E. Fonsouby; Westminster, Eyre and Spottinwoode; Edinburgh, Oliver and Bayd, 1901, 204-214, 224 [315-317: documents + 2 diagrams].
45. Note sur l'ouvrage de M. De Wulf: "Les philosophes belges" (textes et études). T. I: Le traité "De unitate formae" de Gilles de Lessines. — *BASB* (1902) 11-14.
46. La nature du raisonnement. — *Revue de Philosophie* 2 (1902) 165-179.
47. *"La science cléricale". Une polémique avec L'Indépendance belge.* Louvain, Institut Supérieur de Philosophie, 1903, 41 pp.
48. Note sur l'ouvrage de L. Janssens: "Praelectiones de Deo uno ad modum commentarii in Summam theologicam divi Thomae Aquinatis". — *BASB* (1903) 147-156.
49. La dernière idole. — *RNS* 10 (1903) 73-91.
    – Published separately: *Les preuves thomistes de l'existence de Dieu.* Louvain, Institut Supérieur de Philosophie, 1903, 24 pp.
50. Discussions. I. Objections contre la thèse de la distinction réelle entre l'essence et l'existence. II. Les forces des substances organisées. III. Les preuves de l'existence de Dieu et le monisme. — *RNS* 10 (1903) 185-204.
51. La pensée maîtresse du pontificat de Léon XIII. — *Le XXe Siècle*, 25 July 1903.
52. Quelques notes sur la philosophie d'Herbert Spencer. — *Le XXe Siècle*, 11 December 1903.
53. L'enseignement de la philosophie à l'École de Louvain et à l'Université grégorienne. — *Le Bien Public*, 11 December 1903.
54. *Idéal et illusion. Causerie faite à l'Association des anciens élèves du Collège Saint-Rombaut à Malines, le 23 avril 1903.* Malines, H. Dierickx-Beke fils, 1904, 18 pp.
55. Note sur l'ouvrage de M. De Wulf: Introduction à la philosophie néo-scolastique. — *BASB* (1904) 51-54.
56. La liberté d'indifférence et le déterminisme psychologique. — *RNS* 11 (1904) 5-17.
57. *Traité élémentaire de philosophie à l'usage des classes, édité par des professeurs de l'Institut Supérieur de Philosophie – D. Mercier – M. De Wulf – D. Nys.* Louvain, Institut Supérieur de Philosophie, 1905, 2 vols., 678, 588 pp. [Mercier's contributions: vol. 1: "Introduction et notions propédeutiques. Psychologie; Critériologie. Métaphysique générale"; vol. 2: "Théodicée. Logique").
    – 7th ed. 1925.
    – Transl. in Spanish (1910), Italian (2nd ed., 1913), English (2nd ed.).
58. L'Expansion mondiale de l'activité belge et la philosophie. — *Congrès international d'Expansion économique mondiale tenu à Mons du 24 au 28 décembre 1905 sous le haut patronage de Sa Majesté le roi Léopold II et du gouvernement belge. Rapports. Section I – Enseignement (Volume III)*, Brussels, Hayez, 1905, 10 pp.
59. À propos de l'enseignement de la scolastique. — *RNS* 11 (1905) 339-347.
60. Réponse à Dom Olivieri. — *Revue Thomiste* 13 (1905) 573-583.
61. Le mouvement philosophique [interview]. — E. NED, *L'énergie belge. Opinion d'une élite, 1830-1905*, Brussels, Dewit, 1905, 81-95.
62. L'art et la morale. — *Le Bien Public*, 25 May 1905.

63. *Oraison funèbre de S. Em. le Cardinal Pierre-Lambert Goossens, Archevêque de Malines, prononcée aux funérailles, en l'église métropolitaine de Saint-Rombaut*. Louvain, Institut Supérieur de Philosophie, [1906], 20 pp.
   – Reprint: *AUCL* 71 (1907) XXV-XXXVIII.
64. Lettre en réponse aux félicitations adressées par la classe à l'occasion de sa nomination archiépiscopale. — *BASB* (1906) 180-181.
65. Lettre en réponse aux félicitations adressées par la classe à l'occasion de son élévation au cardinalat. — *BASB* (1907) 442-443.
66. L'encyclique et la philosophie. (Discours prononcé à l'Université de Louvain). — *Revue pratique d'apologétique* 5 (1907) 399-407.
67. De modo argumentandi ad demonstrandam ex rebus huius mundi contingentibus Dei existentiam. — *Documenta Ecclesiastica Mechliniensia* 1 (February 1907) 6 pp.
68. *À mes Séminaristes. Conférences*. Brussels, Action catholique; Paris, Beauchesne; Louvain, E. Warny, 1908, XVI-272 pp.
   – 13th ed. 1926.
   – Transl. in Italian (1908, 1920), Dutch (1909), Spanish (1909), English (1910), German (1910), Polish (1913), Hungarian (1919).
69. *Le Modernisme. Sa position vis-à-vis de la science, sa condamnation par le Pape Pie X* (Science et foi, 2). Brussels, Action catholique, [1908], 45 pp.
   – Enlarged edition: (Science et religion, 528). Paris, Bloud, 1909, 60 pp.
   – Transl. in German (1908), Dutch (1909), English (1910).
70. Un discours du Cardinal Mercier. — *RNS* 15 (1908) 5-11.
71. Discours de Son Éminence le Cardinal Mercier. — *1834-1909. Liber Memorialis des Fêtes Jubilaires de l'Université catholique de Louvain*, Louvain, C. Peeters, [1909], 133-154.
   – Reprint: *AUCL* 74 (1910) LV-LXVII.
72. *Retraite pastorale*. Brussels, Action catholique; Paris, Beauchesne; Louvain, E. Warny, 1910, XVI-372-LXIV pp. [13,000 copies, 1926].
   – Transl. in Italian (1911), German (1911), English (1912), Hungarian (1912), Dutch (1914), Spanish (1921).
73. Discours prononcé [...] à l'inauguration du monument Bossuet, dans la cathédrale de Meaux, le 29 octobre 1911. — *BASB* (1911) 483-490.
74. Vers l'Unité. Lecture faite [...] le 7 mai 1913. — *BASB* (1913) 122-146.
   – Reprint: *RNS* 20 (1913) 253-278.
75. Discours prononcé [...] lors de la réception au Palais, le 31 décembre 1913. — *BASB* (1914) 1-2.
76. *La vie intérieure. Appel aux âmes sacerdotales (Retraite prêchée à ses prêtres)*. Brussels, Action catholique; Louvain, E. Warny, 1918, XXIV-506 pp. [15,000 copies, 1923].
   – Italian transl.
77. *Le christianisme dans la vie moderne. Pages chosies et recueillies par L. Noël*. Paris, Perrin, 1918, IV-310 pp.
78. F. MAYENCE (ed.), *La correspondance de S. E. le Cardinal Mercier avec le Gouvernement Général allemand pendant l'occupation 1914-1918*. Brussels, A. Dewit; Paris, J. Gabalda & Cie, 1919, XI-506 pp.
79. Le génie poétique de Dante. Lecture faite à l'Académie royale de Belgique, le 6 juin 1921. — *BASB* (1921) 265-289.

80. *Collectio epistolarum pastoralium, decretorum, aliorumque documentorum quae pro regimine dioecesis Mechliniensis publicatae fuerunt.* Malines, H. Dessain, 1910-1924, 4 vols. [vols. 15-18 of the collection].
81. *Œuvres pastorales. Actes. Allocutions. Lettres.* Brussels, A. Dewit; Louvain, E. Warny; Paris, J. Gabalda, 1911-1926, 7 vols.

Course texts in autograph

82. *Théodicée.* Louvain, Institut Supérieur de Philosophie, 1884.
83. *Philosophie morale et Droit naturel.* Louvain, Ghysebrechts et Peeters, 1886. – 2nd ed. 1890.
84. *Cosmologie.* Louvain, Institut Supérieur de Philosophie, 1887.
85. *Introduction à la philosophie et Cours de logique.* Louvain, C. Peeters, 1891, 72 pp.

Direction

Revue néo-scolastique.

Collaboration

Revue catholique; *Revue néo-scolastique.*

Selected literature

Bibliography: *UCLB*, pp. 257-258.
La personnalité et la philosophie de D. Mercier. — *RNS* 28 (1926) 97-259 (with contributions by M. DE WULF, L. NOËL, N. BALTHASAR, P. HARMIGNIE, G. LEGRAND, P. CHARLES, and bibliography, 250-258).
Le Cardinal Mercier (1851-1926). Brussels, 1927 (pp. 341-372: exhaustive bibliography, including reports for the Belgian Academy, pp. 344-345, and book reviews, pp. 346-347).
HARNET, J.J., Désiré Joseph Mercier and the Neo-Scholastic Revival. — *New Scholasticism* 8 (1944) 303-339.
VAN RIET, G., *L'Épistémologie thomiste. Recherches sur le problème de la connaissance dans l'École thomiste contemporaine*, Louvain, 1946, esp. pp. 135-210.
AHERN, P.H., *The Catholic University of America, 1887-1896*, Washington, 1948, pp. 11-14.
DE RAEYMAEKER, L., *Le Cardinal Mercier et l'Institut Supérieur de Philosophie de Louvain.* Louvain, 1952; pp. 39-175 first published as: Les origines de l'Institut Supérieur de Philosophie de Louvain. — *RPL* 49 (1951) 505-633.
BECQUÉ, M., *Le Cardinal Dechamps*, Louvain, 1956, vol. 2, pp. 374-381.
TAMBUYSER, R., L'érection de la chaire de philosophie thomiste à l'Université de Louvain (1880-1882). — *RPL* 56 (1958) 479-509.
SIMON, A., Mercier (Désiré-Joseph). — *BN* 30 (1959) 575-596.
SIMON, A., *Le Cardinal Mercier* (Notre Passé). Brussels, 1960.

AUBERT, R., Aspects divers du néo-thomisme sous le pontificat de Léon XIII. — G. ROSSINI (ed.), *Aspetti della cultura cattolica nell'età di Leone XIII. Atti del convegno tenuto a Bologna il 27-28-29 dicembre 1960*, Rome, 1961, 133-227, pp. 172-190.

DE RAEYMAEKER, L., Soixante années d'enseignement de la métaphysique à l'Institut Supérieur de Philosophie de l'Université de Louvain. — *Scrinium Lovaniense. Mélanges historiques Étienne Van Cauwenbergh* (RTHP, 4th ser., 24), Gembloux - Louvain, 1961, 596-607, pp. 601-605.

SIMON, A., Désiré Mercier à Malines (1877-1882). — *Handelingen van de Koninklijke Kring voor Oudheidkunde, Letteren en Kunst van Mechelen* 65 (1961) 116-131.

DE RAEYMAECKER, L., *L'œuvre universitaire du Cardinal Mercier*. Barcelona, 1962.

SIMON, A., *Position philosophique du Cardinal Mercier. Esquisse psychologique* (MAB.L, 2nd ser., 56/1). Brussels, 1962.

BEAUDUIN, E., *Le Cardinal Mercier*. Tournai - Paris, 1966.

WYLLEMAN, A.L., Mercier, Désiré Joseph. — *NCE* 9 (1967) 671-672.

BOUDENS, R., George Tyrrell and Cardinal Mercier: A Contribution to the History of Modernism. — *Église et Théologie* 1 (1970) 313-351.

BOUDENS, R., Le Saint-Siège et la crise de l'Institut Supérieur de Philosophie à Louvain 1895-1900. — *Archivum Historiae Pontificiae* 8 (1970) 301-322.

BOUDENS, R., *Kardinaal Mercier en de Vlaamse Beweging*. Louvain, 1975.

VERBEKE, G., De betekenis van Mercier voor de filosofie. — *Algemeen Nederlands Tijdschrift voor Wijsbegeerte* 68 (1976) 209-221.

AUBERT, R., Un projet avorté d'une association scientifique internationale catholique au temps du modernisme. — *Archivum Historiae Pontificiae* 16 (1978) 223-312.

AUBERT, R., Mercier (Désiré-Joseph cardinal). — *Catholicisme* 8 (1979) 1208-1211.

VAN RIET, G., Originalité et fécondité de la notion de philosophie élaborée par le Cardinal Mercier. — *RPL* 79 (1981) 532-565.

AUBERT, R., Le Cardinal Mercier et l'Académie Royale de Belgique. — *BAB.L* 5th ser. 69 (1983) 336-370; ID., *Le Cardinal Mercier*, 1994 (see below).

BOUDENS, R., Mercier, Désiré Joseph. — *NBW* 12 (1987) 534-542.

VAN RIET, G., Kardinal Désiré Mercier (1851-1926) und das philosophische Institut in Löwen. — E. CORETH, W.M. NEIDL, G. PFLIGERSDORFFER (eds.), *Christliche Philosophie im katholischen Denken des 19. und 20. Jahrhunderts*, vol. 2, Graz - Vienna - Cologne, 1988, 206-240. English transl.: Cardinal Désiré Mercier (1851-1926) and the Institute of Philosophy of Louvain. — D.A. BOILEAU & J.A. DICK (eds.), *Tradition and Renewal*, vol. 3, Louvain, 1993, 1-39.

STRUYKER BOUDIER, C.E.M., *Wijsgerig leven in Nederland en België* (cf. p. 19), vol. 5, pp. 93-121.

AUBERT, R., Désiré Mercier et les débuts de l'Institut de Philosophie. — *RPL* 88 (1990) 147-167; ID., *Le Cardinal Mercier*, 1994 (see below).

LADRIÈRE, J., Cent ans de philosophie à l'Institut Supérieur de Philosophie. — *RPL* 88 (1990) 168-213. English transl.: One Hundred Years of Philosophy at the Institute of Philosophy. — D.A. BOILEAU & J.A. DICK (eds.), *Tradition and Renewal*, vol. 3, Louvain, 1993, 41-78.

STEEL, C., Thomas en de vernieuwing van de filosofie. Enige beschouwingen bij het thomisme van Mercier. — *Tijdschrift voor Filosofie* 53 (1991) 44-89. English transl.: Aquinas and the Renewal of Philosophy: Some Observations on the Thomism of Désiré Mercier. — D.A. BOILEAU & J.A. DICK (eds.), *Tradition and Renewal*, vol. 1, Louvain, 1992, 181-215.

WIELOCKX, R., De Mercier à De Wulf. Débuts de l'"École de Louvain". — R. IMBACH & A. MAIERÙ (eds.), *Gli studi di filosofia medievale fra Otto e Novecento. Contributo a un bilancio storiografico. Atti del convegno internazionale, Roma, 21-23 settembre 1989* (Storia e Letteratura, 179), Rome, 1991, 75-95.

WILS, K., Het verbond tussen geloof en wetenschap bedreigd. Het Leuvens Hoger Instituut voor Wijsbegeerte en het positivisme (1889-1914). — *Trajecta* 1 (1992) 388-408.

KENIS, L., *De Theologische Faculteit te Leuven in de negentiende eeuw* (cf. p. 18), esp. pp. 458-460.

BOILEAU, D.A. & DICK, J.A. (eds.), *Tradition and Renewal: Philosophical Essays Commemorating the Centennial of Louvain's Institute of Philosophy* (Louvain Philosophical Studies, 5-7), 3 vols., Louvain, 1992-1993.

AUBERT, R., *Le Cardinal Mercier, un prélat d'avant-garde (1851-1926). Publications du Professeur Roger Aubert rassemblées à l'occasion de ses 80 ans.* Hommage édité par J.-P. HENDRICKX, J. PIROTTE et L. COURTOIS. Louvain-la-Neuve, 1994 (forthcoming).

Ferdinand Joseph MOULART

Saint-Sauveur, 4 August 1832 – Heverlee, 10 July 1904

After graduating from the Jesuit college of Tournai, Ferdinand Moulart studied philosophy in the minor seminary of *Bonne-Espérance* and theology in the major seminary at Tournai. On 19 July 1857 he was ordained to the priesthood. He began his studies in canon law at Louvain. In the academic year 1861-62, while preparing his doctoral dissertation, he replaced, together with A.B. Van der Moeren, theology professor J.B. Lefebve to teach a course in moral theology in the *Schola minor*. On 7 July 1862 he was granted the doctoral degree in canon law. That same year, he was made extraordinary professor and charged with a new course in the *Schola minor* on moral theology and canon law. In 1863 he was appointed as professor of a new chair in the *Schola maior*, concerned with the relationship between Church and State (entitled, from 1871 on, "le droit civil ecclésiastique"). It consisted of a general and a special part, the latter dealing with specific Belgian legislation concerning matters such as cemeteries and church property. Moulart taught the general part until 1899 and the special issues until his retirement in 1904. In 1870 and 1873-74 he served as a substitute for H.J. Feye in canon law.

Moulart based his teaching on Church and State on the notorious distinction between thesis and hypothesis which, in Belgium, represented the 'constitutional' position, defended since the 1830's by moderate Catholics and the Church hierarchy. From the early 1870's he met with sharp opposition on the part of Charles Périn, a professor in the Faculty of Law. Périn, a leading figure in the ultramontanist faction of Belgian Catholicism, accused Moulart of providing moderate Catholic politicians with the doctrine to legitimize their lenient position toward successive liberal governments. In 1876 Périn's intervention prevented Moulart's course being made mandatory in the Faculty of Law. One year later, he played a role in actions against the planned publication of Moulart's principal work, *L'Église et l'État* (no. 16). The book was subject to an investigation in Rome which, though compromised by a number of misunderstandings, was finally resolved in favor of Moulart. In the 1880's Moulart published three editions of his work, which were enlarged and revised in the light of the teachings of Leo XIII. The book became an influential standard work, especially in its German translation.

Moulart was an honorary canon of the Cathedral of Tournai, domestic prelate to the Pope, knight of the Order of Leopold, and a member of the Roman Academy of Catholic Religion.

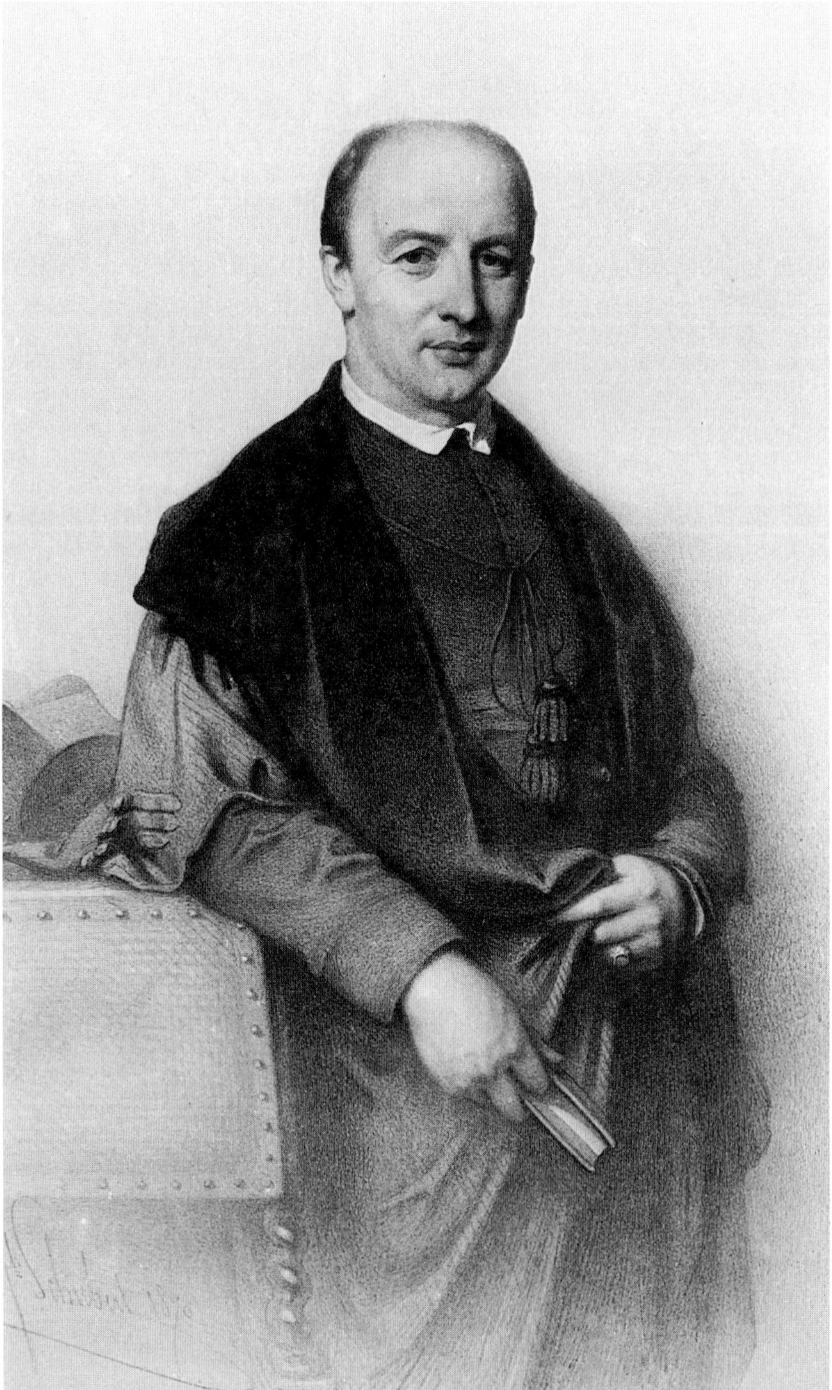

Courses

1862-1877   *Schola minor*: Moral Theology and Canon Law
1863-1904   Church and State

Works

1. *De sepultura et coemeteriis, dissertatio historico-juridica, quam cum subjectis thesibus, annuente summo numine, et auspice beatissima Virgine Maria, ex auctoritate Rectoris Magnifici Petri Franc. Xav. De Ram, [...], et consensu S. Facultatis Theologicae, pro gradu doctoris SS. Canonum in Universitate catholica, in oppido Lovaniensi, rite et legitime consequendo, publice propugnabit.* Louvain, Vanlinthout et sociis, 1862, [VIII]-422 pp. [dir.: H.J. Feye, C. Delcour].
2. *Examen des principales difficultés de la législation civile sur les sépultures.* Louvain, Vanlinthout et Cie, 1862, 108 pp. [excerpt from no. 1].
3. De l'exemption du service militaire accordée aux ministres du culte et aux étudiants en théologie. — *RCath* 24 (1866) 73-83, 141-153, 206-223.
4. Des traitements et pensions des ministres du culte catholique. — *RCath* 24 (1866) 655-668.
5. Caractère du traitement payé par l'État aux ministres du culte catholique. — *RCath* 25 (1867) 102-113, 577-588.
6. La souveraineté temporelle des papes. Lettre de son Éminence le Cardinal Prosper Caterini, préfet de la S. Congrégation du concile de Trente. — *RCath* 26 (1868) 646-660.
7. L'assemblée du clergé de France de 1682. — *RCath* 27 (1869) 259-279.
8. Le droit de propriété de l'Église. — *RCath* 27 (1869) 369-398, 511-537; 28 (1869) 5-32.
9. L'Église et l'État, leurs rapports mutuels. — *RCath* 29 (1870) 413-444; 31 (1871) 27-58, 141-170, 613-643; 32 (1871) 121-146, 225-255.
10. Le mariage civil. — *RCath* 32 (1871) 416-433.
11. L'union et la séparation de l'Église et de l'État. — *RCath* 33 (1872) 650-684; 34 (1872) 44-72, 303-311.
12. *La question des cimetières en Belgique.* Tournai, Ve H. Casterman, 1874, 177 pp.
13. La question des cimetières en Belgique et le projet de conciliation de M. le baron d'Anethan. — *RCath* 37 (1874) 176-203, 251-275, 337-363.
14. Lettre de M. le Docteur Moulart à la *Revue.* — *NRT* 6 (1874) 649-663.
15. Lettre de M. le Professeur Moulart. — *NRT* 7 (1875) 79-91.
16. *L'Église & l'État ou les deux puissances, leur origine, leurs rapports, leurs droits et leurs limites.* Louvain, C. Peeters, 1878, VIII-578 pp.
    – *Seconde édition.* 1879, VIII-608 pp.
    – *Troisième édition mise en rapport avec la lettre encyclique de S. S. Léon XIII Immortale Dei sur la constitution chrétienne des États.* Louvain, C. Peeters; Paris, P. Lethielleux, 1887, XI-647 pp. [from the 3rd edition on, "rapports" is replaced by "relations" in the subtitle].
    – *Quatrième édition mise en rapport avec les actes de S. S. Léon XIII et notamment avec les lettres encycliques sur la constitution chrétienne des États et la liberté humaine.* Louvain, C. Peeters; Paris, V. Lecoffre, 1895, X-667 pp.

- German transl. of the 2nd ed.: *Kirche und Staat oder die beiden Gewalten, ihr Ursprung, ihre Beziehungen, ihre Rechte und ihre Grenzen. Autorisirte Uebersetzung nach der zweiten Auflage des Originals von Herm. Houben.* Mainz, F. Kirchheim, 1881, XVI-632 pp. [photographic reprint, Aalen, Scientia, 1974].
- Hungarian transl. of the 2nd ed.: *Az egyhaz èes az àllam. A két batalom eredete, egymàshoz valo viszonya, jogai ès hataskore.* Budapest, Buschmann F., 1884-1885, 2 vols., XXXI-395, XVII-266 pp.

17. *Éloge funèbre de Monseigneur Henri-Jean Feye, professeur émérite de la Faculté de théologie de l'Université catholique de Louvain [...] prononcé à la maison mortuaire.* Louvain, F. Ickx et sœur, 1894, 12 pp. [originally published in *Gazette de Louvain*].

Course texts in autograph

18. *Des Fabriques d'Églises et de l'administration de leurs biens.* Louvain, C. Peeters, 1865, 626 pp.
    - 7th ed. 1885, 608 pp.
    - 8th ed. 1888, 658 pp.
    - 9th ed. 1899.
19. *Rapports généraux de l'Église et de l'État. Année académique 1870-1871.* 716 pp.

Collaboration

Revue catholique.

Literature

Bibliography: *UCLB*, pp. 76-77, Sup. 3, p. 11; *BiblNat* 2 (1892) 730.
Décès. — *RHE* 5 (1904) 937-938.
DE BAETS, M., Éloge funèbre de Mgr F.-J. Moulart, prononcé le 12 novembre 1904, en la salle des promotions. — *AUCL* 69 (1905) LIII-LXV.
VAN HOVE, A., Le droit canonique. — *Le cinquième centenaire de la Faculté de théologie* (cf. p. 18), 76-89, pp. 86-88; = *ETL* 9 (1932) 663-676, pp. 673-675.
BECQUÉ, M. & LOUANT, A., Le dossier "Rome et Louvain" de Charles Périn. — *RHE* 50 (1955) 35-124.
BECQUÉ, M., *Le Cardinal Dechamps*, Louvain, 1956, vol. 2, pp. 275-313.
KENIS, L., The Louvain Faculty of Theology and Its Professors (cf. p. 18), pp. 413-414.
KENIS, L., *De Theologische Faculteit te Leuven in de negentiende eeuw* (cf. p. 18), esp. pp. 395, 432-440, 476.

Edmond Henri Joseph REUSENS

Wijnegem, 25 April 1831 – Louvain, 24 December 1903

Edmond Reusens studied at the Royal Atheneum of Antwerp and at the minor and major seminaries of Malines. In 1854, after his ordination to the priesthood, he began theological studies at Louvain. In 1856 he obtained the licentiate degree and was assigned as an assistant librarian to the University Library. In 1859, while preparing his doctorate, he succeeded Émile Nève as head librarian. On 7 July 1862 he was promoted to a doctorate in theology with a dissertation on the theology of Pope Adrian VI (no. 2). That same year he was appointed extraordinary professor in the Theological Faculty, charged with a course in moral theology in the *Schola minor*. Two years later the Belgian bishops appointed him to new chair of Christian antiquity and archaeology, which they established at the request of the 1863 Congress of Belgian Catholics at Malines. Also in 1864, Reusens founded, with Rector De Ram, the *Analectes pour servir à l'histoire ecclésiastique de Belgique*. In 1876-77 he taught a church history course in the *Schola minor*. In 1882 Reusens was again chosen as the first professor of a new chair of paleography and diplomatic, attached to the Faculty of Arts. He held this chair until his retirement in 1903. For reasons of health, he had previously withdrawn from his other functions. In 1897 he resigned as librarian and in 1900 he left the archaeology chair to René Maere.

Reusens was active in numerous historical associations. In 1864 he was elected a member of the Guild of Saint Thomas and Saint Luke, a society for the study of Christian archaeology and the promotion of Christian art. That same year he became a member of Belgium's *Commission royale d'archéologie*, for which he acted as President in 1881 and 1885. During his presidency he founded the *Fédération archéologique et historique de Belgique*. Furthermore, he was a member of the *Commission royale des monuments* (1871), the *Comité diocésain de monuments* at Malines, the *Commission de surveillance des musées royaux* (1877) and the Pontifical Archaeological Commission. In 1900 he was elected a member of the *Commission Royale d'Histoire* of Belgium. He was an honorary canon of the Cathedral of Malines and officer of the Order of Leopold.

Reusens played a pioneering role in Belgium in the development of the auxiliary sciences of history for which he wrote valuable handbooks. For his *Éléments d'archéologie chrétienne* (no. 23) he received the "medaille de vermeil" from the *Société française d'archéologie*. His *Élémènts de paléographie* (no. 77) became a standard work, particularly for the study of Belgian history. In the field of the historiography of the Belgian Church and the University of Louvain, he continued in many aspects the work of P.F.X. De Ram. He published numerous studies and text editions in the *Annuaire de l'Université catholique de Louvain* and the *Analectes pour servir à l'histoire ecclésiastique de Belgique*, notably the extensive *Documents relatifs à l'histoire de l'Université de Louvain* (no. 44). He authored no less than 326 contributions to Belgium's *Biographie nationale* (nos. 16, 24, 26, 30, 34, 52, 56, 62, 64-65, 71, 75). After his retirement, he commenced the publication of important documentary collections concerning the history of the University of Louvain (nos. 81, 82).

Courses

1862-1864	*Schola minor*: Moral Theology
1864-1900	Christian Antiquity and Archaeology
1876-1877	*Schola minor*: Church History

Works

1. Notice sur M. Charles-Louis Carton. — *RCath* 21 (1853) 676-689.
2. *Syntagma doctrinae theologicae Adriani sexti, Pont. Max., quod una cum apparatu de vita et scriptis Adriani et subjectis thesibus annuente summo numine, et auspice beatissima Virgine Maria, ex auctoritate Rectoris*

Magnifici Petri Franc. Xav. De Ram, [...], et consensu S. Facultatis Theologicae, pro gradu doctoris in S. Theologia in Universitate catholica oppidi Lovaniensis rite et legitime consequendo conscripserit [...]. Accedunt anecdota Adriani partim ex codice ipsius Adriani autographo, partim ex apographis nunc primum edita. Louvain, Vanlinthout et socii, 1862, LVI-264 pp. [dir.: J.B. Lefebve; cf. p. 153].

3. *Anecdota Adriani sexti, Pont. Max., quae partim ex codice ipsius Adriani autographo, partim ex apographis edidit, commentario de vita et scriptis Adriani et animadversionibus illustravit.* Louvain, Vanlinthout et socii, 1862, LII-93 pp. [separate publication of the introduction and final part of no. 2].

4. *De Joannis Francisci Van de Velde [...] vita et meritis oratio, quam die 11 julii 1864 habuit [...] dum in S. Facultate Theologica solemnis fiebat ad gradus academicos promotio.* Louvain, Vanlinthout fratres, [1864], 34 pp.
   – Reprint: *AUCL* 29 (1865) 313-342.

5. Promotions à la Faculté des arts de l'Université de Louvain. 1428-1797. — *AHEB* 1 (1864) 377-417; 2 (1865) 222-253, 293-332; 3 (1866) 5-39, 243-259, 348-374, 446-476; 4 (1867) 232-254, 433-457; 5 (1868) 385-406.
   – Published Separately: *Promotions de la Faculté des arts de l'Université de Louvain (1428-1790). Premier fascicule (1428-1568).* Louvain, C. Peeters, 1869, 288 pp.

6. Les catacombes de Rome. — *Annales de l'Académie d'archéologie de Belgique* 22 (1866) 5-41.

7. Eràrd de La Marck, prince-évêque de Liége. Extrait de la chronique de Jean de Brusthem (1506-1538). — *Bulletin de l'Institut archéologique liégeois* 8 (1866) 1-104.

8. À M. Renier Chalon, président de la Société royale de Numismatique. — *Revue de la numismatique belge* 4th ser. 4 (1866) 529-533 [cf. no. 13].

9. In *BN* 1 (1866): Backhuysen (Tilman-Guillaume), 603-607; Baechem de Egmunda (Nicolas), 616; Baerle (Melchior van), 624-625; Baliques (Agnes), 668-669; Ballaer (Jean van), 670-673; Bard (Pierre), 717; Barlandus (Adrien), 718-723; Basseliers (Balthasar), 747-748.

10. *Historia beatorum Martyrum Gorcomiensium a Guilielmo Estio Hesselio S.Th. Doct. Lovaniensi, in Acad. Duacena professore, conscripta, quam notis illustravit atque appendice instruxit.* Louvain, C. Peeters, 1867, X-342 pp. [+ 6 pl.].

11. *Iconographie des bienheureux Martyrs de Gorcum, ornée de six beaux portraits.* Louvain, C. Peeters, 1867, 32 pp. [+ 6 pl.].

12. Statuts primitifs de la Faculté des arts de Louvain. — *CRCH* 3rd ser. 9 (1867) 147-206.

13. Les sceaux primitifs de la Faculté des arts. — *AUCL* 31 (1867) 340-344 [anon.; cf. no. 8].

14. Notice sur le collége de Bruegel. — *AUCL* 31 (1867) 357-374 [anon.; with *appendices*, 374-391].

15. Lettres de Laevinus Torrentius, évêque d'Anvers, au nonce apostolique Octave Mirto Frangipani, évêque de Cajazzo e Tricarico (1587-1594). — *CRCH* 3rd ser. 10 (1868) 7-58.

16. In *BN* 2 (1868): Bax (Nicaise) ou Baxius, 22-25; Bebius (Philippe), 67-69; Beeckmans (Benoît), 95-96; Bellegambe (François), 125-126; Berlende (Sainte), 267-269; Berthold de Saint-Joseph, 306; Berton (Léonard), 334-335;

Berus (Gaspar), Barus ou Verus, 346-347; Bex (Henri), 395; Billot (Jean-Baptiste), 428; Blaseus (Jacques), 462-464; Bloemardine, 487-488; Blois (Louis de) ou Blosius, 499-507; Bocq (Ambroise de) ou Bochius, 558-559; Boexelaer (Pierre van), 596; Boeyens (Adrien, fils de Florent), 596-605; Bogaert (Henri) ou Bogardus, 608; Bogard (Jean) ou Boogaerts ou Vanden Boogaerde, 615-616; Boisschot (Charles van), 621; Bolck (Gérard), 629-630; Bolognino (Guillaume), 655-656; Bonaert (Nicaise), 672-674; Boonaert (Nicolas), 694-695; Boone (Armand), 697; Boonen (Jacques), 700-705; Borremans (Jean), 729-730; Boscard (Jacques), 733-734; Bosch (Daniel), 734-735; Bosco (Jean a), 736-737; Bosschaerts (Willibrord), 753-756; Bossuyt (Jacques-Ignace van), 761-762; Boterdael (Jean-Baptiste van), 764; Bouchaut (Jacques), 773-774; Boucher (André), 777-778; Bouchier (Roland), 780; Bouckaert (Ivon-Benoît), 780-781; Boucquet (Jean), 784-785; Boudaert (Jacques), 786-788; Boudewyns (Liévin) ou Boudins, 796-797; Bouille (Louis), 799; Bouwens (Gérard), 896; Branteghem (Guillaume van), 908-909; Breedyck (Gilles), 937-939.

17. Lettres de Laevinus Torrentius, évêque d'Anvers, au cardinal Antoine Caraffa (1583-1590). — *CRCH* 3rd ser. 11 (1869) 207-237.
18. Les peintures de catacombes. — *RCath* 30 (1870) 383-417, 456-468 [= part of chapter II of no. 23].
19. La masse ou sceptre de la Faculté des arts de l'Université de Louvain, au XVe siècle. — *AHEB* 7 (1870) 129-141.
    – Partial reprint: *AUCL* 34 (1870) 339-341 [anon.].
20. Notice sur le collége des Croisiers. — *AUCL* 34 (1870) 317-328 [anon.].
21. Notice sur le collége de Gand ou collegium *Vaulxianum*. — *AUCL* 34 (1870) 329-338 [anon.].
22. La première idée du Collége de la Propagande ou Mémoire présenté en 1589 par Jean Vendeville, évêque de Tournai, au Souverain Pontife Sixte V afin de l'engager à établir des séminaires destinés à former des ouvriers apostoliques pour les missions étrangères. — *Mémoires de la Société historique et archéologique de Tournai* 10 (1870) 145-307.
23. *Éléments d'archéologie chrétienne*. Louvain, C. Peeters, 1871-1875, 2 vols., IV-496, 507 pp.
    – *Deuxième édition revue et considérablement augmentée*. 1885-1886, 2 vols., VI-576, IV-622 pp.
24. In *BN* 3 (1872): Bridoul (Toussaint), 53-54; Brisselius (Jean), 70; Broeyer (Ignace de), 82-83; Brouwer (Jacques), 104-105; Bruegel ou Breugel (Pierre van), 105-106; Bryas (Charles de), 138-140; Bryas (Jacques-Théodore de), 140-142; Buderick (Arnold), 146-147; Bue (Jacques de), 147-149; Buirette (Samuel), 151; Burchard (Le bienheureux), 165-167; Bury (Guillaume de), ou Burius, 177-180; Buscum (Pierre van), 200-202; Busselius (Henri), 210; Buyens (Jacques), 219-220; Byl (Edouard) ou Bilius, 225-226; Bylkens (Jean), 226-227; Caesens (François-Marie), 241-242; Calentyn (Pierre), 246-247; Cambry (Jeanne de), 273-275; Capello (Marius ou Ambroise), 293-295; Caplender (Thomas, connu aussi sous le nom d'Hyacinthe), 296-297; Cardon (Daniel), 313-314; Castelein (Réginald), 371; Caussin (Nicolas), 391-392.
25. Quels sont les caractères particuliers que présente l'architecture du moyen âge dans les différentes régions de la Belgique? — *Académie d'archéologie de Belgique. Bulletin* 1 (1864-74) 738-743.

26. In *BN* 4 (1873): Christofori (Denis) ou Stoffels, 103-105; Christynen (Paul van) ou Christinaeus, 111-112; Collin (Hubert), 300-301; Coomans ou Comano (Pierre), 373-374; Corderius (Balthasar), 388-389; Couplet (Philippe), 419-421; Crabbé (Jean), 469-470; Crabbeels (Clément), 470-471; Craywinckel (Jean-Ludolphe van), 493-494; Croissant (Jean), 515; Cruesen (André) ou Creusen, 567-569; Culens (Henri), 586-587; Cuypers (Guillaume) ou Cuperus, 608-609; Damme (Jacques van), 658-659; Dave (Antoine), 702-704; Dave (Jean), 704-705; De Bacquere (Benoît), 746-747; De Baets (Hyacinthe), 748-749; De Beckers (Jean), 779-781; De Beer (Baudouin), 781-782; De Beyl (Anselme), 784; De Caesteker (Jacques), 859; De Cafmeyer (Pierre), 859-860; De Cater (Jacques) ou Caterus, 862-863; De Clerck (Jean-Baptiste), 876; De Clercq (Josse), Clerici ou Clercx, 877; de Cock (Adrien), 883-884; Decock (Nicolas-Joseph), 886-888; de Cocq (Florent), 889-890; De Corte (François), 910; De Corte, plus connu sous le nom de Curtius (Pierre), 915-918.

27. *Notice sur le Nouveau Collège ou Collège de la Très-Sainte-Trinité à Louvain*. Ghent, Annoot-Braeckman, 1874, 73 pp.

28. Notice sur P.-D. Kuyl, curé de Saint-André, à Anvers. — *AHEB* 11 (1874) 5-8.

29. Les trois colléges de l'Université de Louvain destinés exclusivement à former des prêtres pour la Hollande. — *AUCL* 39 (1875) 372-415.
    – Dutch transl.: *Drie kweekscholen van de Universiteit van Leuven, uitsluitend bestemd ter opleiding voor de Hollandsche seculiere geestelijkheid. Geschetst door prof. E.H.J. Reusens en vrij vertaald door A.V.L., S.J.* Rotterdam, P.W. van de Weyer, 1876, 35 pp.

30. In *BN* 5 (1876): De Coster (Henri), Costerius ou Custerus, 19-21; De Cuyper (Jean), 53-54; Decuyper (Laurent) ou Cupaerus, 54-56; De Decker (Léger-Charles), 73-77; De Ghiers (Michel), 109-111; De Graet ou Gratius (Guillaume), 111-112; De Grave (Henri), Van Grave ou Gravius, 127-131; De Heer, plus connu sous le nom de Timothée-de-la-Présentation, 148-149; De Hertoghe (Corneille-Polycarpe), 169-171; De Hertoghe (Jean-Philippe), 172; De Hondt (Liévin), 189-190; De Hooghe (Martin), 191-192; De Jonckheere (Jacques), 206-207; De Jonghe (Jean), 210-211; De Jonghe (Roger), 222-224; Dekens (Jean), 225-226; De Klugmann (Jean-Népomucène), 245-246; De la Coulture (Jules-César), 262; De la Court (Jean), 263-264; De la Croix (François), 264-265; De la Croix (Joseph), 265-266; De la Croix (Landelin), 266-267; De Laet (Jacques), 270-271; De la Fosse (Nicaise), 281; De la Haye (Gilbert), 283-284; De la Haye (Jean), 284-285; de Landsheere (Guillaume), 301-302; De Lange (Olivier) ou Longi, 320-323; De Launoy (Othon Henri), 332-333; Del Bare (Marius), 337-338; Delbecque (Norbert), 339-343; Delcourt (Adrien), 347-350; De Leeuw (Gauthier), 378; De Mulder (Jacques), 579-580; Denis-de-Saint-François, 595; Dens (Théodore-Emmanuel), 601-602; Denys (Henri), 603-608; De Pottere (Henri), 629-630; De Pretere (Guillaume), 637-638; De Rebbe (Nicolas), 671-672; Der Kennis (Ignace), 679-680; De Rycke (Jean) ou Divitis, 688-689; De Rycke (Josse), 691-693; Des Bois (Engelbert), 699-701; Des Bosses (Barthélemi), 701-703; Descamps (André Philippe-Valentin), 703-706; Désiré (Le bienheureux), 741-743; Des Maretz (Josse) ou de Mares, 743-744; De Smedt (Gilles) ou Fabri, 748-749; De Smet, plus connu sous le nom d'Omer de Saint-Bertin, 749-750;

De Smet (Jacques), 762-763; De Smidt (François), 769; De Smidt (Gilles), 769-770; Des Prés (Laurent) ou Pratanus, 782-783; De Swert (Pierre), 822-824; Deurweerders (François), 827-829; de Vaddere (Jean-Baptiste), 831-833; De Vaulx (Remacle), 833-834; De Vloo (Ignace-Albert), 843; De Vos (Pierre), 857-858.

31. Notice sur la vie et les travaux du chanoine C.-B. De Ridder, secrétaire et sous-archiviste de l'archevêché de Malines. — *AHEB* 14 (1877) 5-15.
32. Chronique de la chartreuse de Louvain depuis sa fondation en 1489 jusqu'à l'année 1522. — *AHEB* 14 (1877) 228-299.
33. L'hôpital de Sainte-Élisabeth à Pede-Sainte-Anne, sous Itterbeek (Brabant). — *AHEB* 15 (1878) 478-480.
34. In *BN* 6 (1878): Dielman (Corneille), 46-47; Diepenborren (Gilles), 51-52; Diericx (François), 56-57; Dongelberg (Guillaume de), 122-124; Dorlandus (Pierre) ou Dorlant, 131-133; d'Outreman (Antoine), 152-153; d'Outreman (Henri), 153-155; d'Outreman (René), 155-156; d'Outreman (Philippe), 156-157; Doyar (Pierre) ou Dedoyar, 157-158; Doye (Jean), 158; Driedo (Jean) ou Dridoens, 165-167; Drogon (Saint), 175-176; Drogon (Saint) ou Dracon, 176; Druwé (Adrien-François, en religion Ambroise), 181-183; Drymans (Christophe), 186-187; Du Blioul (Jean), 187-188; Du Bois (Nicolas), 194-204; Du Buisson (Jean) ou Rubus, appelé aussi Monartus, 211-213; Ducroquet (André) ou Croquetus, 239-240; Duez (Paul), 243-244; Dufau (Jean-Baptiste), 246-247; Du Jardin (Donatien), 262; Du Jardin (Jacques), 263; Du Jardin (Jean), 263-264; Dullaert (Jean), 273-274; Dumont (Paul), 306-307; Dun (Pierre-Jean-Charles van), 314; Du Plouy (Philippe), 314-315; Dupuis (Charles-Hyacinthe), 326; Du Toict (Nicolas), connu aussi sous le nom espagnol de Del Techo, 371; Du Vivier (Joseph-Hippolyte), 396-401; Dyck (Jacques), 436-437; Dymphne (Sainte) ou plutôt Dimphne, 437-438; Ehrenberg (Guillaume van), 515-516; Eléonore de Saint-Bernard, 530-531; Elgard (Nicolas), Elchard ou ab Alcheraidt, 534; Emmon (Saint) ou Immon, 574; Enoch (Gaspar-Jean), 610-611; Ernest de Saint-Joseph, 650; Étienne de Liége, 727; Étienne Warelle ou de Warelle, 728-729; Eustache de Lens, 738-739; Everaerts (Embert) ou Everardi, 743-744; Everard ou Evrard, 746-747; Everhelme, nommé aussi Everlin ou Everhelin, 766-767; Facon (Eloi), 846-847; Farvacques (François), 886-888; Fassin (Christophe), 890-891.
35. Chronique de la chartreuse de Louvain depuis 1571 jusqu'en 1597. — *AHEB* 16 (1879) 210-214.
36. La fondation de la chartreuse de Louvain et les prieurs de ce couvent jusqu'en 1762. — *AHEB* 16 (1879) 214-220.
37. Documents relatifs à l'abbaye de Herckenrode. — *AHEB* 16 (1879) 221-317.
38. Documents concernant la chartreuse dite du Mont-Saint-Jean-Baptiste, à Zeelhem, près de Diest. — *AHEB* 16 (1879) 318-327.
39. *1880. Exposition nationale. – IVe section. Industries d'art en Belgique antérieures au XIXe siècle. Catalogue officiel.* Brussels, Ve C. Vanderauwera, 1880, Introduction, XXXII pp., Classe A, 207 pp., Classe B, 61 pp., Classe C, 56 pp., Classe D, 41 pp., Classe E, 137 pp., Classe F, 34 pp., Classe G, 44 pp., Classe H, 66 pp., Classe I, 50 pp., Classe K, 10 pp., Classe L, 16 pp., Classe M, 18 pp., Classe N, 10 pp., Classe O, 24 pp., Classe P, 18 pp., supplément et corrections, 23 pp., tables, 23 pp. [General editor of the catalogue and author of classes A, B, C, K, and M].

40. Notice sur le collège du Roi ou Séminaire royal de l'ancienne Université de Louvain. — *AUCL* 44 (1880) 554-569.
41. Notice sur la vie et les écrits de Nicolas Du Bois, docteur ès-droits et professeur de théologie à l'ancienne Université de Louvain. — *AUCL* 44 (1880) 570-584.
42. IVe section. Orfèvrerie, dinanderie, ferronerie et mobilier religieux; V^e section. Coffrets et ivoires. — *Exposition de l'art ancien au pays de Liège. Catalogue officiel*, Liège, Grandmont-Donders, 1881, 144 pp., 13 pp.
43. Orfèvrerie et émaillerie, diptyques et couvertures de livres liturgiques. Ferronnerie. Étoffes et dentelles. — *Art ancien à l'exposition nationale*, Brussels, Rozez, 1881, 34 pp. [+ 3 pl.], 12 pp. [+ 1 pl.], 8 pp. [+ pl.].
44. Documents relatifs à l'histoire de l'Université de Louvain (1425-1797). — *AHEB* 17 (1881) 149-245, 326-391; 18 (1882) 58-118, 185-279, 376-435; 19 (1883) 84-158, 269-361; 20 (1886) 49-124, 193-414; 21 (1888) 17-364; 22 (1890) 5-90, 155-352, 385-483; 23 (1892) 116-244; 24 (1893) 48-108; 25 (1895) 1-54, 339-432; 27 (1898) 257-486; 29 (1901) 23-338; 30 (1903) 5-284.
    – Published separately: *Documents relatifs à l'histoire de l'Université de Louvain (1425-1797)*.
        – Tome I: *Université en général*. Louvain, chez l'auteur, 1893-1902, IV-758 pp. [= *AHEB* 24 (1893) – 29 (1900)].
        – Tome II: *Corps enseignant 1426-1443*. Louvain, chez l'auteur, 1903, 284 pp. [= *AHEB* 30 (1903)].
        – Tomes III-V: *Colléges et pédagogies*. Louvain, C. Peeters, 1881-1892, 3 vols., IV-554, IV-556, IV-612 pp. [= *AHEB* 17 (1881) – 23 (1892)].
    In addition see: E.H.J. REUSENS, *Documents relatifs à l'histoire de l'Université de Louvain (1425-1797)*. Table des notices consacrées aux membres de l'Université établie par Jean BUCHET (Université catholique de Louvain. Catalogues, inventaires et répertoires de la Bibliothèque centrale, 4). Louvain, 1977, 70 pp.
45. Liste des prieurs et des chanoines réguliers de l'ordre de Saint-Augustin, du prieuré de Sept-Fontaines, dans le forêt de Soigne. — *AHEB* 17 (1881) 451-452.
46. Pouillé du doyenné ou concile de Louvain (1559-1569). — *AHEB* 18 (1882) 5-26.
47. Document concernant le chapitre de Rotselaer. — *AHEB* 18 (1882) 184.
48. Statuts primitifs de la Faculté de théologie de l'ancienne Université de Louvain. — *AUCL* 46 (1882) 380-415 [anon. ed.].
49. Calendrier de la Faculté de théologie de notre ancienne Université, datant de l'origine même de la Faculté (1435 environ). — *AUCL* 46 (1882) 416-431 [anon. ed.].
50. [Letter to D. Van de Casteele, dated 5 Aug. 1882, on the retable of Stavelot]. — *Bulletin des Commissions royales d'art et d'archéologie* 21 (1882) 227-236.
51. Cimetières à fleur du sol pendant les trois premiers siècles de l'ère chrétienne. — *RCath* 54 (1883) 776-783 [part from chapter II of no. 23, 2nd ed.].
52. In *BN* 7 (1880-83): Five (Jean-Baptiste de), 79; Flanderin (Jean-Baptiste), 82; Franchois (Michel) ou Francisci, 232-234; François-Marie de Huy, 261; François d'Ivoix ou d'Yvois, 261; Franken-Sierstorff (Pierre-Joseph de), 274-275; Gabriel de Saint-Jean-Baptiste, 403; Gabrielis (Gilles) ou de

Gabriel, 403-406; Gallemart (Jean de), 461-462; Gameren (Henri-Gabriel van), 472-474; Gautier, 506-507; Gautier ou Walter, 507-508; Gautier ou Walter de Croix, 508-509; Gautier ou Walter de Mortagne, 509-511; Gautier de Grave, 514; Gavarelle (Jean-Baptiste-Jacques), 525-526; Geeraerdts (Gilles), ou Girardi, 548-549; Geerts (Corneille), 552-553; Geldorf (Henri van) ou Castritius, 565-567; Gelius (Gaspar), 571; Gentis (Dominique), 609-611; Gérard ou Girald (le bienheureux ou vénérable), 630-631; Gérard de Liège, 636; Gérard de Breda, 639; Gérard, 644; Gerardi ou Gheeraerdts (Arnold), 658; Gérébern (Saint), 670; Gerlac (Saint), 673-675; Gerulphe (Saint) ou Gérou, 686-687; Geulincx (Arnold), 691-692; Gheeraerds (André), plus connu sous le nom de Hypérius, 701-707; Ghiffene (Laurent), 727-728; Ghislain (Saint), 730-732; Ghuyset (Antoine), 744-745; Gilbert van Eyen, 755; Gillemans (Jean), 758; Gilles de Walcourt (le vénérable), 764-765; Gilles de Damme, 772-773; Gilles de Roye, 773; Gillis (Jacques), ou Aegidii, 777; Gillis (Lévin), 779-780; Girken (Nicolas), 786; Glapion (Jean), 805; Gobart (Laurent), 821-822; Gochius (Jean), 829-830; Godefridi (Petrus), Godefroy ou Goeyvaerts, 839-842.

53. De la rareté de la sculpture décorative dans les monuments romans de la Belgique. — *Académie d'archéologie de Belgique. Bulletin* 2/1 (1875-78) 245-254.

54. Discours du Président [at the session of 6 February 1881]. — *Académie d'archéologie de Belgique. Bulletin* 2/2 (1879-84) 245-254.

55. Art ancien (éventails seuls excepté). — *Exposition d'arts industriels anciens et modernes. (Dentelles, broderies, passementeries, boutons, éventails, fleurs artificielles). Bruxelles, 1883-1884. Catalogue*, Brussels, Vᵉ C. Vanderauwera, 1884, 83 pp.

56. In *BN* 8 (1884-85): Godefroid de Rhodes-Sainte-Ode, 7-8; Godschalck (Jean), 19-20; Goethals (Josse), 69-71; Goethals (Ambroise-Charles-Ghislain), 71-74; Goswin de Bossut, 145-146; Gouzon, Gouthon ou Weuzon, 168-169; Goyens (Erasme) ou Goyaeus, 173; Gozaeus (Thomas), ou De Goze, 175; Gras (Corneille), 240-241; Gratianus (Thomas), 244-246; Guibert de Tournai, 416-420; Guillaume de Louwignies, 441-443; Gummaire (saint), ou Gommaire, 554-555; Gutschoven (Gérard van), 556-558; Hecke (Michel van), 819-820; Heelaut (Roland), 826; Heeman (Gilles), 830; Heems (Nicolas), 830-831; Heldemar (le Bienheureux), 886-887; Helias d'Huddeghem (Robert-Emmanuel-Adrien-Ghislain), 890-891; Helias d'Huddeghem (Emmanuel-Marie-Adrien-Ghislain), 891-892.

57. *Manuel d'archéologie chrétienne à l'usage des séminaires et des établissements d'instruction.* Louvain, C. Peeters, 1886, IV-546 pp.

58. [Various speeches]. — *Fédération archéologique et historique de Belgique. Compte rendu des travaux du Congrès tenu à Anvers les 28-30 Septembre 1885*, Antwerp, J. Plasky, 1886, esp. pp. 30-35.

59. *Album de l'exposition de l'art ancien en Belgique.* Brussels, Siège de la Société, 1882-1886, I-IV fasc. in folio [with J. HELBIG and A. BEQUET].

60. Groupe III. - Classe 34. La bijouterie et joaillerie. — *Exposition universelle d'Anvers 1885. Rapports des membres du jury international des récompenses*, Brussels, A. Vromant, 1886, 33 pp.

61. Un document très important, établissant l'origine liégeoise de l'institut des béguines. — *AHEB* 20 (1886) 125-192.

62. In *BN* 9 (1886-87): Helmont (le chanoine Pierre-Joseph), 10-11; Hemel (Jean-Baptiste van), 17-20; Hemert (Antoine van), 25-26; Hendrickx (Goswin), Hendrici ou Henrici, 60; Henin (Antoine de), ou plutôt de Haynin, 61-62; Hennebel (Jean-Libert), 68-71; Hennepin (Louis), 77-81; Hennin (Quentin), 84-85; Henrart (Henri), 96-97; Henri de Bois-le-Duc, 183; Hensbergh (Vincent), 223-224; Hentenius (Jean), 233-236; Héribrand de Foux, ou plutôt de Fooz, 244-245; Herncx (Guillaume), 251-252; Herniaeus (N.), 274-276; Herp (Henri de), connu aussi sous le nom de Herphius, Harphius et Citharaedus, 278-284; Hezecques (Raymond de), 363-365; Hezius (Thierri), 366-369; Hidulphe (saint), ou Hydulphe, 369-370; Hirn (François-Joseph), 385-390; Hucbald de Saint-Amand, appelé aussi Hubald, Hugbald, Hucbold et Uchubaldus, 612-621; Hulen (Jean-François-Ghislain), 681-688; Hunnaeus (Augustin), 711-719; Huylenbroucq (Alphonse), 749-752; Huylenbroucq (François), 752-753.
63. [Presidential address at the session of 1 February 1885]. — *Académie d'archéologie de Belgique. Bulletin* 3 (1885-89) 26-29.
64. In *BN* 10 (1888-89): Jacques de Omges, appelé aussi Masius, 72-73; Jacques de Gruitrode, 75-76; Jean, surnommé l'Agneau, en latin Joannes Agnus, 174-175; Jean van Baerle ou Baerlenus, 358-359; Jean de Condé, 388; Jean Coussemaecker, plus connu sous le nom de Jean Calligator et Caligula, 388-390.
65. In *BN* 11 (1890-91): Lambert de Berchem, 154-155; Leeuwerck (Eustache), 647-648.
66. Pouillé du diocèse de Gand, du XVIIe siècle. — *AHEB* 23 (1892) 5-19.
67. Questions de chronologie et d'histoire. À propos de la publication de la *Table chronologique des chartes et diplômes imprimés concernant l'histoire de la Belgique par Alphonse Wauters*. Tome VIII. Bruxelles F. Hayez, 1892; 1 vol. in -4º de L-929 pages. — *AHEB* 24 (1893) 113-168.
    – Published separately: Louvain, C. Peeters, 1893, IV-56 pp.
68. Supplément aux questions de chronologie et d'histoire, ou observations sur une "Note en réponse aux critiques dont la *Table chronologique des chartes et diplômes a été l'objet. Par M. Alphonse Wauters, Secrétaire-trésorier de la Commission*". — *AHEB* 24 (1893) 337-394.
    – Published separately: Louvain, C. Peeters, 1893, 60 pp.
    – Partial reprint: Examen de la "Note et réponse aux critiques dont la Table chronologique des chartes et diplômes a été l'objet". — *CRCH* 5th ser. 5 (1895) 6-37.
69. Documents relatifs à l'abbaye norbertine de Heylissem. — *AHEB* 24 (1893) 240; 25 (1895) 256-338; 27 (1898) 114-196.
70. Revue critique. Cartulaire de l'église Saint-Lambert de Liége, publié par S. Bormans et E. Schoolmeesters. Tome premier. Bruxelles, E. Hayez, 1893. Vol. in -4º de LII-699 pages. — *AHEB* 25 (1894) 93-140 [with Appendice A, 141-145; Appendice B, 145-210].
    – Reprint: *Une publication récente de la Commission royale d'histoire. Examen critique du "Cartulaire de l'église S.-Lambert de Liège de MM. Bormans et Schoolmeesters"*. Louvain, C. Peeters, 1894, 115 pp.
71. In *BN* 13 (1894-95): Macagge (Louis-Joseph), en religion le Père Herman, 1-3; Maes (Bernardin), 125-127; Maes (Jean), ou Masius, 136-138; Maesman (Jacques), 145; Malapert (Philippe), 200; Mannaerts (Olivier), ou Manaraeus,

355-357; Marant (Pierre-Jacques), 408-414; Marcelis (Jean), 423-424; Marguerite d'Ypres (la bienheureuse), 672.
72. Les chancelleries inférieures en Belgique depuis leur origine jusqu'au commencement du XIIIe siècle. — *AHEB* 26 (1896) 20-206.
73. Deuxième supplément aux Questions de chronologie et d'histoire, ou Examen critique du tome IX de la *Table chronologique des chartes et des diplômes imprimés concernant l'histoire de la Belgique, par Alphonse Wauters*. Bruxelles, Hayez, 1896; vol. in -4°, de XLVI-933 pages. — *AHEB* 26 (1896) 484-508.
74. Fouilles pratiquées à Lubbeek près de Louvain en 1883 et 1884 aux environs d'un tumulus romain, aujourd'hui rasé. — *Bulletin des Commissions royales d'art et d'archéologie* 36 (1897-98) 177-179 [+ pl.].
75. In *BN* 14 (1897): Michaelis (Laurent), ou De La Roche, 795.
76. Un acte pontifical du 5 novembre 1599, relatif au culte de sainte Julienne de Cornillon. — *AHEB* 27 (1898) 234-235.
77. *Éléments de paléographie*. Louvain, chez l'auteur, 1899, 496 pp. [+ 60 pl.].
   – Photographic reprint: Brussels, Moorthamers, 1963.
78. Pouillé de l'ancien diocèse de Cambrai (origine à 1559). — *AHEB* 28 (1900) 1-256.
   – Published separately: Louvain, chez l'auteur, 1900, IV-256 pp.
79. Pouillé du diocèse de Cambrai. Les doyennés de Grammont, de Hal, de Bruxelles, d'Alost, de Pamele-Audenarde et d'Anvers en 1567. — *AHEB* 28 (1900) 257-350 [in addition, an untitled series of documents related to the register of the Diocese of Cambrai, pp. 352-504].
80. Note relative à la publication des actes et des matricules de l'Université de Louvain. — *CRCH* 5th ser. 11 (1901) LIV-LVI.
81. *Actes ou procès-verbaux des séances tenues par le conseil de l'Université de Louvain. T. premier (31 mai 1432 – 21 septembre 1443)* (Commission Royale d'Histoire, 32). Brussels, Hayez, 1903, XXII-525 pp.
82. *Matricule de l'Université de Louvain. I: 1426 (origine) – 30 août 1453* (Commission Royale d'Histoire, 33). Brussels, Kiessling et Cie, P. Imbrechts; Hayez, 1903, XXVIII-423 pp.
83. *Statuta antiquissima dioecesis Cameracensis ad fidem codicis Mechliniensis edidit* (AHEB, 2nd section, 6). Louvain, Bureau et administration des Analectes, 1903, XII-116 pp.
84. Fondation de trois messes hebdomadaires à l'église de Laeken. — *AHEB* 30 (1903) 443-449 [posthumous].

Course texts in autograph

85. [*Éléments d'archéologie chrétienne*]. 1868, 386 pp. [no title page].
86. *Éléments de paléographie et de diplomatique du moyen âge, 1891*. Louvain, chez l'auteur, 112 pp. + 4 pp.

Direction

Analectes pour servir à l'histoire ecclésiastique de Belgique.

Collaboration

Revue catholique; *Revue de l'art chrétien*.

Literature

Bibliography: *UCLB*, pp. 72-76, Sup. 1, p. 9, Sup. 2, p. 13, Sup. 3, p. 9; *BiblNat* 3 (1897) 291-292.
LAGASSE-DE LOCHT, C., Nécrologie. — *Bulletin des Commissions royales d'art et d'archéologie* 42 (1903) 467-471.
Notice sur la vie et les œuvres du chanoine E.-H.-J. Reusens. — *AHEB* 30 (1903) III-XVI (pp. XIII-XVI: bibliography).
BERTAUT, R., Edmond-Henri-Joseph Reusens [...]. Notice bio-bibliographique. — *Revue bibliographique belge* 16 (1904) I-V (pp. III-V: bibliography).
LAENEN, J., Le chanoine Edmond-Henri-Joseph Reusens. — *Bulletin de l'Académie Royale d'Archéologie* 1 (1904) 27-34.
MAERE, R., Le chanoine Reusens. — *Le Bien Public*, 2 January 1904; also in *RHE* 5 (1904) 150-153.
Nécrologie. — *Archives belges* 6 (1904) 16-20 (pp. 17-20: bibliography).
MAERE, R., Notice sur la vie et les travaux de M. le chanoine Edm. Reusens. — *AUCL* 69 (1905) XV-XXIII.
MAERE, R., Reusens, Edmond. — *CE* 12 (1911) 799.
TERLINDEN, C., Edmond-Henri-Joseph Reusens 1831-1903. — *La Commission Royale d'Histoire 1834-1934*, Brussels, 1934, 272-275.
LAVALLEYE, J., Reusens (Edmond-Henri-Joseph). — *BN* 31 (1962) 621-625.
VERCAUTEREN, F., *Cent ans d'histoire nationale en Belgique. Tome I* (Notre Passé), Brussels, 1959, pp. 74-75, 119-120.
DE MAYER, J., Kunst en politiek. De Sint-Lucasscholen tussen ultramontaanse orthodoxie en drang naar maatschappelijk-culturele vernieuwing. — ID. (ed.), *De Sint-Lucasscholen en de Neogotiek 1862-1914* (Kadoc-Studies, 5), Louvain, 1988, 57-124.
KENIS, L., The Louvain Faculty of Theology and Its Professors (cf. p. 18), pp. 411-412.
KENIS, L., *De Theologische Faculteit te Leuven in de negentiende eeuw* (cf. p. 18), esp. pp. 124-125, 476.

Louis Guillaume ROELANTS

Louvain, 27 February 1832 – Louvain, 17 November 1880

Louis Roelants was educated at the Hoge Heuvel College in Louvain and from 1850, at the minor seminary at Malines. In Malines, he continued his studies in philosophy at the minor seminary, and in theology at the major seminary. He was ordained to the priesthood on 25 September 1856 and went to Louvain to study canon law. In 1858, after obtaining the baccalaureate in canon law, he was sent to the Belgian College in Rome. One year later he was recalled to Malines where he was appointed to teach Latin and Italian in the minor seminary. From 1864 he taught dogmatic theology in the major seminary. In December 1868 he returned to Rome, this time as President of the Belgian College. The Belgian bishops, who had reached a compromise on the future of the College, ordered him to reorganize the College in order to transform it from a residence for alumni from Louvain, who came to become acquainted with the curial institutions, into a seminary for new candidates for the priesthood who studied philosophy and theology at the Roman universities.

In 1872 Roelants was appointed professor of moral theology and President of the College of the Holy Spirit at Louvain. By a papal brief he received a doctorate in theology. In 1875 he was named honorary canon of the Cathedral of Malines. He died unexpectedly at the age of forty-eight. His teaching of moral theology was completely in line with that of his predecessors, J.B. Verkest and J.F. D'Hollander. He published no courses or other works.

Courses

1872-1881   Moral Theology

Works

1. Notice sur la vie et les travaux de M. le chanoine D'Hollander, professeur émérite de la Faculté de théologie de l'Université catholique de Louvain. — *AUCL* 41 (1877) 441-457.

Direction

Doctoral dissertation:
G.J. WAFFELAERT, *De dubio solvendo in re morali* (Dissertationes, 1st ser., 29). Louvain, Vanlinthout fratres, 1880, XXII-312 pp.

Literature

Bibliography: *UCLB*, p. 65.

NAMÈCHE, A.J., Discours prononcé à la salle des promotions, le 13 décembre 1880, [...] après le service funèbre célébré en l'église de St-Pierre, pour le repos de l'âme de Mgr Louis-Guillaume Roelants, Président du Collège du St-Esprit, professeur à la Faculté de théologie. — *AUCL* 45 (1881) 473-489.

DUPONT, A.H.H., Éloge de Monseigneur Louis-Guillaume Roelants, Président du Collège du St-Esprit, prononcé, en la salle des promotions, le 13 décembre 1880. — *AUCL* 45 (1881) 490-503.

JANSSEN, A., La théologie morale. — *Le cinquième centenaire de la Faculté de théologie* (cf. p. 18), 59-75, pp. 61-62; = *ETL* 9 (1932) 646-662, pp. 648-649.

TIHON, A., Le Collège Belge à Rome. — *BIHBR* 50 (1980) 15-57.

KENIS, L., *De Theologische Faculteit te Leuven in de negentiende eeuw* (cf. p. 18), esp. pp. 154, 452.

KENIS, L., Roelants, Louis Guillaume. — *NBW* 14 (1992) 594-595.

J.M. THIELS

Joannes Matthaeus THIELS

Hechtel, 25 March 1799 – Reet, 14 May 1876

Jean Mathieu Thiels entered the seminary at Malines on 13 January 1817. He was ordained a priest on 9 November 1821, the year in which he became a teacher in philosophy and theology at the seminary. From 1824 he also taught moral theology. In June 1827, when education at the seminary was suspended as a consequence of the conflict between King Willem I and the church hierarchy concerning the education of the clergy, Thiels became a pastor at Ekeren. In April 1830, when the education dispute was solved, he resumed his office at the seminary, and on 21 September 1833 he was named a titular canon. In 1834 he was appointed professor of dogmatic theology at the newly established Catholic University at Malines, which was transferred to Louvain one year later. In 1837 he resigned and returned to Malines, where he was a professor of moral theology in the major seminary until 1864. In 1844 he published a critical study disputing the principles of probabilism (no. 1), the system adopted by the moral theologians at Louvain.

Courses

1834-1837   Dogmatic Theology

Works

1. *Brevis ac succincta de reflexis probabilismi principiis discussio.* Malines, Van Velsen-Van der Elst, 1844, 60 pp.

Literature

LAENEN, J., *Geschiedenis van het Seminarie van Mechelen*, Malines, 1930, pp. 291-295.
BITTREMIEUX, J., La théologie dogmatique. — *Le cinquième centenaire de la Faculté de théologie* (cf. p. 18), 48-58, p. 53; = *ETL* 9 (1932) 635-645, p. 640.
DE MEULEMEESTER, M., Introduction de la morale de St Alphonse de Liguori en Belgique. — *ETL* 16 (1939) 468-484, p. 479.
KENIS, L., *De Theologische Faculteit te Leuven in de negentiende eeuw* (cf. p. 18), esp. p. 109.

Petrus Arnold TITS

Aalst (Limburg), 14 September 1807 – Louvain, 9 July 1851

From 1820 Arnold Tits received his secondary education at the college of Sint-Truiden. His intention to study philosophy at the seminary of Liège was thwarted by the conflict between King Willem I and the church hierarchy which caused the closing of the minor seminaries in 1825. Tits acquainted himself with philosophy through self-study and, from 1828, under the guidance of Georges Smets, a pastor at Tilleur. In 1830 he resumed his studies at the Liège major seminary. After his ordination to the priesthood (1832) he served as a chaplain in Visé. In 1833 he was assigned as professor of philosophy at the minor seminary of Rolduc.

In Rolduc, Tits, with his colleague G.C. Ubaghs, assimilated the traditionalist theories of authors such as Louis de Bonald and Félicité de Lamennais, in which they formulated a Catholic answer to rationalism. He became known through a series of polemical articles in the *Revue de Bruxelles*, in which he opposed Heinrich Ahrens, a professor at the Free University of Brussels (nos. 1-6). Tits rejected the philosophy of Ahrens as well as the idealist systems of his teacher Krause and such thinkers as Hegel and Schelling for representing a pantheism which he considered as having unacceptable ethical consequences (see no. 7).

In 1840 Tits was appointed professor of general dogmatic theology at Louvain and in 1845 he became a full professor. In the meantime, he was named honorary doctor in theology (1841) and honorary canon of the Cathedral of Liège (1843). In cooperation with Ubaghs, who had become a philosophy professor at Louvain in 1834, he developed further his traditionalist-inspired apologetics, integrating insights from ontologism. Whereas Ubaghs published the most systematic expositions of this philosophy, Tits concentrated on the critique of German pantheism and of the semi-rationalistic theology of Georg Hermes. His teaching resulted in a voluminous handbook entitled *Theologia generalis* which was copied only in autograph (nos. 11-12).

Tits' traditionalist teaching was enthusiastically received by his students but, at the same time, it met with sharp opposition, particularly on the part of his colleague J.B. Malou, the professor of special dogma. In 1866 the actions of Malou occasioned the condemnation of traditionalism by the Roman curia. Meanwhile, in 1851, Tits had died before he was able to complete the definitive version of his *Theologia generalis* which he intended for publication. He was buried in his native village and one year later, on 18 November 1852, a monument was erected on his grave. When his students planned to publish the *Theologia generalis* posthumously, this was forbidden by the Belgian bishops.

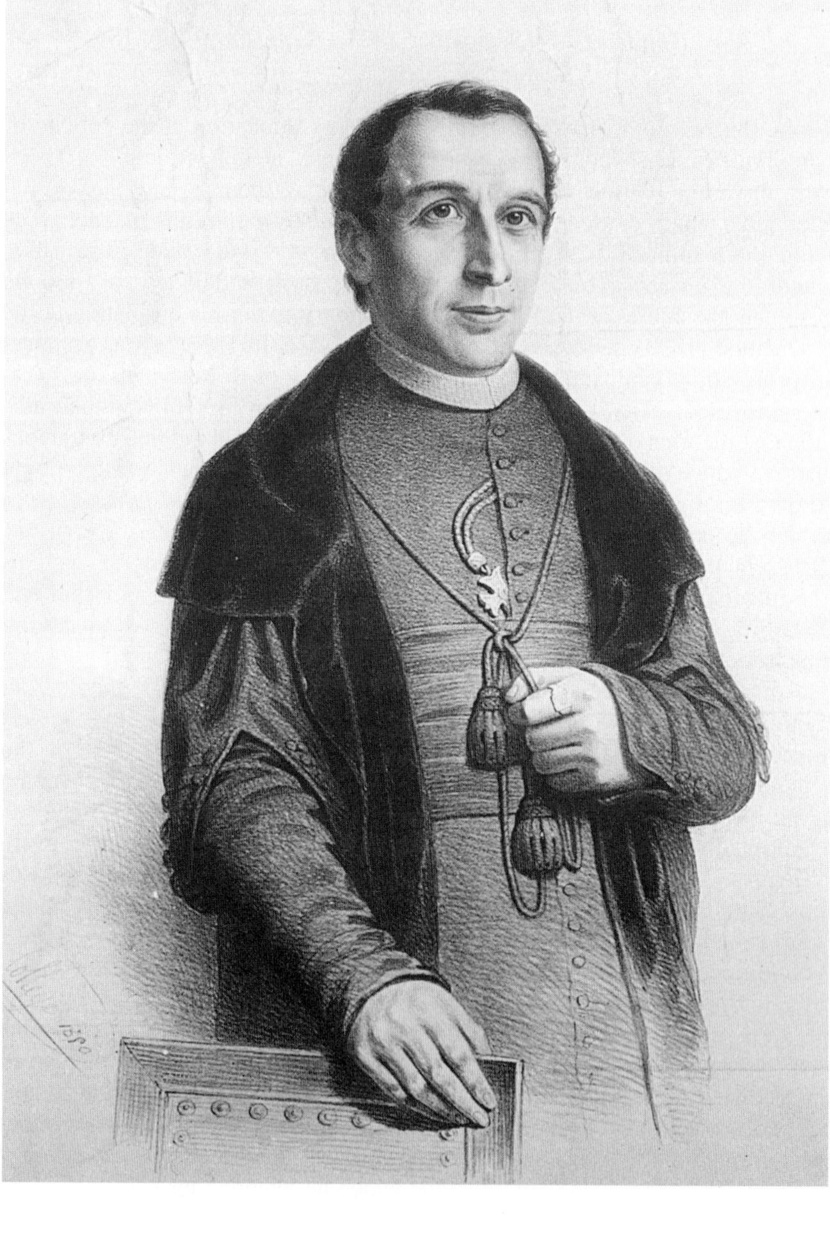

Courses

1840-1851   General Dogmatic Theology

Works

1. Sur le système panthéiste de M. Ahrens. — *RBrux* (Jan. 1838) 39-62 [anon.].
2. Conférences philosophiques sur les points capitaux de la controverse religieuse. — *RBrux* (Dec. 1838) 110-136.
3. Une leçon de M. Ahrens, ou examen de la méthode nouvelle d'établir le panthéisme. — *RBrux* 3 (May 1839) 1-25; 3 (June 1839) 57-83.
4. Des nouvelles doctrines panthéistiques. Schelling. – Hegel. – Krause. – Ahrens. — *RBrux* 3 (Sept. 1839) 56-103.
5. De la morale philosophique du panthéisme, ou application des principes de M. Ahrens à la morale. — *RBrux* 4 (Aug. 1840) 1-41.
6. De la doctrine de Dieu et de ses attributs, d'après les principes de la nouvelle philosophie allemande. — *RBrux* 4 (Dec. 1840) 1-43.
7. *Un dernier mot à M. Ahrens, ou examen de la morale philosophique du panthéisme.* Louvain, Vanlinthout et Vandenzande, 1841, 73 pp.
8. Théorie de la création, ou doctrine de la philosophie chrétienne sur Dieu et sur ses rapports avec le monde, comparée aux principes du rationalisme moderne. — *Société littéraire de l'Université catholique de Louvain. Choix de mémoires* 2 (1842) 1-53.
9. Notice sur le R. P. Dirix. — *JHL* 10 (1843-44) 114-117 [anon.].
10. De la révélation considérée dans ses rapports avec la raison et la religion naturelles. — *RCath* 4 (1846-47) 612-623, 665-674; 5 (1847-48) 1-8.

Course texts in autograph

11. *Theologiae generalis Praelectionum Pars I^a* (400 pp.; 22 Febr. 1848).
12. *Theologia generalis recentiorum philosophorum et theologorum acatholicorum erroribus opposita.* Pars secunda: *Theodicea christiana sive Tractatus philosophico-theologicus de fundamentis naturalibus religionis generatim spectatae* (2 vols., 790, 486 pp.; 25 Jan. 1850).

Direction

Doctoral dissertation:
N.J. LAFORET, *De methodo theologiae, sive de auctoritate Ecclesiae catholicae tamquam regula fidei christianae* (Dissertationes, 1st ser., 5).
Louvain, Vanlinthout et Vandenzande, 1849, [VIII]-226 pp.

Literature

Bibliography: *UCLB*, p. 59.
DE RAM, P.F.X., Discours prononcé à la salle des promotions le 14 juillet 1851 [...] après le service funèbre célébré en l'église primaire de Saint-Pierre pour le

repos de l'âme de M. Arnould-Pierre Tits, professeur ord. de théologie dogmatique générale à la Faculté de théologie. — *AUCL* 16 (1852) 171-194.

DIRKS, S., *Lijkrede van den Eerw. Heer Arnold Petrus Tits*. Hasselt, 1853.

LAFORET, N.J., *La vie et les travaux d'Arnold Tits, ancien professeur à la Faculté de théologie de l'Université catholique de Louvain*. Brussels, 1853.

DE WULF, M., Tits (Arnold). — *BN* 25 (1930-32) 360-362.

BITTREMIEUX, J., La théologie dogmatique. — *Le cinquième centenaire de la Faculté de théologie* (cf. p. 18), 48-58, pp. 53-54; = *ETL* 9 (1932) 635-645, pp. 640-641.

DE CLERCQ, C., *Rolduc. Son abbaye – Ses religieux – Son séminaire (1661-1860). Deux siècles d'histoire du temps*, Kerkrade, 1975, pp. 282-312.

BARTIER, J., L'Université libre de Bruxelles au temps de Théodore Verhaegen. — ID., *Laïcité et franc-maçonnerie*. Études rassemblées et publiées par G. CAMBIER (Université libre de Bruxelles. Faculté de philosophie et lettres, 79), Brussels, 1981, 13-71, esp. pp. 55-68.

STRUYKER BOUDIER, C.E.M., *Wijsgerig leven in Nederland en België* (cf. p. 19), vol. 5, pp. 28-30.

KENIS, L., The Louvain Faculty of Theology and Its Professors (cf. p. 18), pp. 402-403.

KENIS, L., *De Theologische Faculteit te Leuven in de negentiende eeuw* (cf. p. 18), esp. pp. 108, 158-167, 170-178, 200-214.

KENIS, L., Tits, Petrus Arnold. — *NBW* 14 (1992) 673-676.

KENIS, L., The Faculty of Theology in the 19th Century on Augustine and Augustinism. — M. LAMBERIGTS & L. KENIS (eds.), *L'augustinisme à l'ancienne Faculté de théologie de Louvain* (BETL, 111), Louvain, 1994, 399-417, pp. 404-407, 409-411.

Henri VAN DEN BERGHE

Werken, 31 October 1848 – Bruges, 17 April 1932

Henri Van den Berghe studied canon law at the Louvain Faculty of Theology from 1872. On 25 January 1875, before he had completed these studies, he was appointed as professor of canon law at the major seminary at Bruges. In 1885, after being promoted to the doctorate *honoris causa*, he was chosen as successor to H.J. Feye at the Louvain chair of canon law. He was also named President of the Pope Adrian VI College. In April 1889 Bishop Faict recalled him to Bruges to become President of the major seminary. On 25 May 1907 he became vicar-general to Bishop Waffelaert and on 26 February 1910 Archdeacon of the Chapter of Bruges. He was knight of the Order of Leopold. His teaching of canon law at Louvain resulted in a three-volume unpublished collection entitled *Praelectiones juris canonici* (no. 38).

Courses

1885-1889   Canon Law

Works

1. *Anne-Madeleine de Rémusat. La seconde Marguerite-Marie.* Paris, Roger et Chemoviz; Brussels, H. Goemaere, 1877, 321 pp.
2. *L'Église et l'État. Table analytique d'une série de conférences sur les rapports de l'Église et de l'État.* Bruges, 1879, 8 pp.
3. *Juris Canonici et Juris Canonico-Civilis Compendium. Praelectiones accommodatum quas in Seminario Brug. habuit P. De Brabandere. Editio tertia, recognita et aucta.* Bruges, Societas Sancti Augustini, Desclée, De Brouwer et Soc., 1881, 2 vols., LXX-518, 729 pp. [anon. ed.].
   – *Editio quarta, denuo recognita.* 1882, 2 vols., LXX-490, 704 pp. [anon. ed.].
4. *Tractatus de legibus quem praecipue ad usum alumnorum suorum edidit.* Bruges, L. De Plancke, 1893, 163 pp.
   – *Editio secunda recognita et adaucta.* 1904, 187 pp.
5. *L'Église et l'État, principes qui régissent leurs rapports mutuels.* Bruges, L. De Plancke, 1895, 216 pp.
6. Series annua meditationum et examinum conscientiae pro sacerdotum recollectione menstrua. — *CBrug* 1 (1896) 24-29, 75-80, 124-130, 198-204, 249-256, 302-309, 362-368, 417-422, 507-521, 544-550, 620-626 [anon.].
   – Reprinted as 2nd part of no. 18, pp. 151-256.
7. Dispensatio matrimonialis super impedimentis dirimentibus publicis cum concubinariis in articulo mortis constitutis. — *CBrug* 1 (1896) 102-107.
8. Casus circa requisita ad legis impletionem. — *CBrug* 1 (1896) 219-222.

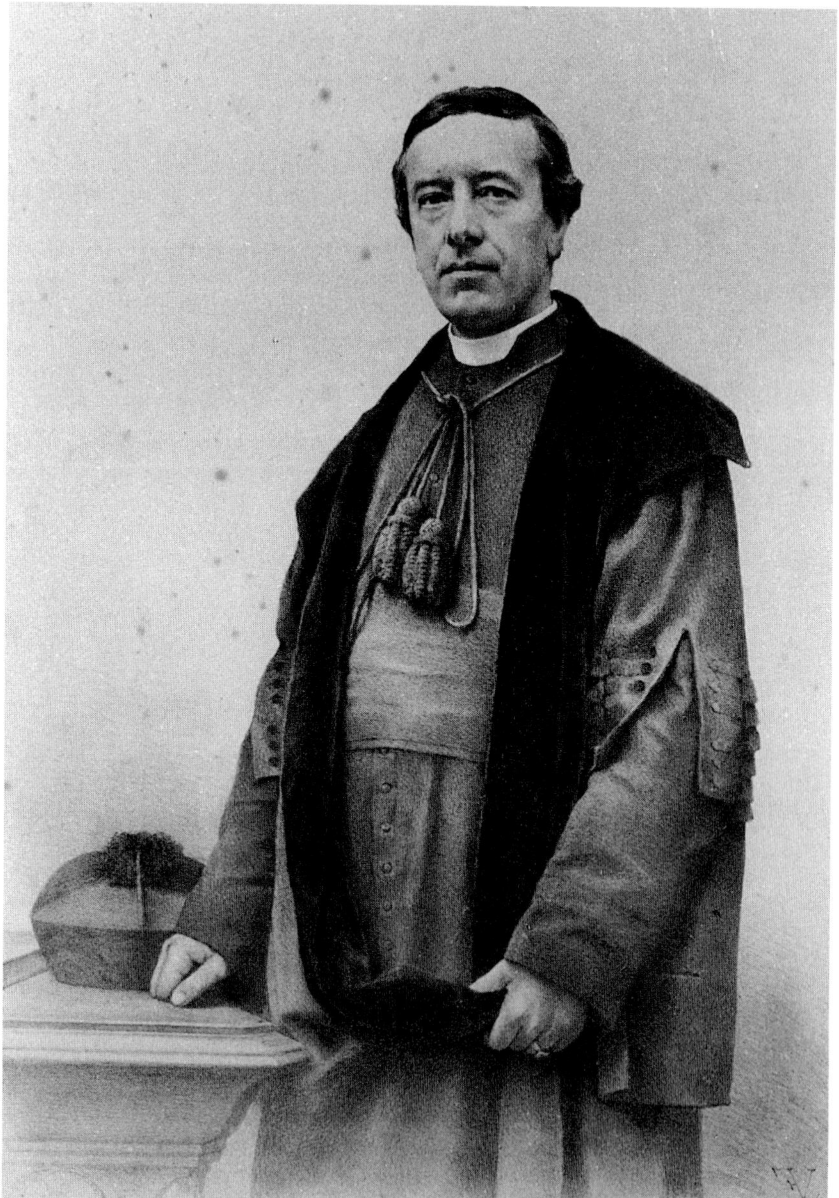

9. Casus circa obligationem qua teneantur peregrini servare leges in loco ubi degunt vigentes. — *CBrug* 1 (1896) 342-345.
10. De dispensationis sine justa causa petitione et usu. — *CBrug* 1 (1896) 489-491.
11. Utrum parochus assistere valeat matrimonio ancillae ex parochia sua oriundae, in aliena regione famulantis? — *CBrug* 2 (1897) 493-495.
12. Circa proclamationes antenuptiales faciendas extra parochiam actualis habitationis sponsorum. — *CBrug* 2 (1897) 595-597.
13. De missa bis de die celebranda ab eodem sacerdote seu de binatione. — *CBrug* 3 (1898) 43-49, 111-117, 172-177, 280-286, 338-343, 457-465.
14. Dubia circa benedictionem paramentorum etc. vi facultatis ab Episcopo delegatae *pro determinatis ecclesiis tantum*. — *CBrug* 3 (1898) 57-59.
15. De nupturientium statu libero probando speciatim per juramentum suppletorium. — *CBrug* 3 (1898) 236-241.
16. De dispensatione pontificia super voto simplici castitatis perpetuae, in ordine ad contrahendum matrimonium. — *CBrug* 3 (1898) 583-588.
17. Ordo Missae seu precum et caeremoniarum Missae interpretatio. — *CBrug* 4 (1899) 97-101, 163-167, 240-248, 295-299, 352-358, 404-409, 469-475, 536-541, 613-617, 662-666; 5 (1900) 26-34, 109-118, 174-181, 240-248, 319-327, 375-380, 429-435.
    – Reprint: no. 18, pp. 1-149.
18. *Ordo Missae seu precum ac caeremoniarum Missae interpretatio theologico-ascetica et Meditationes ac Examina, ad usum sacerdotis recollectionem menstruam instituentis, additis Precibus ante et post Missam.* Bruges, C. van de Vyvere-Petyt, 1900, xiv-290 pp. [combination of nos. 17 and 6].
    New edition published in two separate vols.:
    – *Ordo Missae seu precum ac caeremoniarum Missae interpretatio theologico-ascetica.* 1911, xiv-252 pp.
    – *Meditationes ac Examina, ad usum sacerdotis recollectionem menstruam instituentis.* 1911, 146 pp.
19. An et quare excommunicationi subjaceat mulier praegnans quae abortum in se procurat. — *CBrug* 6 (1901) 134-137.
20. Fabriques d'église. Séance légale du 1er Dimanche de Mars. — *CBrug* 6 (1901) 147.
21. An et qualem incurrat censuram parochus vel sacerdos qui, sine debita licentia, alterius parochiae sponsos matrimonio jungit aut iis benedictionem nuptialem impertit? — *CBrug* 6 (1901) 368-372.
22. An et quamnam censuram incurrit sacerdos infirmo, sine parochi licentia, Extremam Unctionem vel Eucharistiam ministrans? — *CBrug* 6 (1901) 461-465.
23. Fabriques d'église – Donation – Acceptation provisoire par le trésorier sans autorisation préalable du bureau des marguilliers – Validité. — *CBrug* 6 (1901) 485-488.
24. Circa stipendium a parocho vi indulti perceptum quatenus operi scholari tribuendum. — *CBrug* 6 (1901) 494-495.
25. De incensationibus in Missa solemni. — *CBrug* 7 (1902) 199-204.
26. Demonstratur omnem legem inducere obligationem conscientiae. — *CBrug* 7 (1902) 235-240.
27. De caeremoniis quae cantum Evangelii in Missa solemni comitantur. — *CBrug* 7 (1902) 248-252.

28. Est légale la disposition d'un règlement communal qui interdit la vente sur la voie publique, sans autorisation du bourgmestre, de journaux ou autres imprimés. — *CBrug* 7 (1902) 252-260.
29. Quid sit *Epikia* et quaenam leges *epikiam* admittant. — *CBrug* 7 (1902) 360-366.
30. Observations sur quelques arrêtés Royaux concernant des legs aux fabriques d'église. — *CBrug* 8 (1903) 204-215.
31. Ad quid teneatur ratione obligationis celebrandi pro grege parochus dioecesis Brugensis qui, in festo S. Bartholomaei, Brugis exercitiis spiritualibus interest. — *CBrug* 8 (1903) 686.
32. Conditiones requisitae ut oratio sit infallibiliter impetratoria. — *CBrug* 10 (1905) 288-293.
33. Qualis requiratur attentio ut satisfaciat obligationi recitandi officium divinum. — *CBrug* 10 (1905) 294-297.
34. An et quare obligationi suae satisficiat qui officium certae diei assignatum cum alio permutat. — *CBrug* 10 (1905) 298-303.
35. *Meditationes ad usum Cleri de vita Jesu Christi*. Bruges, C. van de Vyvere-Petyt, 1907, 539 pp.
   – *Editio altera*. 1910, 539 pp.
36. *Meditationes ad usum Cleri in Evangelia dominicarum et orationem Dominicam*. Bruges, C. van de Vyvere-Petyt, 1909, 297 p.
37. *Meditationes ad usum Cleri in festa Domini Nostri Jesu-Christi, Beatae Mariae Virginis et plurium sanctorum*. Bruges, Societas Sti Augustini, 1916, 422 pp.

Course texts in autograph

38. [*Praelectiones juris canonici*]. Louvain, C. Peeters, n.d., 3 vols.

Direction

Collationes Brugenses.

Doctoral dissertation:
G. BAUDUIN, *De consuetudine in iure ecclesiastico* (Dissertationes, 1st ser., 40). Louvain, Vanlinthout fratres, 1888, XV-230 pp. [co-promotor: H.J. Feye].

Literature

Bibliography: *UCLB*, pp. 81-82, Sup. 1, p. 9, Sup. 3, p. 11, Sup. 4, pp. 68-69; *BiblNat* 4 (1910) 53, 607-608.
VAN HOVE, A. — *ETL* 9 (1932) 576-578.
VAN HOVE, A., Le droit canonique. — *Le cinquième centenaire de la Faculté de théologie* (cf. p. 18), 76-89, pp. 83-84; = *ETL* 9 (1932) 663-676, pp. 670-671.
VAN HOVE, A., M. le chanoine Henri Vanden Berghe, professeur honoraire de la Faculté de théologie. — *AUCL* 82 (1930-33) CLXXIV-CLXXVII.
KENIS, L., The Louvain Faculty of Theology and Its Professors (cf. p. 18), p. 414.
KENIS, L., *De Theologische Faculteit te Leuven in de negentiende eeuw* (cf. p. 18), esp. pp. 475-476.

Philibert VAN DEN BROECK

Begijnendijk, 20 August 1820 – Louvain, 15 August 1862

Having completed his studies at the minor and major seminaries at Malines, Philibert Van den Broeck was ordained a priest on 1 April 1843. He continued his theological studies at Louvain where he obtained the licentiate degree in theology on 27 July 1846. He then went to Rome where he resided in the newly founded Belgian College. He became Rector of the hospice *San Giuliano dei Fiamminghi*, attended theology classes and participated in the activities of the *Studium* of the *Congregatio concilii*. At the end of 1849 he returned to Louvain and was granted a doctorate in theology on 28 July 1851. In August 1851, following the sudden death of A. Tits, he was appointed as his successor to the chair of general dogmatic theology. From 1854 he taught a course in moral theology in the *Schola minor* (in 1861-62 he was replaced for this course by J.M. Van den Steen).

Courses

1851-1862   General Dogmatic Theology
1854-1862   *Schola minor*: Moral Theology

Works

1. *Dissertatio theologica de theophaniis sub Veteri Testamento, quam cum subjectis thesibus, annuente summo numine et auspice beatissima Virgine Maria, ex auctoritate Rectoris Magnifici Petri Franc. Xav. De Ram, [...], et consensu Facultatis Theologicae, pro gradu Doctoris in S. Theologia in Universitate catholica, in oppido Lovaniensi, rite et legitime consequendo, publice propugnabit*. Louvain, Vanlinthout et socii, 1851, [VI]-131 pp. [dir.: J.T. Beelen].
2. De Ruardi Tapperi vita et scriptis oratio, quam die 26 mensis julii 1853 habuit [...] quum more majorum ad gradum doctoris ss. canonum promoveretur vir eruditissimus Antonius Heuser, Dusseldorpiensis, presb. archidioecesis Coloniensis. — *AUCL* 18 (1854) 178-195.
3. De Joannis Driedonis vita meritisque oratio, quam more majorum habuit [...] dum 12 julii 1858 solemnis fiebat ad gradus academicos in Theologia promotio. — *AUCL* 23 (1859) 241-258.

Course texts in autograph

4. *Tractatus de analogia fidei et rationis locisque theologicis*. 1857-58, 486 pp.

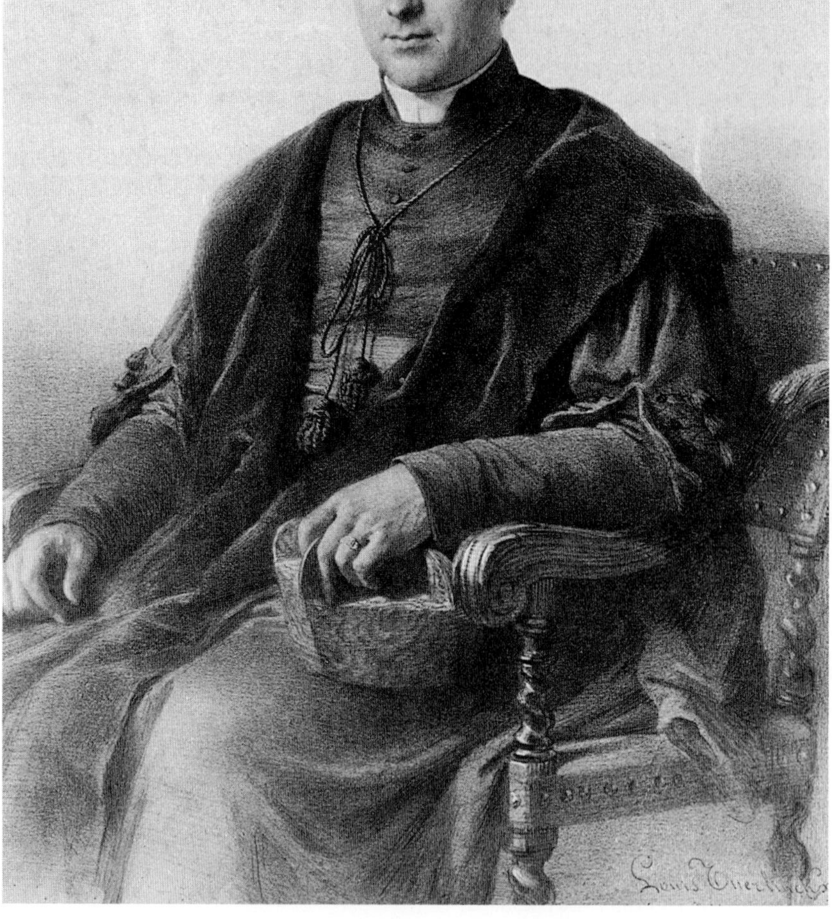

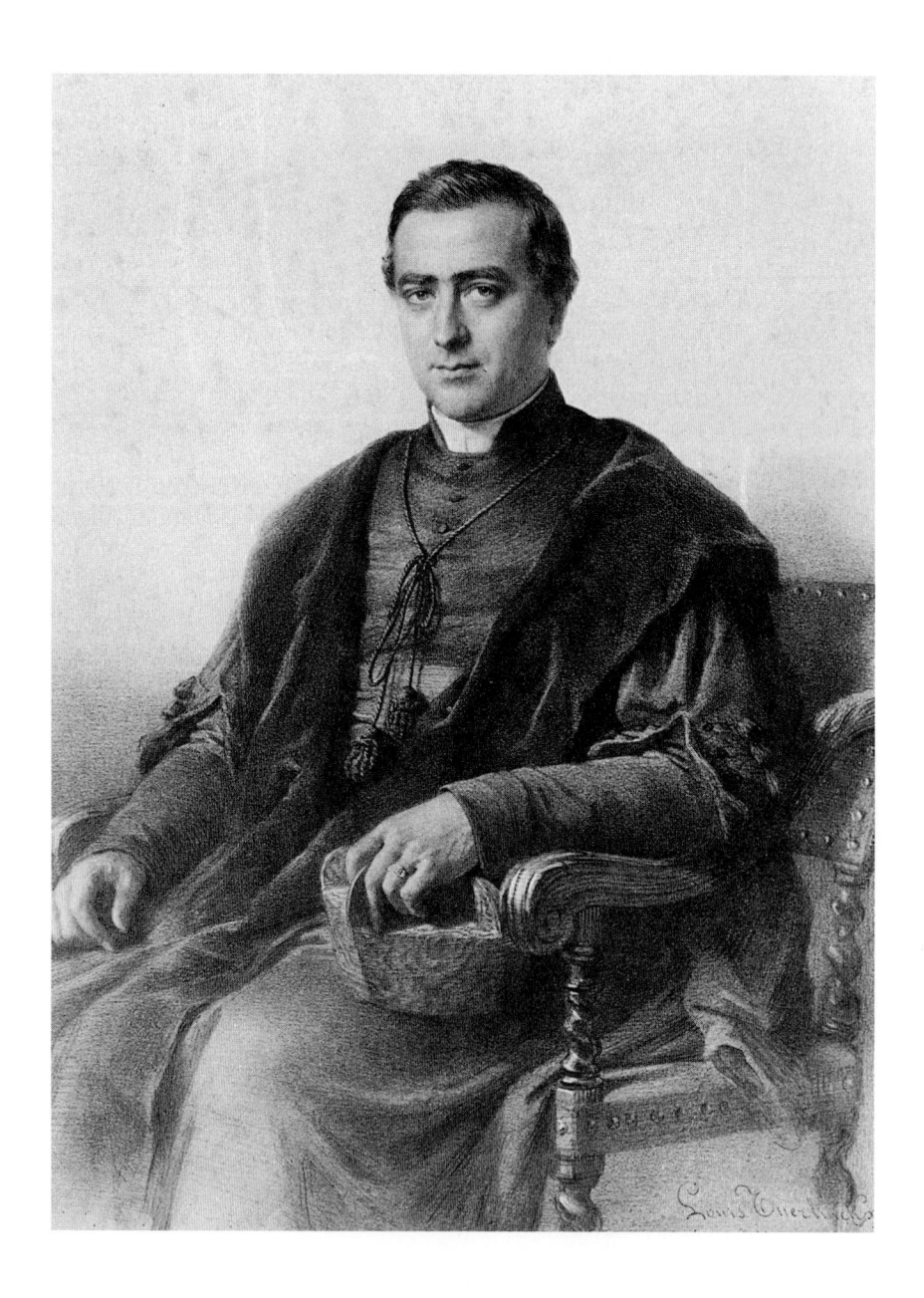

Direction

Doctoral dissertation:
A.C.M. VAN GAMEREN, *De oratoriis publicis et privatis* (Dissertationes, 1st ser., 11). Louvain, Vanlinthout et socii, 1861, [VIII]-331 pp. [co-promotor: H.J. Feye].

Literature

Bibliography: *UCLB*, p. 62; *BiblNat* 4 (1910) 60.
DE RAM, P.F.X., Discours prononcé à la salle des promotions le 5 novembre 1862 [...] après le service funèbre célébré en l'église primaire de Saint-Pierre pour le repos de l'âme de Monsieur Philibert Vanden Broeck, professeur ordinaire à la Faculté de théologie. — *AUCL* 27 (1863) 239-252.
LEFEBVE, J.B., Discours prononcé à la salle des promotions, le 5 novembre 1862, [...], après les obsèques de M. Vanden Broeck. — *Ibid.*, 253-259.
BITTREMIEUX, J., La théologie dogmatique. — *Le cinquième centenaire de la Faculté de théologie* (cf. p. 18), 48-58, p. 54; = *ETL* 9 (1932) 635-645, p. 641.
WILS, J., Van den Broeck (Philibert). — *BN* 26 (1936-38) 284-285.
KENIS, L., *De Theologische Faculteit te Leuven in de negentiende eeuw* (cf. p. 18), esp. p. 224.
KENIS, L., Broeck, Philibert van den. — *NBW* 14 (1992) 77-78.

Jean Marie VAN DEN STEEN

Dendermonde, 2 May 1825 – Ghent, 2 January 1883

After his ordination to the priesthood, Jean Marie Van den Steen was, in September 1849, appointed as an assistant pastor in Appels (near Dendermonde). In 1859 he became a teacher of rhetoric in his native town Dendermonde. During the academic year 1861-62, he served as a substitute for P. Van den Broeck as the teacher of an elementary course of general moral theology in the *Schola minor* of the Theological Faculty at Louvain. In 1862, after the sudden death of Van den Broeck, he continued to teach this course and joined the Faculty as an extraordinary professor. From 1866 he was responsible for an introductory course in liturgy. Having served as a subregent of the College of the Holy Spirit, he was appointed Director of the College after his promotion to full professor in 1870. Two years later, on 15 July 1872, he was granted a doctorate in theology. From 1863 to 1867, he taught a course in the Faculty of Science. In 1874 he was made honorary canon of the Cathedral of Ghent. After the suppression of the *Schola minor* in 1877, he was named an honorary professor. He returned to his diocese and, in 1880, became treasurer of Saint Bavon Cathedral at Ghent.

Courses

1862-1877   *Schola minor*: Moral Theology
1866-1877   *Schola minor*: Liturgy

Works

1. *Manuale alumnorum Collegii Sancti Spiritus in Universitate catholica Lovaniensi*. Louvain, C. Peeters, 1866, XIII-161 pp. [anon. ed.].
2. *De godvruchtigheid tot den engelbewaarder, door eenen kanunnik der hoofdkerk van St.-Baafs*. Ghent, J. en H. van der Schelden, [1874], 22 pp. [anon.]

Literature

Bibliography: *UCLB*, p. 63; *BiblNat* 4 (1910) 74; DE POTTER, p. 110.
JANSSEN, A., La théologie morale. — Le cinquième centenaire de la Faculté de théologie (cf. p. 18), 59-75, p. 68; = *ETL* 9 (1932) 646-662, p. 655.
KENIS, L., *De Theologische Faculteit te Leuven in de negentiende eeuw* (cf. p. 18), esp. pp. 130-132, 146-147.

Adolphe Bernard VAN DER MOEREN

Zele, 27 January 1836 – Zele, 30 March 1913

Adolphe Van der Moeren received his secondary and philosophy education at the minor seminary of Sint-Niklaas and then entered the major seminary of Ghent. He continued his theological studies at Louvain. In 1858, the year of his ordination to the priesthood, he obtained the baccalaureate in theology and in 1861 he was granted the licentiate degree. During the academic year 1861-62 he replaced, together with F.J. Moulart, Professor J.B. Lefebve for the course of moral theology in the *Schola minor*. He then remained for some months in the Belgian College in Rome, where he attended curial *studia* and ecclesiastical academies. On 11 July 1864 he was promoted *summa cum laude* to the doctorate in theology, after submitting a dissertation on the procession of the Spirit in patristic theology (no. 1). He was appointed professor of moral theology in the major seminary at Ghent. In 1869 he was named honorary canon of the Cathedral of Ghent and in 1877 became Director General of the congregation of the *Sœurs de l'Enfant Jésus*.

In December 1880, on the sudden death of L. Roelants, Van der Moeren was chosen as his successor to the chair of moral theology and as President of the College of the Holy Spirit at Louvain. In 1898 he retired and returned to his native village, where he supervised the building of a new church. In 1899 he was named knight of the Order of Leopold. During his time as a professor at Louvain, he published handbooks on many areas of moral theology. Like his predecessors, he confined his teaching to a rather traditional commentary on the *Summa Theologiae* of Thomas Aquinas, complemented with expositions on the basis of Alphonsus Liguori.

Courses

1881-1898   Moral Theology

Works

1. *Dissertatio theologica de processione Spiritus Sancti ex Patre Filioque, quam cum subjectis thesibus, annuente summo numine et auspice beatissima Virgine Maria, ex autoritate Rectoris Magnifici Petri Franc. Xav. De Ram, [...], et consensu Facultatis Theologicae, pro gradu doctoris in S. Theologia in Universitate catholica, in oppido Lovaniensi, rite et legitime consequendo, publice propugnabit.* Louvain, Vanlinthout et socii, 1864, viii-226 pp. [dir.: J.B. Lefebve].

2. *Introductio in studium theologiae moralis quam, in gratiam juniorum Seminarii alumnorum confecit.* Ghent, C. Poelman, 1880, 24 pp.
   – *Editio altera.* 1883, 28 pp.
   – *Editio tertia.* 1887, XXXIX pp. [= introduction of no. 6].
3. *Compendium Theologiae Moralis Petri Dens, complectens tractatus de Actibus humanis, de Peccatis, de Conscientia, de Legibus, de Virtutibus in generali, de Virtutibus theologicis et de Virtutibus cardinalibus.* Ghent, C. Poelman, 1881, IV-315 pp.
4. Review: J.A. DEL VECCHIO, *Theologia moralis universa, ad mentem S. Alphonsi de Ligorio, auctore P. Scavini, in compendium redacta.* — *RCath* 26 (1881) 514-516.
5. Réponse de Monsieur le chanoine Van der Moeren. — *Fête jubilaire du 18 juin 1883. Souvenir de la remise solennelle du portrait lithographié à Monsieur le chanoine A.B. Van der Moeren, [...]*, Louvain, C. Peeters, 1883, 9-15.
6. *Introductio in studium Theologiae Moralis. Theologia Moralis generalis seu tractatus de Actibus humanis, de Peccatis, de Conscientia et de Legibus.* Ghent, C. Poelman, 1887, XXXIX-161 pp.
7. *Tractatus de Justitia, ad mentem S. Thomae et ad normam legis civilis.* Ghent, C. Poelman, 1887, 189 pp.
8. *Tractatus de Sacramento Poenitentiae, ad mentem S. Thomae et S. Alphonsi de Ligorio.* Ghent, C. Poelman, 1888, 152 pp.
9. *Meditatiën over het lijden van O.-H. Jesus-Christus en sermoen over de verrijzenis.* Ghent, C. Poelman, 1888, IV-131 pp.
10. *Sermoen onder de eerste mis van den Eerw. Heer Emilius Vercauteren, in de kerk van Zogge (Hamme) den 28 Mei 1888 uitgesproken.* Ghent, C. Poelman, 1888, 24 pp.
11. *Tractatus de Sponsalibus et Matrimonio.* Ghent, C. Poelman, 1889, VII-196 pp.
12. *Tractatus de Virtutibus in generali, de virtutibus theologicis, de virtute religionis et de virtute temperantiae, ad mentem S. Thomae.* Ghent, C. Poelman, 1890, VI-204 pp.
13. *Tractatus de Sacramentis in genere, de Sacramentis Baptismi, Confirmationis, Eucharistiae, Extremae Unctionis et Ordinis, ad mentem S. Thomae.* Ghent, C. Poelman, 1891, 212 pp.
14. *Tractatus de Sacrificio Missae, de Indulgentiis, de Censuris et Irregularitatibus et de Statibus Particularibus.* Ghent, C. Poelman, 1892, 190 pp.
15. *Manuale alumnorum Collegii Sancti Spiritus in Universitate catholica Lovaniensi.* Louvain, C. Peeters, 1897, 126 pp. [anon. ed.; cf. J.M. Van den Steen, no. 1].

Course texts in autograph

16. *Analysis tractatuum de Actibus humanis, de peccatis, de conscientia, de legibus et de virtutibus in generali, quos in usum suorum auditorum confecit.* n.d., IV-173 pp.
17. *Analysis tractatuum de Actibus humanis, de peccatis, de conscientia, de legibus, de virtutibus in generali et de virtutibus theologicis.* n.d., 148 pp.

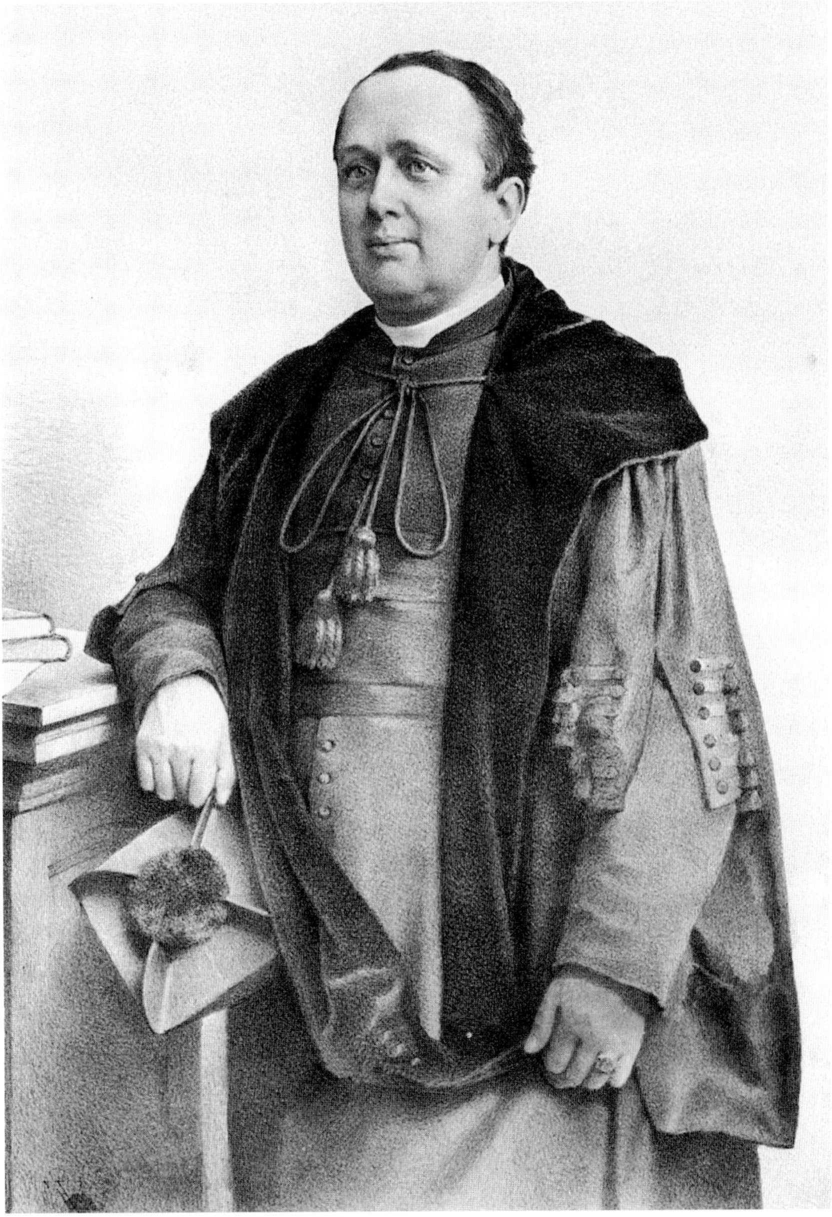

Direction

Doctoral dissertation:
O.F. CAMBIER, *De divina institutione confessionis sacramentalis* (Dissertationes, 1st ser., 35).
Louvain, Vanlinthout fratres, 1884, XVI-347 pp.

Collaboration

Revue catholique.

Literature

Bibliography: *UCLB*, pp. 80-81, Sup. 4, pp. 67-68; *BiblNat* 4 (1910) 103.
DE JONGH, H., Notice sur la vie et les travaux de M. le chanoine A.B. Van der Moeren. — *AUCL* 78 (1914) L-LVIII.
JANSSEN, A., La théologie morale. — *Le cinquième centenaire de la Faculté de théologie* (cf. p. 18), 59-75, pp. 62-63; = *ETL* 9 (1932) 646-662, pp. 649-650.
AUBERT, R., Le grand tournant de la Faculté de Théologie de Louvain (cf. p. 18), pp. 75-76.
KENIS, L., The Louvain Faculty of Theology and Its Professors (cf. p. 18), pp. 407-408.
KENIS, L., *De Theologische Faculteit te Leuven in de negentiende eeuw* (cf. p. 18), esp. pp. 454-455, 467-469.

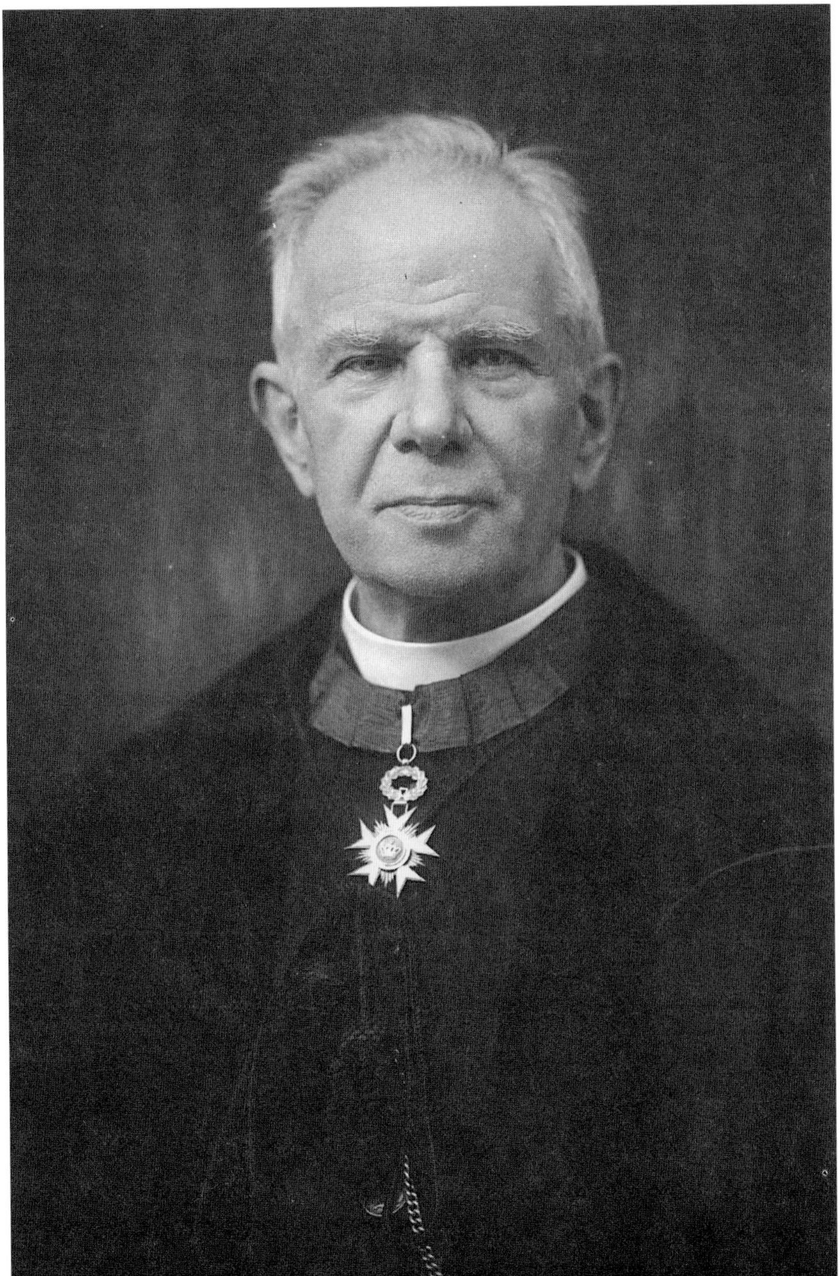

Albinus VAN HOONACKER

Bruges, 19 November 1857 – Bruges, 1 November 1933

After completing his secondary education at the episcopal college at Bruges, Albin Van Hoonacker studied philosophy at the minor seminary at Roeselare and theology at the major seminary at Bruges. In 1880, following his ordination to the priesthood, he continued his theological studies at Louvain where he obtained the baccalaureate in 1882 and the licentiate in 1884. On 20 July 1886 he was granted a doctorate in theology after submitting a dissertation on the subject of creation *ex nihilo*, written under the supervision of A.H.H. Dupont (no. 1). In December 1886, having served for a short time as assistant pastor in Courtrai, he was sent by Bishop J.J. Faict to Louvain, to specialize in Semitic languages. He became sub-regent in the College of the Holy Spirit and studied Hebrew, Syriac and Arabic.

In the summer of 1889 the Belgian bishops accepted the proposal of Rector J.B. Abbeloos to create a new chair in the Faculty of Theology, entitled "Introduction à l'histoire critique de l'Ancien Testament". Van Hoonacker was appointed as an extraordinary professor to this position, the first theology course not taught in Latin. He also taught the course in elementary Hebrew (until 1903), subsequently a new course in Assyrian and, after the retirement of T.J. Lamy, the specialized Hebrew course.

The appointment of Van Hoonacker marked a renewal of theological education at Louvain. With his younger colleagues A. Cauchie and P. Ladeuze, appointed in 1895 and 1898 respectively, he established a breakthrough of modern critical research in the Faculty of Theology. In 1893 he was promoted to full professor, and in 1895 he was named honorary canon of the Cathedral of Bruges. During World War I he lived in Cambridge where, in 1914, he delivered the Schweich Lectures for the British Academy (no. 72). In 1919 he resumed his teaching at Louvain. In 1927 he retired and returned to his native town of Bruges where he was named a titular canon.

In 1901 Van Hoonacker was elected a member of the Pontifical Biblical Commission and in 1920, a member of the *Koninklijke Vlaamse Academie voor Taal- en Letterkunde*. In 1933 the University of Louvain conferred on him a doctorate *honoris causa* in Semitic languages.

Van Hoonacker's scholarship concentrated on three research areas: the composition and history of the Pentateuch, the Jewish restoration under Ezra and Nehemiah and the prophetic literature. His masterpiece was a voluminous commentary on the Minor Prophets, which was published in 1908 (no. 45).

Courses

1889-1927   Old Testament
1889-1903   Elementary Hebrew
1890-1927   Assyrian
1900-1921   Hebrew

Works

1. *De rerum creatione ex nihilo. Dissertatio quam cum subjectis thesibus, annuente summo numine et auspice beatissima Virgine Maria, ex auctoritate Rectoris Magnifici Constantini Franc. Jos. Pieraerts, [...], et consensu S. Facultatis Theologicae, pro gradu doctoris S. Theologiae in Universitate catholica, in oppido Lovaniensi, rite et legitime consequendo, publice propugnabit.* Louvain, Vanlinthout fratres, 1886, xiv-335 pp. [dir.: A.H.H. Dupont].
2. Quelques observations critiques sur les récits concernant Bileam (Nombres XXII-XXIV et XXXI. 8,16; coll. Jos. XIII. 22). — *Le Muséon* 7 (1888) 61-76.
3. L'origine des quatre premiers chapitres du Deutéronome. — *Le Muséon* 7 (1888) 464-482; 8 (1889) 67-85, 141-149.
4. Coup d'œil général sur la critique biblique rationaliste. — *Le Muséon* 7 (1888), *Miscellanées*, 2-9.
5. Review: *Histoire de Mar Jabalaha patriarche et de Raban Sauma*, ed. M. BEDJAN. — *Le Muséon* 8 (1889) 270-272.
6. Le système de M. Stickel relativement au Cantique des cantiques. — *Le Muséon* 8 (1889) 394-398.
7. La critique biblique et l'apologétique. — *Le Muséon* 8 (1889), *Miscellanées*, 4-12, 17-25, 33-42.
8. Les prophètes d'Israël. — *Journal de Bruxelles*, 7, 12, 17, 22 July 1889.
9. Néhémie et Esdras. Une nouvelle hypothèse sur la chronologie de l'époque de la Restauration. — *Le Muséon* 9 (1890) 151-184, 317-351, 389-400 [401: Note supplémentaire].
   – Published separately: *Néhémie et Esdras. Une nouvelle hypothèse sur la chronologie de l'époque de la Restauration juive.* Louvain, Istas, 1890, iv-85 pp.
10. Zorobabel et le second temple. — *Le Muséon* 10 (1891) 72-96, 232-260, 379-397, 489-515, 634-644.
    – Published separately: *Zorobabel et le second temple. Étude sur la chronologie des six premiers chapîtres du livre d'Esdras.* Ghent - Leipzig, H. Engelcke, 1892, 118 pp.
11. *Néhémie en l'an 20 d'Artaxerxès I, Esdras en l'an 7 d'Artaxerxès II. Réponse à un Mémoire de A. Kuenen.* Ghent - Leipzig, H. Engelcke, 1892, 91 pp.
12. Le vœu de Jephté (Juges XI 29-40). — *Le Muséon* 11 (1892) 448-469; 12 (1893) 59-80.
    – Reprint: no. 17, pp. 1-43.
13. Genèse XXX 40. — *Le Muséon* 11 (1892) 470-472.
14. The Name of Sesbassar. — *The Academy* (1892) 114.
15. Les prophètes d'Israël. — *Journal de Bruxelles*, 10 July 1892.

16. Ézéchiël XX 25-26. — *Le Muséon* 12 (1893) 126-154.
    – Reprint: no. 17, pp. 45-73.
17. *Le vœu de Jephté. Étude sur le chapitre XI du livre des Juges, suivie d'une notice sur Ézéchiël XX 25-26*. Louvain, J.-B. Istas, 1893, 73 pp. [separate printing of nos. 12 and 16].
18. Le lieu du culte dans la législation rituelle des Hébreux. — *Le Muséon* 13 (1894) 195-204, 299-320, 403-426, 533-541; 14 (1895) 17-38.
    – Published separately: Ghent - Leipzig, H. Engelcke, 1894, 92 pp.
19. Les prophètes d'Israël. — *Journal de Bruxelles*, 24-28 February 1894.
20. La question Néhémie et Esdras. 1° Lettre de M. van Hoonacker au Révérend Père Lagrange. — *RB* 4 (1895) 186-192.
21. *Nouvelles études sur la restauration juive après l'exil de Babylone*. Paris, E. Leroux; Louvain, J.-B. Istas, 1896, 313 pp.
22. Note sur les lignes 30 sqq. de l'inscription du cylindre de Cyrus. — *Mélanges Charles de Harlez. Recueil de travaux d'érudition offert à Mgr Charles de Harlez à l'occasion du vingt-cinquième anniversaire de son professorat à l'Université de Louvain 1871-1896*, Leiden, E.J. Brill, 1896, 325-329.
23. The Return of the Jews under Cyrus. — *The Expository Times* 8 (1896-97) 351-354.
24. Divination by the 'Ob amongst the Ancient Hebrews. — *The Expository Times* 9 (1897-98) 157-160.
25. *Le sacerdoce lévitique dans la loi et dans l'histoire des Hébreux*. London, Williams and Norgate; Louvain, J.-B. Istas, 1899, 465 pp.
26. Les prêtres et les lévites dans le livre d'Ézéchiel. — *RB* 8 (1899) 177-205.
27. L'auteur du quatrième Évangile. — *RB* 9 (1900) 226-247.
28. Review: H. Marginal, *Richard Simon et la critique biblique au XVIIe siècle*. — *RHE* 1 (1900) 127-133.
29. Review: G. Semeria, *Venticinque anni di storia del Cristianesimo nascente*. — *RHE* 1 (1900) 489-494.
30. Le traité du philosophe syrien Probus sur les premiers Analytiques d'Aristote. — *Journal asiatique* n. ser. 16 (1900) 70-166.
31. Notes sur l'histoire de la restauration juive après l'exil de Babylone. — *RB* 10 (1901) 5-26, 175-199.
32. Le Prologue du quatrième Évangile. — *RHE* 2 (1901) 5-14.
33. L'hypothèse de M. Wendt sur la composition du quatrième Évangile. — *RHE* 2 (1901) 747-770.
34. Ezekiel's Priests and Levites – A Disclaimer. — *The Expository Times* 12 (1900-01) 383.
35. Ezekiel's Priests and Levites. — *The Expository Times* 12 (1900-01) 494-498.
36. Les chapitres IX-XIV du livre de Zacharie. — *RB* 11 (1902) 161-183, 347-378.
37. The Four Empires of the Book Daniel. — *The Expository Times* 13 (1901-02) 420-423.
38. Une question touchant la composition du livre de Job. — *RB* 12 (1903) 161-189.
39. La prophétie relative à la naissance d'Immanu-El (Is. VII, 14 ss.). — *RB* n. ser. 1 (1904) 213-227.

40. Le caractère littéraire des deux premiers chapitres de Joël. — *RB* n. ser. 1 (1904) 356-373.
41. Joël I, 17. — *RB* n. ser. 1 (1904) 374-376.
42. Notes d'exégèse sur quelques passages difficiles d'Amos. — *RB* n. ser. 2 (1905) 163-187.
43. Un mot grec (῞ΑΔΗΣ) dans le livre de Jonas (II, 7). — *RB* n. ser. 2 (1905) 398-399.
44. Notes d'exégèse sur quelques passages difficiles d'Osée. — *RB* n. ser. 4 (1907) 13-33, 207-217.
45. *Les douze petits prophètes traduits et commentés* (Études Bibliques). Paris, V. Lecoffre – J. Gabalda & Cie, 1908, XVI-759 pp.
46. De Arameesche papyrus-oorkonden van Elefantine. — *DWB* (1908/2) 1-22, 105-124.
47. Daniel, ix,26: וְאֵין לוֹ — *The Expository Times* 20 (1908-09) 380-381.
48. L'Ébed Jahvé et la composition littéraire des chapitres XL ss. d'Isaïe. — *RB* n. ser. 6 (1909) 497-528.
49. Die rechtliche Stellung des jüdischen Tempels in Elephantine gegenüber den Einrichtungen des Alten Testaments. — *Theologie und Glaube* 1 (1909) 438-447.
50. Les troubles d'Éléphantine en 411 avant J.-C. d'après les papyrus Euting et Sachau. — *Zeitschrift für Assyriologie* 23 (1909) 187-196.
51. Questions de critique littéraire et d'exégèse touchant les chapitres XL ss. d'Isaïe. — *RB* n. ser. 7 (1910) 557-572; 8 (1911) 107-114, 279-285.
52. Annales d'Ašourbanipal IV, 13-20. — *Zeitschrift für Assyriologie* 24 (1910) 334-337.
53. In *CE* 9 (1910): Malachias, 562-565.
54. Notes sur quelques passages des Annales d'Ašourbanipal. — *Zeitschrift für Assyriologie* 25 (1911) 358-364.
55. In *CE* 10 (1911): Micheas (Michas), 277-278; Nehemias, Book of, 737-739.
56. Le titre primitif du livre d'Ézéchiel. — *RB* n. ser. 9 (1912) 241-253.
57. De profeten. Een maatschappelijke stand in Israël. — *DWB* (1912/1) 1-31.
58. Godsdienstige toestanden onder de Joodsche kolonisten te Elefantine, in de 6e en de 5e eeuw v. C. — *Handelingen van het Tweede Vlaamsch Philologencongres, gehouden te Gent den 20-21-22 September 1913*, Sint-Amandsberg, L. Verhaeghe & Zonen, 1913, 134-145.
    – Reprint: *DWB* (1914/1) 216-228 [with "Naschrift", 228-230].
59. La description de l'autruche. Job, XXXIX, 13ss. — *RB* n. ser. 10 (1913) 420-422.
60. Das Wunder Josuas. — *Theologie und Glaube* 5 (1913) 454-461.
61. Rondom de koperen slang van Moyses. — *DWB* (1913/1) 307-336, 389-421.
62. Het stilstaan der zon op Jozuë's bevel. — *Ons Geloof* 3 (1913) 10-15.
63. De eigennaam van God in het Oud Testament. — *Ons Geloof* 3 (1913) 433-444, 481-488.
64. Een afdoend pleidooi voor de echtheid van Math., XVI, 17vv. — *Van Onzen Tijd*, 1-8 November 1913.
65. Review: P.A. SCHOLMEYER, *Sumerisch-babylonische Hymnen und Gebete an Samas.* — *Bulletin bibliographique et pédagogique du Musée belge* 17 (1913) 121-122.

66. L'invasion de la Judée par Sennachérib, an 701 av. J.-C. et les récits bibliques. 2 *Rois*, XVIII, 13 – XIX. — *Mélanges d'histoire offerts à Charles Moeller à l'occasion de son jubilé de 50 années de professorat à l'Université de Louvain 1863-1913* (RTCHP, 40), Louvain, Bureaux du Recueil, Van Linthout; Paris, A. Picard et fils, 1914, vol. 1, 1-10.
67. La date de l'introduction de l'encens dans le culte de Jahwé. — *RB* n. ser. 11 (1914) 161-187.
68. The Literary Origin of the Narrative of the Fall. Genesis ii.-iii. — *The Expositor* 8th ser. 8 (1914) 481-498.
69. Éléments sumériens dans le livre d'Ézéchiel? — *Zeitschrift für Assyriologie* 28 (1914) 333-336.
70. La vie religieuse en Belgique. — *Comment and Criticism* (1914).
71. Bethel TQM. — *Zeitschrift für Assyriologie* 29 (1914-15) 204.
72. *Une Communauté Judéo-Araméenne à Éléphantine, en Égypte, aux VIe et Ve siècles av. J.-C.* (The British Academy. The Schweich Lectures 1914). London, Humphrey Milford, Oxford University Press, 1915, XI-91 pp.
73. Zech. i 8, 10 s.; vi 1 ss. and the *Dul-Azag* of the Babylonians. — *Journal of Theological Studies* 16 (1915) 250-252.
74. Connexion of Death with Sin according to Genesis ii-iii. — *The Expositor* 8th ser. 9 (1915) 131-143.
75. Expository Notes: a) Gen. iv,7: "... and if thou doest not well ...". b) Gen. xliv,5: Divination cup? c) I Sam. x,12: "And who is their father?" or: "his father?". — *The Expositor* 8th ser. 9 (1915) 452-459.
76. Jérusalem et Éléphantine. — *Le Muséon* 33 (1914-16) 40-47.
77. The Servant of the Lord in Isaiah xl.ff. — *The Expositor* 8th ser. 11 (1916) 183-210.
78. "And the Sun Stood Still ..." (Joshua, x.13). — *The Expositor* 8th ser. 12 (1916) 321-339.
79. Van Noppen's Engelsche vertaling van "Lucifer". — *De Stem uit België*, 6 July 1917.
80. Is the Narrative of the Fall a Myth? — *The Expositor* 8th ser. 16 (1918) 373-400.
81. De "muur" van Jericho en het verhaal van het zesde hoofdstuk van het boek Josuë. — *DWB* (1919) 587-599.
82. Kanunnik Coppieters. — *Ons Volk Ontwaakt*, 31 January 1920.
83. De jongste waarnemingen op het gebied der geschiedenis van het Semietische alfabet. — *Verslagen en Mededeelingen der Koninklijke Vlaamsche Academie voor Taal- en Letterkunde 1921*, Ghent, Erasmus, 1921, 91-112.
84. De maagdelijke ontvangenis en geboorte van den Messias bij Isaias VII, 14. — *Ons Geloof* 7 (1921) 481-494.
    – Also in: *Handelingen van het Vlaamsch Maria-Congres te Brussel, 8-11 september 1921. I^{ste} Boekdeel. Marialeer*, Brussels, Vromant & C°, 1922, 148-160.
85. *Grondbeginselen der Moraalfilosofie*. Antwerp, Geloofsverdediging; Brussels, De Standaard, 1922, 195 pp.
    – *Tweede Uitgaaf* (Wijsgeerige Studiën, 1). 1923, 195 pp.
    – *Derde Uitgaaf*. 1925, 195 pp.
86. Hammelṣar (?) et Ašpenaz (?) dans le premier chapitre du livre de *Daniel*. — *Le Muséon* 35 (1922) 145-151.

87. De Toren van Babel en de verwarring der talen. — *Verslagen en Mededeelingen der Koninklijke Vlaamsche Academie voor Taal- en Letterkunde 1923*, Ghent, W. Siffer, 1923, 128-139.
88. La succession chronologique *Néhémie-Esdras*. — *RB* 32 (1923) 481-494; 33 (1924) 33-64.
89. À propos d'une nouvelle édition des papyrus araméens. — *Le Muséon* 36 (1923) 67-82.
90. Une parole d'Ishtar dans le récit du déluge. — *Le Muséon* 36 (1923) 293-295.
91. La vision de l'*Epha* dans Zach. V. 5 ss. — *Revue Bénédictine* 35 (1923) 57-61.
92. De profeet Isaias en het Joodsch gemeenebest in de tweede helft der achtste eeuw v. Christus. — *DWB* (1923/1) 253-282.
93. Nehemia en Ezra. — *Verslagen en Mededeelingen der Koninklijke Vlaamsche Academie voor Taal- en Letterkunde 1924*, Ghent, Volksdrukkerij, 1924, 552-564.
94. Deux passages obscurs dans le chap. XIX d'Isaïe (v.v. 11,18). — *Revue Bénédictine* 36 (1924) 299-306.
95. Het grafschrift van koning Achiram te Byblos. — *Verslagen en Mededeelingen der Koninklijke Vlaamsche Academie voor Taal- en Letterkunde 1925*, Ghent, Volksdrukkerij, 1925, 800-807.
96. Het Boek der Vertroosting van Israël. — *DWB* 25 (1925) 577-601, 675-701.
97. Oorsprong van de zevendaagsche week en den Sabbath bij de Hebreewen. — *Verslagen en Mededeelingen der Koninklijke Vlaamsche Academie voor Taal- en Letterkunde 1927*, Ghent, Volksdrukkerij, 1927, 250-265.
98. Toelichting bij een paar regels uit Vondel's *Lucifer*. — *Verslagen en Mededeelingen der Koninklijke Vlaamsche Academie voor Taal- en Letterkunde 1928*, Ghent, Volksdrukkerij, 1928, 789-793.
99. Antwoord van kanunnik A. Van Hoonacker. — *Manifestation organisée en l'honneur de Monsieur le chanoine Jacques Forget, Monseigneur Jules de Becker, Monsieur le chanoine Albin Van Hoonacker, professeurs à la Faculté de théologie de l'Université catholique de Louvain, le 1 juillet 1928*, [Louvain], 1928, 58-65, 80.
100. Notes sur le texte de la "Bénédiction de Moïse" (*Deut.* XXXIII). — *Le Muséon* 42 (1929) 42-60.
101. Een Israëlietisch volksman uit de achtste eeuw voor C. — *Verslagen en Mededeelingen der Koninklijke Vlaamsche Academie voor Taal- en Letterkunde 1931*, Ledeberg-Ghent, Erasmus, 1931, 159-170.
102. L'historiographie du livre de *Daniel* (note sur les chapitres II et VII). — *Le Muséon* 44 (1931) 169-176.
103. Was Jozef's beker een tooverbeker? — *Isidoor Teirlinck Album. Verzamelde opstellen opgedragen aan Isidoor Teirlinck ter gelegenheid van zijn tachtigsten verjaardag, 2 Januari 1931*, Louvain, De Vlaamsche Drukkerij, 1931, 239-244.
104. Was Josef's beker (*Genesis 44*) een tooverbeker? — *Canisiusblad* 25 (1931) 112-116.
105. Is Saül ook onder de Profeten? — *Canisiusblad* 25 (1931) 267-270.
106. *Het Boek Isaias. Vertaald uit het Hebreeuwsch en in doorloopende aanteekeningen verklaard*. Bruges, Sinte Catharina, 1932, 311 pp.

A.H.H. Dupont – A. Van Hoonacker

107. COPPENS, J. (ed.), Miscellanées bibliques. III. Le sens de la protestation d'Amos, VII, 14-15. — *ETL* 18 (1941) 65-67 [posthumous].
    - Reprint: A. VAN HOONACKER et J. COPPENS, *Miscellanées bibliques III-VI* (Bulletin d'histoire et d'exégèse de l'Ancien Testament, 12), Louvain, Bijbelsch Seminarie, 1941, 3-5.
108. COPPENS, J. (ed.), Quelques notes sur "Absolute und relative Wahrheit in der heiligen Schrift". Une contribution inédite du chanoine Albin Van Hoonacker à la Question Biblique. — *ETL* 18 (1941) 201-236 [posthumous].
    - Reprint: (Bulletin d'histoire et d'exégèse de l'Ancien Testament, 13), Louvain, Bijbelsch Seminarie, 1941, 36 pp.
109. *De compositione litteraria et de origine mosaica Hexateuchi disquisitio historico-critica. Een historisch-kritisch onderzoek van Professor Van Hoonacker naar het ontstaan van de Hexateuch op grond van verspreide nagelaten aanteekeningen samengesteld en ingeleid door Jozef Coppens* (Verhandelingen van de Koninklijke Vlaamse Academie voor Wetenschappen, Letteren en Schone Kunsten van België. Klasse der Letteren, XI/11). Brussels, Paleis der Academiën – Desclée De Brouwer, 1949, 101 pp. [posthumous].
110. NEIRYNCK, F. (ed.), Le rapprochement entre le Deutéronome et Malachie. Une notice inédite de A. Van Hoonacker. — *ETL* 59 (1983) 86-90.

Course texts in autograph

111. *Le Prophétisme dans l'Ancien Testament*. n.d., 143 pp.
112. *Les Institutions religieuses et liturgiques des Hébreux dans la Loi et dans l'Histoire*. 1891-92, 394 pp.
113. [Dutch translation of the Pentateuch]. n.p., n.d.

Direction

Doctoral dissertation:
H.A. POELS, *Examen critique de l'histoire du sanctuaire de l'arche* (Dissertationes, 1st ser., 47).
Louvain, J. Van Linthout; Leiden, E.J. Brill, 1897, XXII-436 pp.

Collaboration

Le Muséon; *Revue Biblique Internationale*; *Revue d'histoire ecclésiastique*; *Ephemerides Theologicae Lovanienses*.

Literature

Bibliography: *UCLB*, pp. 84-86; Sup. 1, p. 10; Sup. 2, pp. 14-15; Sup. 3, p. 13; Sup. 4, pp. 72-74; Sup. 5, pp. 15-16; Sup. 6, pp. 10-11; *BA* 6, pp. 2-5; *BA* 7, pp. 295-296.
COPPENS, J., Prof. Dr. Mag. Alb. Van Hoonacker. — *Ons Volk Ontwaakt* 12 (1926) 689-692.
Manifestation J. Forget, J. De Becker, A. Van Hoonacker. Louvain, [1928], 48-57 (H. POELS), 87-93 (bibliography).

COPPENS, J., L'Écriture sainte. — *Le cinquième centenaire de la Faculté de théologie* (cf. p. 18), 21-47, pp. 26-33; = *ETL* 9 (1932) 608-634, pp. 613-620.
RYCKMANS, G., Les langues orientales. — *Ibid.*, 101-117, pp. 109-111; = *ETL* 9 (1932) 688-704, pp. 696-698.
COPPENS, J., Albin Van Hoonacker 1857-1933. — *Le Muséon* 47 (1934) 365-366.
COPPENS, J., Lijkrede van Kan. Professor Dr. A. Van Hoonacker. — *Uit eigen aard. Redevoeringen. Eerste Bundel*, Louvain, 1934, 63-75.
SALSMANS, J., Levensbericht van Kan. Prof. Dr. Albinus Van Hoonacker. — *Handelingen van de Vlaamsche Academie voor Taal- en Letterkunde. Jaarboek 1934*, Ghent, 1934, 91-100.
COPPENS, J., *Le chanoine Albin Van Hoonacker. Son enseignement, son œuvre et sa méthode exégétiques*. Paris - Gembloux, 1935 (pp. XII-XX: bibliography).
RIGAUX, B., Le chanoine Albin Van Hoonacker. — *RCIF* 15 (1935-36) no. 45, 21-22.
COPPENS, J., M. le chanoine A. Van Hoonacker, professeur émérite de la Faculté de théologie. — *AUCL* 83 (1934-36) LI-LXXXIX.
COPPENS, J., Hoonacker (Albin Van). — *DBS* 4 (1941) 123-128.
COPPENS, G., Hoonacker, Albin van. — *EC* 6 (1951) 1478.
GUAITA BORGHESE, E., Hoonacker (van) Albino. — *DE* 2 (1955) 355.
BÄUMER, R., Hoonacker, Albin van. — *LTK* 5 (1960) 481.
COPPENS, J., Hoonacker (Albin Van). — *Catholicisme* 5 (1962) 937-938.
AUBERT, R., Le grand tournant de la Faculté de Théologie de Louvain (cf. p. 18), pp. 90-93.
PICKAR, C.H., Hoonacker, Albin Van. — *NCE* 7 (1967) 133.
VANLANDSCHOOT, R., Hoonacker, Albien van. — *EVB* 1 (1973) 687.
NEIRYNCK, F., Albin Van Hoonacker et l'Index. — *ETL* 57 (1981) 293-297.
NEIRYNCK, F., A. Van Hoonacker, het Boek Jona en Rome. — *Academiae Analecta* 44/1 (1982) 73-100.
NEIRYNCK, F. (ed.), H.A. POELS, *A Vindication of My Honour* (ANL, 25). Louvain, 1982.
LUST, J., A Letter from M.-J. Lagrange to A. Van Hoonacker. — *ETL* 59 (1983) 331-332.
LUST, J., A. Van Hoonacker and Deuteronomy. — N. LOHFINK (ed.), *Das Deuteronomium. Entstehung, Gestalt und Botschaft* (BETL, 68), Louvain, 1985, 13-23 (pp. 363-368: Appendix. A. Van Hoonacker Bibliography).
NEIRYNCK, F., Hoonacker, Albin van. — *NBW* 11 (1985) 379-385.
BOGAERT, P.-M., Hoonacker (Albin-Augustin Van). — *BN* 44 (1985-86) 633-640.
KENIS, L., *De Theologische Faculteit te Leuven in de negentiende eeuw* (cf. p. 18), esp. p. 477.

Antonius Joannes VERHOEVEN

Uden, 29 July 1815 – Venraay, 18 June 1891

After studying at the college of Roermond (the Netherlands), Anton Verhoeven received his education for the priesthood in Rome where he resided in the *Collegium Germanicum* and studied at the *Collegium Romanum*. He was granted doctorates in philosophy and theology and was ordained a priest on 20 May 1838. In June 1838 he left Rome and was appointed as "professeur agrégé" in the Theology Faculty at Louvain. He taught a course in general dogmatic theology and, as a substitute for Rector De Ram, also in public canon law. On 27 September 1840 he entered the Jesuit noviciate at Drongen and then returned to his home country, where he held several offices, among others, as President of the minor seminary at Culemborg and consultor to the Dutch province of the Society of Jesus. In 1869 he left the Jesuits.

Courses

1838-1840	General Dogmatic Theology
1838-1840	Canon Law

Works

1. *Institutiones philosophicae, auctore Joseph-Aloysio Dmowski e Soc. Jesu, in Collegio Romano philosophiae moralis professoris.* Uden, P.N. Verhoeven; Louvain, Vanlinthout et Vandenzande, vols. 1-2, 1840, VI-168, 317 pp.; vol. 3, 1841, 272 pp. [ed.].
   – 2nd ed. 1843.
2. *Responsa ad Quaestiones Ruraemundenses Conferentiis Ven. Cleri hujus Dioeceseos propositas.* Venlo, Uyttenbroeck, 1870; Roermond, J.J. Romen, 1871, 1872; Weert, Smeets, 1874, 650 pp.

Literature

BITTREMIEUX, J., La théologie dogmatique. — *Le cinquième centenaire de la Faculté de théologie* (cf. p. 18), 48-58, p. 53; = *ETL* 9 (1932) 635-645, p. 640.

JACOBS, H., Enige mededelingen over de gebroeders Verhoeven uit Uden, professoren te Leuven. — *Bijdragen tot de Geschiedenis bijzonderlijk van het oud hertogdom Brabant* 39 (1956) 33-62. Summary: P. DE GROOT, De gebroeders Verhoeven, beiden doctor, beiden professor in Leuven. — *Brabantia* 7 (1958) 70-77.

COPPENS, J., Nederlandse hoogleraren in de theologie (cf. p. 18), c. 3.

KENIS, L., *De Theologische Faculteit te Leuven in de negentiende eeuw* (cf. p. 18), esp. pp. 106-109, 172.
KENIS, L., Verhoeven, Antonius Joannes. — *NBW* 14 (1992) 714.

DE

REGULARIUM ET SÆCULARIUM

CLERICORUM

JURIBUS ET OFFICIIS,

LIBER SINGULARIS,

AUCTORE

Mariano Verhoeven,

ARCHIDIÆC. MECHLINIEN. PRESB., PROTONATAR. APOST., JUR. UTR. DOCT.,
SS. CAN. IN UNIV. CATH. LOVANIEN. PROF. PUBL. ORD.

LOVANII,
SUMPTIBUS C. J. FONTEYN.

1846

Marianus VERHOEVEN

Uden, 10 December 1808 – The Hague, 18 January 1850

Marianus Verhoeven, the elder brother of Anton, received his secondary education at the college of his native village. Because of the closing of the minor seminaries as a consequence of the conflict between King Willem I and the Catholic church hierarchy, he went to study philosophy and theology at the seminary at Mainz where the well-known theologian Heinrich Klee was a professor. From 1829 he studied canon law at the University of Bonn. In 1831 he was ordained a priest in Cologne. He completed his studies in Rome where he received the doctorate *utriusque iuris* from the *Sapienza* on 22 August 1834. He remained in Rome for one year, working in the *Studium* of the Congregation of the Council. In recognition of these activities he was named protonotary apostolic on 10 March 1835. On the recommendation of the Substitute-Secretary of State, Francesco Capaccini (former Internuncio in Brussels), the Belgian bishops appointed him that same year as extraordinary professor of canon law at the University of Louvain. In 1842 he became a full professor. He was also Director of the College of the Holy Spirit.

In the 1840's Verhoeven became involved in a dispute concerning the position of the regular clergy in Belgium. In 1846 he published a controversial *Liber singularis* (no. 2) on the question, in which he pleaded for a strict limitation of the privileges and exemptions of religious orders. The sharpest reaction against his position was the publication of the anonymous *Examen historicum et canonicum libri R. D. Mariani Verhoeven* (1847), written by the Bollandists Victor De Buck and Anton Tinnebroek.

In this and other less sensational controversies, Verhoeven showed himself a vigilant guardian of ecclesiastical discipline and a defender of the rights of the Church against State interference. In Louvain he laid the foundation for a solid training in canon law, which was successfully continued by H.J. Feye, his pupil and successor. In the course of 1849, Verhoeven was forced to tender his resignation because of illness. He travelled to Germany to recuperate and then went to The Hague where he died in January 1850, at the age of forty-one.

Courses

1835-1850   Canon Law

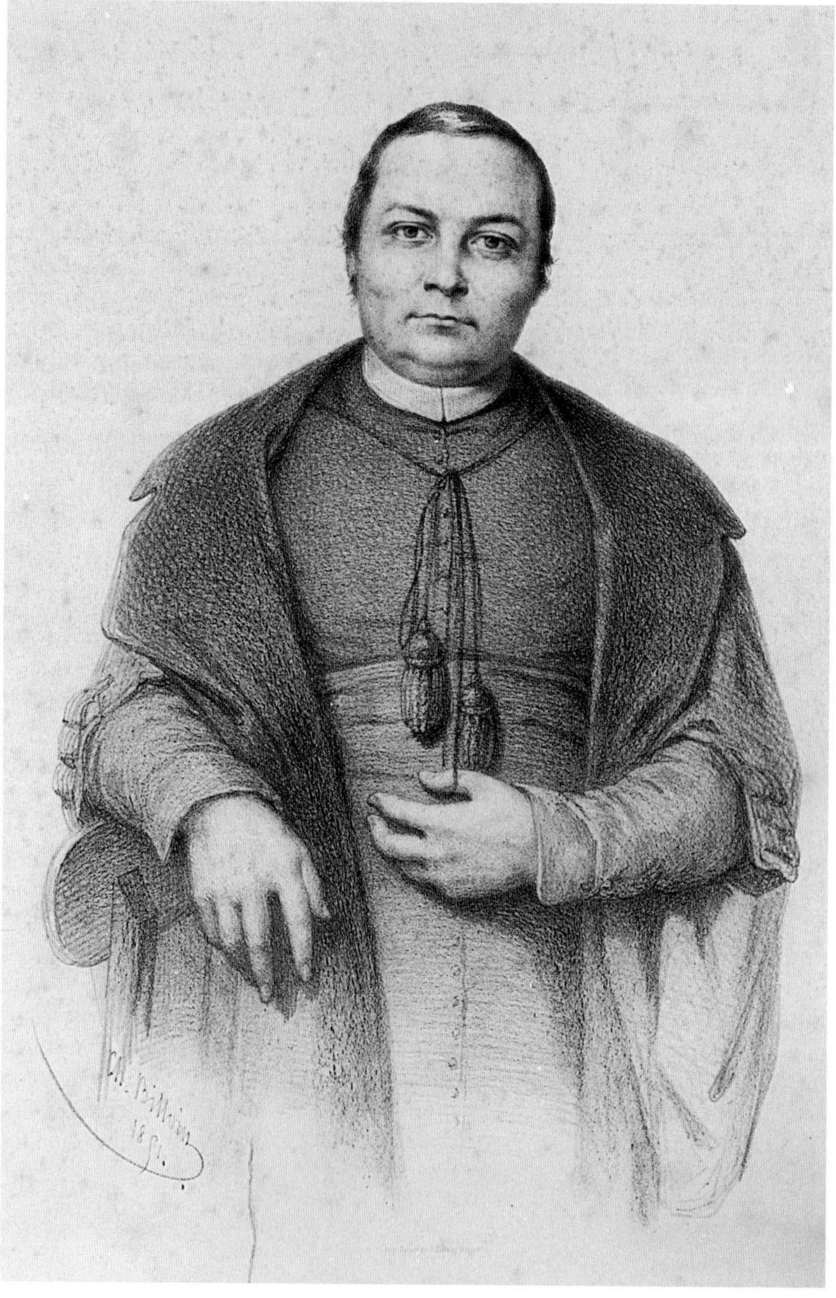

Works

1. *Dissertatio canonica de sacrosancto Missae sacrificio, a parochis aliisque curam animarum habentibus pro plebe sibi concredita Deo offerendo diebus dominicis et festis, etiam indulto apostolico die 9 aprilis 1802, in universo Gallicanae Reipublicae territorio suppressis. – Agitur imprimis de parochis Belgii, Galliae, Hollandiae et Germaniae.* Louvain, Ickx et Geets, 1842, VII-96 pp.
2. *De regularium et saecularium clericorum juribus et officiis, Liber singularis.* Louvain, C.J. Fonteyn, 1846, IV-160 pp. [cf. p. 218].
3. Des droits du clergé séculier et du clergé régulier. Lettre de M. le professeur Verhoeven au Journal historique. — *JHL* 13 (1846-47) 448-453.
4. À Monsieur le directeur de la *Revue catholique*. — *RCath* 4 (1846-47) 462-463.
5. Van Espen. Discours de M. le procureur-général De Bavay, prononcé à l'audience solennelle de la cour d'appel de Bruxelles, tenue le 15 octobre 1846, sous la présidence de M. De Page, premier président. — *RCath* 4 (1846-47) 497-502.
6. *Défense des libertés religieuses, compromises dans une brochure intitulée: De l'appel comme d'abus dans ses rapports avec la Constitution belge; réponse à M. Verhoeven par M. de Bavay, procureur-général à la Cour de Bruxelles. Réponse à M. de Bavay.* Brussels, Société typographique belge, 10 March 1847, 52 pp.
7. *De praxi a parochis observanda in celebratione Missae pro populo, cum animadversionibus in Miscellanea theologica (Mélanges théologiques).* Hasselt, P.-F. Milis, 1849, VIII-134 pp.
8. German translation and adaptation of nos. 1 and 7:
   A. HEUSER, *Die Verpflichtung der Pfarrer, die heilige Messe für die Gemeinde zu appliciren. Nach zwei Dissertationen des Prof. Dr. Verhoeven mit besonderer Rücksicht auf Deutschland bearbeitet.* Düsseldorf, Schaubsche Buchhandlung, 1850, VI-106 pp.

Direction

Doctoral dissertations:
A. KEMPENEERS, *De Romani Pontificis primatu eiusque attributis* (Dissertationes, 1st ser., 1).
Louvain, Vanlinthout et Vandenzande, 1841, XIV-267 pp.
H.J. FEYE, *De matrimoniis mixtis* (Dissertationes, 1st ser., 2).
Louvain, Vanlinthout et Vandenzande, 1847, [VIII]-196 pp. [cf. p. 86].
V.A. HOUWEN, *De parochorum statu* (Dissertationes, 1st ser., 4).
Louvain, Vanlinthout et Vandenzande, 1848, [VIII]-152 pp.

Literature

Bibliography: *UCLB*, pp. 52-53; *BiblNat* 4 (1910) 251.
FEYE, H.J., Prof. M. Verhoeven. (Nekrologie). — *De Katholiek* 17 (1850) 40-46.
DE RAM, P.F.X., Discours prononcé à la salle des promotions le 1 février 1850 [...] après le service funèbre célébré en l'église primaire de Saint-Pierre pour le repos de l'âme de M. Marien Verhoeven, professeur ordinaire de droit canon à la Faculté de théologie. — *AUCL* 15 (1851) 193-211.

PROSPER D'ENGHIEN, *Travaux & Publications de Monsieur l'Abbé Jean-Joseph Loiseaux*, Gembloux, 1926, esp. pp. 52-63.

VAN HOVE, A., Le droit canonique. — *Le cinquième centenaire de la Faculté de théologie* (cf. p. 18), 76-89, pp. 79-81; = *ETL* 9 (1932) 663-676, pp. 666-668.

WILS, J., Verhoeven (Marien). — *BN* 26 (1936-38) 653-654.

JACOBS, H., Enige mededelingen over de gebroeders Verhoeven uit Uden, professoren te Leuven. — *Bijdragen tot de Geschiedenis bijzonderlijk van het oud hertogdom Brabant* 39 (1956) 33-62. Summary: P. DE GROOT, De gebroeders Verhoeven, beiden doctor, beiden professor in Leuven. — *Brabantia* 7 (1958) 70-77.

FREDERIX, P., De premonstratenzers en visitator Corselis. — *Analecta Praemonstratensia* 46 (1970) 264-298; 47 (1971) 67-108.

COPPENS, J., Nederlandse hoogleraren in de theologie (cf. p. 18), cc. 3-4.

ART, J., Socio-religieuze achtergronden van de twist tussen seculiere en reguliere clerus rond 1850. — *BIHBR* 43 (1973) 663-691.

KENIS, L., The Louvain Faculty of Theology and Its Professors (cf. p. 18), pp. 412-413.

RAMAEKERS, H., De Kruisheren en de Leuvense Universiteit na de Franse Revolutie (1840-1958). — *Clairlieu* 50 (1992) 13-135, pp. 24-27.

KENIS, L., *De Theologische Faculteit te Leuven in de negentiende eeuw* (cf. p. 18), esp. pp. 183-196.

KENIS, L., Verhoeven, Marianus. — *NBW* 14 (1992) 715-718.

Jean Baptiste VERKEST

Wingene, 26 September 1795 – Namur, 6 August 1858

Jean Baptiste Verkest completed his secondary education at the minor seminary at Roeselare. In 1817 he began his ecclesiastical studies at the major seminary of Ghent. He was ordained to the priesthood on 15 August 1820. He served as an assistant pastor in Courtrai and, from 1829, as pastor in Izegem. In 1834 he was appointed professor of moral theology in the newly established Catholic University, and President of the Provincial Seminary at Malines. In 1835, when the University was transferred to Louvain, he became President of the College of the Holy Spirit. In 1837 he was named honorary canon of the Cathedral of Bruges. On 2 February 1839 he received an honorary doctorate from the University, together with three of his colleagues (among whom the philosopher G.C. Ubaghs and the church historian H.G. Wouters). In 1840 he resigned after he was permitted to enter the Jesuit order. After his novitiate, he did pastoral work in Bruges (1841), Courtrai (1844), and Antwerp (1847). In 1855 he returned to Louvain as a professor of moral theology in the *Theologicum* of the Jesuits. Later, for reasons of health, he retired to the Jesuit College at Namur. During his career in the Theological Faculty at Louvain he introduced an orientation towards probabilism in the teaching of moral theology.

Courses

1834-1840   Moral Theology

Literature

Litterae annuae Provinciae Belgicae Societatis Jesu, Brussels, 1857-1858, 21-22.
JANSSEN, A., La théologie morale. — *Le cinquième centenaire de la Faculté de théologie* (cf. p. 18), 59-75, pp. 59-60; = *ETL* 9 (1932) 646-662, pp. 646-647.
DE MEULEMEESTER, M., Introduction de la théologie morale de St Alphonse de Liguori en Belgique. — *ETL* 16 (1939) 468-484.
KENIS, L., *De Theologische Faculteit te Leuven in de negentiende eeuw* (cf. p. 18), esp. pp. 107-109.

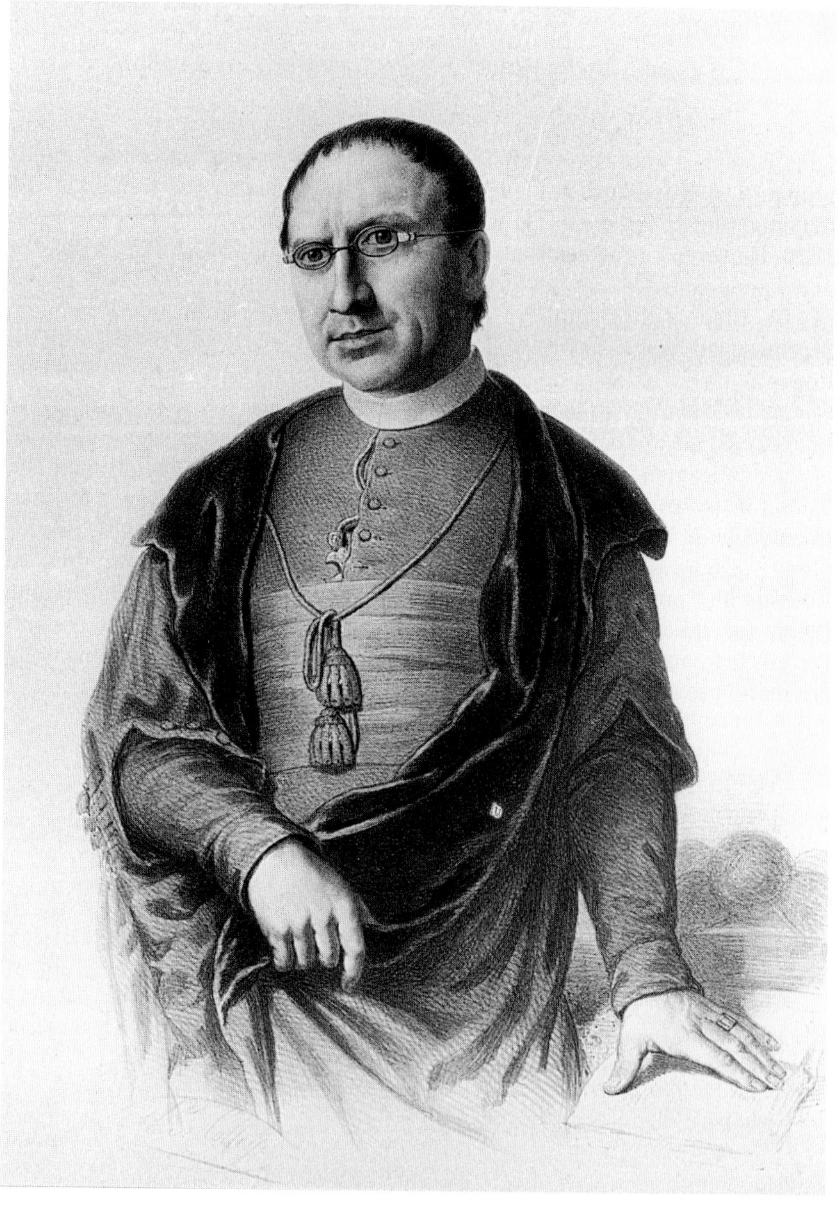

Henri Guillaume WOUTERS

Oostham, 3 May 1802 – Louvain, 5 January 1872

Following his secondary education at the college of Beringen, Henri Wouters studied philosophy and theology at the seminary of Liège. On 13 December 1824 he was ordained to the priesthood at Malines. He became assistant director and professor of moral theology at the Liège seminary. From 1829 he taught church history. In 1834, at the opening of the Catholic University at Malines, he was appointed professor of church history in the Theological Faculty. In 1839 he received the honorary doctorate from the University. In the academic year 1857-58 he also taught a course in moral theology in the *Schola minor*.

Wouters wrote a successful handbook on church history which was used in numerous ecclesiastical institutions throughout Europe (no. 1). In the four-volume *Dissertationes in selecta Historiae Ecclesiasticae capita* (no. 2) he treated particular issues in greater depth. Wouters practised church history with explicit apologetical intentions. He regarded church history as an auxiliary discipline to theology, primarily aimed at the solid and unambiguous formation of the clergy.

In 1871, after an academic career of thirty-seven years, Wouters submitted his resignation and was succeeded by B. Jungmann. During his stay at Louvain he was active in pastoral care. From 1848 he directed the congregation of the *Filles de Marie* of the Paridaens Institute.

Courses

1834-1871   Church History
1857-1858   *Schola minor*: Moral Theology

Works

1. *Historiae Ecclesiasticae compendium, praelectionibus publicis accommodatum et in tomos tres distributum.* Louvain, Vanlinthout et Vandenzande, 1842-1843, 3 vols., LVII-418, 410, 439 pp.
   – *Editio secunda aucta et recognita.* 1847-1848, 3 vols., XXXIII-463, 458, 449 pp.
   – *Editio tertia.* 1858, 3 vols., XXXII-435, 437, 428 pp.
   – *Editio quarta.* 1863, 3 vols., XXXII-430, 432, 423 pp.
   – *Editio quinta.* 1871-1872, 3 vols., XXXVIII-430, 432, 423 pp.
   – *Editio sexta.* 1878-1879, 3 vols., XXXVIII-429, 431, 430 pp.
   – *Editio septima.* 1893-1894, 3 vols., XXXVIII-429, 431, 430 pp.

– *Editio novissima cum additamentis et notis cura ac studio Bibliothecae Catholicae Scriptorum*. Naples, Bibliotheca Catholica Scriptorum, 1870-1871, 2 vols., XVIII-280, 338 + XVIII pp.; new ed., 2 vols., [1892-1893], XXIV-288, IV-472 pp.
2. *Dissertationes in selecta Historiae Ecclesiasticae capita*. Louvain, Vanlinthout fratres, 1868-1872, 4 vols., VIII-403, 443, 409, 398 pp.

Direction

Doctoral dissertation:
A.J.J. HAINE, *De Hyperdulia ejusque fundamento* (Dissertationes, 1st ser., 16). Louvain, Vanlinthout et socii, 1864, [IV]-274 pp. [cf. p. 98].

Literature

Bibliography: *UCLB*, p. 52; *BiblNat* 4 (1910) 367.
JUNGMANN, B., Notice sur la vie et les œuvres de Monsieur le chanoine Guillaume-Henri Wouters, professeur ordinaire à la Faculté de théologie de l'Université catholique de Louvain. — *AUCL* 37 (1873) 374-390.
DE MEYER, A., L'histoire ecclésiastique. — *Le cinquième centenaire de la Faculté de théologie* (cf. p. 18), 90-100, pp. 93-95; = *ETL* 9 (1932) 677-687, pp. 678-680.
MAERE, R., Wouters, G. Henry. — *CE* 15 (1912) 745.
MONTINI, R.U., Wouters, G. Henry. — *EC* 12 (1954) 1716.
Wouters. 1, Enrico. — *DE* 3 (1958) 1383.
KENIS, L., The Louvain Faculty of Theology and Its Professors (cf. p. 18), p. 408.
KENIS, L., *De Theologische Faculteit te Leuven in de negentiende eeuw* (cf. p. 18), esp. pp. 416-418.
KENIS, L., Wouters, Henri Guillaume. — *NBW* 14 (1992) 780-782.

Celebration in honor of A. Van Hoonacker – J. Forget – J. De Becker (first row, in the center)
1928

ABBREVIATIONS

AAB.L	Annuaire de l'Académie Royale de Belgique. Classe des lettres et des sciences morales et politiques
AASB	Annuaire de l'Académie Royale des sciences, des lettres et des beaux-arts de Belgique
ACB	The American College Bulletin
AHEB	Analectes pour servir à l'histoire ecclésiastique de Belgique
ANL	Annua Nuntia Lovaniensia
AUCL	Annuaire de l'Université catholique de Louvain (including: Appendice. Analectes pour servir à l'histoire de l'Université catholique de Louvain)
BA	Université catholique de Louvain. Katholieke Universiteit Leuven. Bibliographie Académique. Academische Bibliographie VI 1914-1934; VII 1934-1954. Louvain, 1937, 1954.
BAB.L	Bulletin de l'Académie Royale de Belgique. Classe des lettres et des sciences morales et politiques
BASB	Bulletin de l'Académie Royale des sciences, des lettres et des beaux arts de Belgique
BCRH	Bulletin de la Commission Royale d'Histoire
BETL	Bibliotheca Ephemeridum Theologicarum Lovaniensium
BiblNat	Bibliographie nationale. Dictionnaire des écrivains belges et catalogue de leurs publications 1830-1880. Brussels, 1886-1910.
BIHBR	Bulletin de l'Institut historique belge de Rome. Bulletin van het Belgisch Historisch Instituut te Rome
BN	Biographie nationale [de Belgique]
Catholicisme	Catholicisme hier, aujourd'hui, demain
CBG	Collationes Brugenses et Gandavenses
CBrug	Collationes Brugenses
CE	The Catholic Encyclopedia
CMech	Collectanea Mechliniensia
CRCH	Compte-rendus des séances de la Commission Royale d'Histoire, ou Recueil de ses bulletins
DACL	Dictionnaire d'archéologie chrétienne et de liturgie
DAFC	Dictionnaire apologétique de la foi catholique – ed. J.-B. Jaugey = 3rd ed., Paris, 1889. – ed. A. d'Alès = 4th ed., Paris, 1909-1928.
DB	Dictionnaire de la Bible
DBS	Supplément au Dictionnaire de la Bible
DDC	Dictionnaire de droit canonique
DE	Dizionario Ecclesiastico
De Potter	F. De Potter, Vlaamsche Bibliographie. Ghent, 1893-1897.
DHGE	Dictionnaire d'histoire et de géographie ecclésiastiques
Dissertationes	Universitas Catholica Lovaniensis. Dissertationes ad gradum doctoris vel magistri in Facultate Theologica vel in Facultate Iuris Canonici consequendum conscriptae
DR	The Dublin Review
DSpir	Dictionnaire de spiritualité, ascétique et mystique
DTC	Dictionnaire de théologie catholique (+ Tables généraux)
DWB	Dietsche Warande en Belfort
EC	Enciclopedia Cattolica

ETL	Ephemerides Theologicae Lovanienses
EVB	Encyclopedie van de Vlaamse Beweging
EVP	L'Écho des vrais principes
JHL	Journal historique et littéraire
LTK	Lexikon für Theologie und Kirche. 2nd ed., Freiburg i. Br., 1957-1965.
MAB.L	Mémoires de l'Académie Royale de Belgique. Classe des Lettres. Verhandelingen van de Koninklijke Academie van België. Klasse der Letteren
MASB	Mémoires de l'Académie Royale des sciences, des lettres et des beaux-arts de Belgique (from vol. 20, 1847; vols. 1-19 are entitled: Nouveaux Mémoires de l'Académie Royale des sciences et belles-lettres de Bruxelles)
NBW	Nationaal Biografisch Woordenboek
NCB	Le Nouveau Conservateur Belge
NCE	New Catholic Encyclopedia
NNBW	Nieuw Nederlandsch Biografisch Woordenboek
NRT	Nouvelle revue théologique
RB	Revue Biblique [Internationale]
RBPH	Revue belge de philologie et d'histoire
RBrux	Revue de Bruxelles
RCath	Revue catholique
RCIF	La Revue catholique des idées et des faits
RGBelge	Revue générale belge
RGen	Revue générale
RHE	Revue d'histoire ecclésiastique
RNS	Revue néo-scolastique
RPL	Revue philosophique de Louvain
RQS	Revue des questions scientifiques
RSE	Revue des sciences ecclésiastiques
RSPT	Revue des sciences philosophiques et théologiques
RTCHP	Université de Louvain. Recueil de travaux. Conférences d'histoire et de philologie
RTHP	Université de Louvain. Recueil de travaux d'histoire et de philologie. Universiteit van Leuven. Publicaties op het gebied der geschiedenis en der filologie
UCLB	Université catholique de Louvain. Bibliographie 1834-1900. Louvain, 1900.
Supp. 1-6	Premier supplément 1899-1901, 1901; Deuxième supplément 1901-1903, 1904; Troisième supplément 1903-1905, 1904; Liste des professeurs 1834-1908. Travaux du corps académique de 1908. Institutions universitaires, 1908 (including "Supplément (IV)"); Cinquième supplément 1908-1911, 1911; Sixième supplément 1911-1913, 1913.
VD	La Vie diocésaine
WWKL	Wetzer und Welte's Kirchenlexikon. 2nd ed., Freiburg i. Br., 1882-1903.

ILLUSTRATIONS

page
- 10   The Faculty of Theology in 1908, photograph (from *ANL* 4, 1940, facing p. 13).
- 20   The Faculty of Theology in 1871, photograph.
- 24   J.T. Beelen, lithograph by P.J. Colleye, from a drawing by L.J. Van Pethegem, printed by Granzella, Brussels, 1850.
- 30   A. Cauchie, etching by H. Van Haelen.
- 38   M. De Baets, painting by E. Van de Winckel, Ghent, 1923.
- 44   J. De Becker, photograph.
- 51   P.F.X. De Ram, lithograph by J. Schubert, from a painting by L. Mathieu.
- 65   P.F.X. De Ram, photograph by Ghemar Frères, Brussels.
- 72   J.F. D'Hollander, lithograph by P.J. Colleye, from a drawing by L.J. Van Peteghem, 1840, printed by Granzella, Brussels, 1850.
- 74   O. Dignant, photograph (from *AUCL* 84/2, 1936-1939, facing p. xxxvi).
- 80   A.H.H. Dupont, lithograph by J. Schubert, 1883, printed by Lefevre, Housiaux & Cie, Brussels.
- 84   H.J. Feye, lithograph by F. Van Loo, Ghent, 1886.
- 92   J. Forget, bust by A. Jorissen (photograph from *ETL* 10, 1933, p. 593).
- 97   A.J. Haine, photograph by E. Morren, Louvain (from *AUCL* 66, 1902, facing p. xiii).
- 100   A. Hebbelynck, engraving by Haufstaengl, from a painting by J.G. Rosier.
- 109   B. Jungmann, lithograph by F. Van Loo, Ghent, 1881.
- 113   B. JUNGMANN, *Institutiones Patrologiae*, autograph, part of p. 1 (reduced).
- 114   P. Ladeuze, photograph by E. Morren, Louvain, ca. 1909.
- 117   P. Ladeuze, photograph by E. Morren, Louvain, 1898.
- 125   P. Ladeuze, photograph.
- 130   H. Lambrecht, photograph.
- 134   T.J. Lamy, etching by F. Lauwers, from a painting by J. Janssens, printed by F. Michiels, Antwerp, 1885.
- 146   F.J. Ledoux, lithograph, 1879.
- 150   J.B. Lefebve, lithograph by L. Tuerlinckx, 1857, printed by Simonau & Tooney, Brussels.
- 154   J.B. Malou, lithograph from a painting by C. Baugniet, printed by G. Simonau, Brussels.
- 165   D.J. Mercier, etching by G. Biot, printed by C. Wittmann, Paris, 1894.
- 174   F.J. Moulart, lithograph by J. Schubert, printed by Simonau & Tooney, Brussels, 1870.
- 178   E.H.J. Reusens, photograph by E. Morren, Louvain (from *AUCL* 69, 1905, facing p. xv).
- 189   J.M. Thiels, drawing from In Memoriam card, 1876.
- 192   A. Tits, lithograph by P.J. Colleye, from a drawing by L.J. Van Pethegem, printed by Granzella, Brussels, 1850.
- 196   H. Van den Berghe, lithograph by F. Van Loo, Ghent, 1889.
- 200   P. Van den Broeck, lithograph by L. Tuerlinckx, 1858, printed by Simonau & Tooney, Brussels.
- 205   A.B. Van der Moeren, lithograph by F. Van Loo, Ghent, 1883.
- 207   A. Van Hoonacker, photograph by F. Béguin, Louvain.
- 214   A.H.H. Dupont and A. Van Hoonacker, photograph.
- 220   M. Verhoeven, lithograph by C. Billoin, printed by Simonau & Tooney, Brussels, 1851.
- 224   H.G. Wouters, lithograph by P.J. Colleye, from a drawing by L.J. Van Pethegem, printed by Granzella, Brussels, 1850.
- 227   Celebration in honor of J. Forget, J. De Becker, A. Van Hoonacker, photograph by F. Béguin, Louvain, 1928.

ACKNOWLEDGMENTS

pp. 20, 146: Centre d'Histoire de l'Université de Louvain, Louvain-la-Neuve;
pp. 24, 30, 44, 51, 65, 72, 80, 84, 100, 109, 114, 117, 125, 134, 150, 154, 165, 174, 192, 196, 200, 205, 207, 220, 224: Central Library and University Archives, Katholieke Universiteit Leuven;
pp. 38, 130: Diocesan Archives, Ghent;
pp. 113, 214, 227: Library of the Faculty of Theology, Katholieke Universiteit Leuven;
p. 189: Archdiocesan Archives, Malines.

DOCTORAL DISSERTATIONS: FIRST SERIES

1.	A. Kempeneers, 1841	page	M. Verhoeven (promotor)	221	
2.	H.J. Feye, 1847	86	M. Verhoeven	221	
3.	C. De Blieck, 1847		J.B. Malou	161	
4.	V.A. Houwen, 1848		M. Verhoeven	221	
5.	N.J. Laforet, 1949		A. Tits	193	
6.	P. Van den Broeck, 1851	201	J.T. Beelen	27	
7.	A. Heuser, 1853		H.J. Feye	89	
8.	F.J. Jadot, 1857		J.T. Beelen	27	
9.	T.J. Lamy, 1859	136	J.T. Beelen	27	
10.	A.J. Liagre, 1860		J.T. Beelen, T.J. Lamy	27, 144	
11.	A.C.M. Van Gameren, 1861		H.J. Feye, P. Van den Broeck	89, 201	
12.	E.H.J. Reusens, 1862	178	J.B. Lefebve	152	
13.	F.J. Moulart, 1862	175	H.J. Feye, C. Delcour	89	
14.	L. Henry, 1863		H.J. Feye	89	
15.	C.M. de Robiano, 1864		H.J. Feye	89	
16.	A.J.J. Haine, 1864	97	H.G. Wouters	226	
17.	A.V. Van der Moeren, 1865	203	J.B. Lefebve	152	
18.	F.J. Demaret, 1865		J.T. Beelen, T.J. Lamy	28, 144	
19.	J.B. Abbeloos, 1867		J.T. Beelen, T.J. Lamy	28, 144	
20.	A. Van Weddingen, 1869		N.J. Laforet		
21.	J.L.J. Liagre, 1871		J.B. Lefebve	152	
22.	H.J.L. Hermes, 1873		H.J. Feye	89	
23.	B.T. Poüan, 1874		H.J. Feye, B. Jungmann	89, 112	
24.	H.C.C. Lambrecht, 1875	131	A.H.H. Dupont	82	
25.	A. Müller, 1877		H.J. Feye	89	
26.	J. Thys, 1877		A.H.H. Dupont	82	
27.	M.B.G. Fink, 1879		H.J. Feye	89	
28.	H.J.T. Brouwer, 1880		A.H.H. Dupont	83	
29.	G.J. Waffelaert, 1880		L. Roelants	188	
30.	L.J. Lesquoy, 1881		B. Jungmann	112	
31.	J. Forget, 1882	92	T.J. Lamy	144	
32.	J.E. Hizette, 1883		F.J. Ledoux	148	
33.	P. Mannens, 1883		B. Jungmann	112	
34.	C. Lucas, 1883		A.H.H. Dupont	83	
35.	O.F. Cambier, 1884		A.B. Van der Moeren	206	
36.	F.C. Ceulemans, 1886		B. Jungmann	112	
37.	G.J. Crets, 1886		F.J. Ledoux	148	
38.	A. Van Hoonacker, 1886	209	A.H.H. Dupont	83	
39.	A. Hebbelynck, 1887	102	J. Forget	95	
40.	G. Bauduin, 1888		H.J. Feye, H. Van den Berghe	89, 198	
41.	M. Lecler, 1888		B. Jungmann	112	
42.	L.J. Mierts, 1890		A.H.H. Dupont	83	
43.	A. Auger, 1892		A. Hebbelynck	106	
44.	J.B. Chabot, 1892		J. Forget	144	
45.	C. Scheys, 1892		J. De Becker	48	
46.	A. Knoch, 1895		A.H.H. Dupont	83	
47.	H.A. Poels, 1897		A. Van Hoonacker	215	
48.	P. Ladeuze, 1898	116	A. Hebbelynck	106	
49.	A. Camerlynck, 1899		T.J. Lamy	144	
50.	A. Michiels, 1900		J. Forget	95	
51.	A. Van Hove, 1900		A. Cauchie	36	
52.	G. Voisin, 1901		A. Cauchie	36	
53.	H. Coppieters, 1902		P. Ladeuze	128	
54.	E. Van Roey, 1903		O. Dignant	78	
55.	F. Claeys-Boúúaert, 1904		J. De Becker	48	

ANNUA NUNTIA LOVANIENSIA

Faculteit der Godgeleerdheid / Faculty of Theology
Katholieke Universiteit Leuven

Available:

17. De Theologische Faculteit 1919-1969. Edited by F. NEIRYNCK. 1970, 210 p. BF 200.
18. Bibliographia Academica. Faculteit der Godgeleerdheid – Faculty of Theology. Edited by G. DREESEN. 1972, 348 p. BF 400.
19. De Bibliotheek van de Faculteit der Godgeleerdheid. Plechtige opening 16 oktober 1974. Edited by M. SABBE. 1975, 109 p. BF 400.
24. Les six dernières années des Facultés unitaires de Théologie et de Droit canonique 1962-1968. Nécrologies et chroniques 1962-1970. – De laatste zes jaren van de niet-gesplitste Faculteiten van Godgeleerdheid en Kerkelijk Recht 1962-1968. Necrologieën en Chronica 1962-1970. Edited by J. COPPENS. 1980, 418 p. BF 800.
25. A Vindication of My Honor, by Henry A. Poels D.D. Edited by F. NEIRYNCK. 1982, 42*-110 p. BF 480.
26. Authority in the Church. Edited by P.F. FRANSEN. 1983, VII-246 p. BF 600.
27. Het nieuwe Kerkelijk Recht. Analyse van de Codex Iuris Canonici 1983. Edited by R. TORFS. 1984, XI-257 p. BF 1500.
28. Jansenistica te Mechelen. Het Archief van het Aartsbisdom. By C. VAN DE WIEL. 1988, 250 p. BF 900.
29. Colloquium Biblicum Lovaniense. Journées Bibliques de Louvain – Bijbelse Studiedagen te Leuven, 1949-1989. Edited by F. NEIRYNCK. 1989, 100 p. BF 200.
30. Archivalia van de Aartsbisschoppen van Mechelen. Vanaf de oprichting van het Aartsbisdom tot en met de Franse tijd (1559-1815). By C. VAN DE WIEL. 1990, 290 p. BF 1500.
31. De verkondigingstaak van de Kerk. Kerkelijk Wetboek 1983: Canons 747-833. By C. VAN DE WIEL. 1990, 250 p. BF 1500.
32. Studies in Canon Law. Presented to P.J.M. Huizing. Edited by J.H. PROVOST and K. WALF. 1991. XXX-243 p. BF 1500.
33. Ignatius (George) Spencer, Passionist (1799-1864): Crusader of Prayer for England and Pioneer of Ecumenical Prayer. By J. VANDEN BUSSCHE. 1991, XXIX-256 p. BF 1500.
34. The Louvain Faculty of Theology in the Nineteenth Century: A Bibliography of the Professors in Theology and Canon Law, with Biographical Notes. By L. KENIS. 1994, 231 p. BF 1300.
35. Het Christendom en de Conquista: 1492-1992. Edited by V. NECKEBROUCK, F. GISTELINCK, and C. CORNILLE. 1992, 208 p. BF 760.

LEUVEN UNIVERSITY PRESS – UITGEVERIJ PEETERS